商事侵权
构成要件研究

Research on
the Constitutive Requirements of Business Tort

张瀚 著

法律出版社
LAW PRESS·CHINA

广东省哲学社会科学“十二五”规划项目

推荐序一

罗伯特·库特教授推荐序

本书对商事侵权制度的研究展示了优秀研究方法的多层次运用。张瀚的研究涉及了内容分析(content analysis)、实证分析(positive analysis)和评价性分析(evaluation analysis)等方面,他揭示了这些层次是如何应用于商事侵权的。商事侵权是十分有趣的领域,商业往往是通过合同来实现的,但也存在一方主体的行为通过非合同的方式影响了他人的价值、成本与收益,当这些影响不通过合同,谈判困难时,我们就需要不同的法律制度——侵权法就是其中的重要部分,也许是最重要的部分。张瀚的研究的重要价值在于向读者说明侵权法的制度意义,以及与合同制度等制度的互动问题。

如果说地理大发现对新大陆的绘图者具有重要贡献,张瀚绘制的商事侵权地图的重要贡献,则不仅在于展示了侵权的内在逻辑,也展示了侵权制度与包括合同在内的其他制度之间的关系与互动,其研究的意义早已超越了商事侵权本身。中国经济取得了巨大的成就,任何理性人(reasonable person)都会承认中国的巨大进步,这是人类福利的重要提升。现有制度研究对于其中的原因其实没有给出特别有力的解释。我们需要一代人的学者,像张瀚这样真正理解中国法律制度和商业实践的学者去探索,并向世界解释实现这些进步的原因。这里有许多工作是中国学者可以为世界做出重要贡献的,我本人是无法做出这些研究的,但本书作者可以做到。

本书对理解商事侵权具体制度具有重要意义。书中指出要更好地理解商事侵权法律制度,就要明白其微观的制度构成。比如,对于信义义务的法律理念,如果你运用书中的框架,就会明白侵权可能危及了哪些法律价值;又如,对于商事侵权中损害赔偿的计算,如果没有可以和会计学等学科相结合的量化计算损失的制度,在实践中很难计算出具体损害范围的大小和影响,因此需要结合量化的方式理解商事侵权。

最后,本书在制度内容研究层面上具有重要价值。本书主要是从商事侵权制度本身是什么的角度提供了具有创新性的全新研究。受过专业训练的社会科学学者往往以为方法论是实证的(positive)或规范的(normative),但实际上还有第三种,就是关于内容(content)的研究。研究第一层次的问题是关于法律是什么,即行为是合法的还是违法的。虽然这主要并不是关于效果的问题(not a question about the effect),也不是关于制度评价的问题,不涉及效率或福利等问题,仅仅是一个纯粹的法律是什么的问题。但对于制度内容本身的研究,其意义和价值也是其他研究所无法替代的。

罗伯特·库特(Robert Cooter)
加州大学伯克利分校法学院
HERMAN F. SELVIN 法学教授
法律经济学项目主任
美国法律经济学会
会长、创会理事
罗纳德·科斯奖得主

推荐序二

周林彬教授推荐序

读到张瀚老师的新专著书稿,我感到十分欣喜。张瀚老师在博士研究生和硕士研究生学习阶段,都曾跟随我进行研究和学习。他在民商法领域潜心研究,对商事侵权的理论和实践有深刻理解,在法律经济学领域亦有独到的思考。

改革开放以来,中国经济飞速发展,商业模式不断创新,在这个背景下中国商事侵权实践对法律规则和法律适用都提出了挑战。如何在新的理论和法律实践背景下,从更广阔视角来思考商法基础理论和民事侵权理论之间的互动关系,是值得思考的课题。

这本专著弥补了国内民法学界和商法学界对商事侵权研究的不足。商事侵权是兼具商法思维和传统民法理论传统的特殊制度。我国《民法典》立法背景决定着民商合一的制度现实,但在具体法律实践中,民事侵权等具体制度又不可避免地需要调整兼具商法色彩的法律关系。商事侵权是理解市场经济运作,提高中国民商事立法水平和司法水平的切入点。商事侵权一方面应当符合传统民事侵权的基本理论,能和侵权构成要件的话语理论体系相容;另一方面也应在商事审判中保持对营利性的深刻关照,并对商主体的商业判断和经济利益等特殊诉求进行充分考虑。侵权法律制度的基础理论,无论在大陆法还是英美法中,都有着历史传统的制度印记,而商法适用则具有技术性和实用性的特点,并且具有尊重商主体市场判断和市场实践的特质。如何在统一的商事侵权话语体系中对上述特质进行阐释,本书提供了一个具有前沿性和代表性的样本。

这本专著对于完善民法侵权制度具有重要价值。本书对于理解在商业市场中涉及具有营利性的民事侵权行为具有重要价值。研究在大陆法的语境下,结合英美法的比较法研究视野,对具有营利性的侵权行为进行法律制度分析,这对传统民事侵权理论的商事适用提出了新的思考方式和路径,兼具立法论和解释论的价值。

这本专著对于提升商法理论研究具有重要意义。商法的传统研究主要集中在对主体制度的研究,其中又以公司法律制度研究为代表。对于商行为,商法学界的研究主要集中于合同、保险和证券等传统领域。本书从商事侵权的研究入手,很好地弥补了对商事侵权理论和实践研究的不足,对商法理论中的行为研究提供了具有价值的样本。

我相信,这本专著作为国内商事侵权的先行性和前沿性的研究,能够为理论界和实务界理解商事侵权提供有效范式,并能够吸引更多学者和实务工作者关注这个新兴领域,为民法和商法的结合性研究做出更多的贡献。

周林彬
中山大学法学院教授、博士研究生导师
中国法学会商法学研究会副会长
广东省法学会民商法学研究会会长

目　录

第一章

前置性思考:强制交易与商事侵权

一、商事侵权的社会经济制度背景

商事侵权是一种具有特殊性的侵权,随着我国市场经济的不断发展,商业领域侵权的数量也在日益增长。在制定《民法典》的今天,许多特殊的侵权都被类型化地进行全面而细致的研究,但我国商事侵权研究还处于薄弱状态,缺乏全面细致的研究和先进的方法论指导。商事侵权也可能是一种妨碍市场经济健康、有序发展的行为,可能对我国经济的健康发展造成不良影响。现代社会是商业社会,商业社会需要法律制度的保障以规范市场行为,保障商业自由,对商业领域的侵权进行规范。

商业领域的侵权是法律规制的重要领域,是法律对经济效率产生影响的重要组成制度。从20世纪60年代左右开始,以罗纳德·哈里·科斯(Ronald H. Coase,1910 ~ 2013年)的《社会成本问题》[1]以及盖多·卡拉布雷西(Guido Calabresi,1932年 ~)和A.道格拉斯·米拉姆德(A. Douglas Melamed)的《财产规则、责任规则和不可让与性:一个全景的观点》[2]为代表,侵害、制度安排和经济效益的互动就成了重要的研究对象。商业领域的侵权制度如何减少社会成本,如何帮助把蛋糕做大,是上述研究的重要组成部分。比如,科斯所列举的案例"牙医—糖厂"、"奶牛饲养—麦子农场"和"火车

---

〔1〕 Ronald H. Coase,"The Problem of Social Costs",*The Journal of Law and Economics* 3,1960.

〔2〕 Guido Calabresi and A. Douglas Melamed,"Property Rules, Liability Rules, and Inalienability: One View of the Cathedral",*Harvard Law Review* 85,1972.

公司—苜蓿农场”,无不是发生在商业活动领域,并且一方或双方往往具有营利性。而卡拉布雷西的“付费+允许侵权人享有商业利益”的模式更完全可以理解为是一种持续盈利的商业模式。从经济效率的视角出发,运用法律经济学的进路对法律制度中商业领域的侵权问题进行研究,是对法律和经济领域研究的传承和发展。

表1-1的统计数据中关于各种财产性权利的侵权虽然并不能完全等同于商事侵权的类型,但也能在一定程度上作为替代变量反映经济性质侵权和经济发展的关系。从表1-1可见,2010年至2016年,我国经济性质的侵权案件数虽然有时存在回落,但总体看和经济持续增长保持了一定的关联性。

表1-1 2010~2016年我国经济与财产性质侵权案件数与GDP〔1〕

年度	2010	2011	2012	2013	2014	2015	2016
收案数(个)	333,832	318,055	269,398	262,050	267,184	335,496	352,864
结案数(个)	334,986	314,260	272,606	251,233	255,454	314,047	353,455
GDP(亿元)	413,030.3	489,300.6	540,367.4	595,244.4	643,974	689,052.1	744,127.2

另一个值得参考的领域,是涉及原工商总局和商务部行政执法的行政复议(见表1-2)。行政复议包含了对行政处罚、行政强制措施等的复议,一般对于行政处罚执法行为的复议在数量上占主要地位,因此行政复议的变化能在一定程度上显示相关部门行政执法数量的变化。同时,复议案件可以看作当事人在行政部门内部的“上诉”,能复议到“国务院部门”在一定程度上代表行政执法行为等对应的“疑难案件”数量。

表1-2 2009~2015年我国工商总局、商务部行政复议收案数与GDP〔2〕

年度	2009	2010	2011	2012	2013	2014	2015
工商总局(个)	202	165	360	279	519	451	1003
商务部(个)	9	7	12	16	14	9	13
GDP(亿元)	349,081.4	413,030.3	489,300.6	540,367.4	595,244.4	643,974	689,052.1

〔1〕数据来源《中国统计年鉴》,其中国内生产总值(GDP)的数据来自2017年《中国统计年鉴》。财产性侵权案件在统计指标中是指排除了人身性等因素的侵权,主要关于各种所有权及其相关权利。其他的侵权案件类型包括特别程序、人身权纠纷(含人身损害赔偿)、特殊侵权纠纷、不当得利等。

〔2〕数据来源《中国法律年鉴》(2010~2015年行政复议案件情况)、《中国统计年鉴》,其中,国内生产总值(GDP)的数据来自2017年《中国统计年鉴》。

和涉及经济与财产的侵权案件相比，从总体上看，无论是原工商总局还是商务部，相应的案件数量总体上随着经济增长也存在一定的增长关系，原工商总局的数据尤为明显。

结合表1－1和表1－2中的两组数据进行比较分析：(1)对商业领域进行的行政执法和行政行为，和司法一样持续稳定地根据经济现实需求进行制度供给；(2)经济与财产性质侵权的司法救济，和行政执法相比，由于司法不告不理，也许能够更为客观地反映经济发展的状况，和客观经济活动结合的更为紧密；(3)行政执法也可能具有阶段的政策性，尤其是当其中一年执法数量的突然显著增长；(4)通过建立和完善经济领域侵权制度的私法救济，能够更好发挥私法救济的功能，一定程度上补强行政执法的天然不足。

从微观上看，一些具体的案件也能为我们的研究提供有益的注脚：

“苹果与唯冠”之争的商事侵权启示。商事侵权在现代市场经济十分常见，且可能涉及很大的标的数额。在苹果与唯冠涉及约合3.8亿元人民币和解费的系列纠纷中，争议的焦点除了iPad商标的归属问题，唯冠还主张苹果获得iPad商标的交易行为实质是一种“欺诈”，认为苹果通过操纵英国IP公司，让英国IP公司与唯冠进行交易，以3.5万英镑的低价获得了注册的10个商标，其中就包括iPad商标，之后苹果以仅仅10英镑的价格就从英国IP公司转让获得了包括iPad商标在内的所有商标。唯冠方认为，这种利用虚假身份提供并非真实买家信息的交易行为，是一种欺诈，甚至指出“要是知道IP公司就是苹果，我们谈都不会去谈”。[1]

唯冠在面临危机时，把主张苹果存在欺诈的行为作为了谈判和给苹果施加压力的筹码，并通过欺诈侵权之诉给对方造成谈判和解的压力，为他们取得约3.8亿元人民币和解费立下了“汗马功劳”。从法学理论上看，如果有证据证明苹果在谈判中确实运用了其操纵的公司做了虚假陈述，让对方对交易对象等信息进行误判，则可能要承担欺诈性不实陈述的侵权责任。事实上，唯冠不但在内地和我国香港特别行政区进行诉讼，也在美国加州起诉苹果的“欺诈行为”。

---

〔1〕 是冬冬、李雅琦：《唯冠称苹果靠欺诈获得“iPad”》，载新浪网：http://tech.sina.com.cn/it/2012－02－18/06356739792.shtml，最后访问日期：2017年5月9日。

二、商业发展背景下的外部性

现代经济的快速发展是一把利弊兼有的“双刃剑”，一方面，其带来了大量的社会财富，拓展了人类的自由；另一方面，大量的商业活动，商主体的泛化，给商业领域的活动带来了包括侵权在内的种种风险。现代社会是商业活动频繁之社会，历史上的商人，都是较为固定的特定群体，甚至具有家族性、承继性的特征。“商事主体经历了由传统意义上的‘商人’到现代以公司为核心的现代企业的演变过程。”[1]主体的改变造成了行为模式的改变，由于现代公司制度下商业活动的频繁出现，导致了商业领域“强制交易”侵害的普遍性。这种“强制交易”在经济学上常常被视为具有外部性的行为，在法学上则被视为对权利和法益的侵害。

根据外部性的定义，商业活动外部性的实质是行为人在商业活动中对于他人福利造成的影响。[2] 如果行为人系商人，和一般风险规避的自然人相比，商事侵权中主体的行为模式倾向于风险中性，甚至风险偏好，因为其设立的目的本身就是为了营利，而非自然人般安定的生活。因此其行为选择模式更多地体现了一种“理性的计算”。由于商业活动影响范围比一般民事主体的影响范围更为巨大，因此其外部性也可能更强，需要从社会经济的整体角度对其进行制度安排。

对于商业活动中的这些外部性，我们不是简单通过禁令的方式进行解决，而是结合法学和经济学去探讨其中的制度完善。通过对侵权制度的系统研究，我们希望能找出一种符合法学逻辑，尊重经济规律的制度设计。

三、商业活动的普遍化：强制交易的商业领域侵权

“商事主体是以自己的名义从事商事行为，独立享有商事权利并承担商事义务的主体，其持续地从事特定营利性活动或以此为职业。”[3]商业活动普遍化改变了对商主体的传统认知。尤其在网络经济时代，个人通过交易成本极低的网络交易平台，同样能够以极低的成本成为持续营利的主体。因此，在商

---

[1] 刘道远：《商事侵权责任对侵权责任法的挑战及其对策》，载《法商研究》2010年第1期。

[2] N. Gregory Mankiw, *Principles of Economics*, 6th ed., Stamford, Cengage Learning, 2011, p. 12.

[3] 刘道远：《商事侵权责任对侵权责任法的挑战及其对策》，载《法商研究》2010年第1期。

业活动中，涉及商主体的侵权具有频发性，并且对传统的民事侵权理论提出了挑战。商业领域的侵权，可以看作经济活动中的一种“强制交易”，这种“强制交易”关系中双方的产权如何界定，怎样从法律视角评价特定行为的法律性质，商业领域侵权与传统民事侵权相比有何特殊性，都是需要进一步研究的问题。

基于“强制交易”的商事侵权，相对于基于自愿交易的商事契约制度，具有不可替代性。笔者认为，商业领域的侵权制度，可能是一种通过“强制交易”的侵害发现总体上营利的合作机会和市场机会的制度。这种“强制交易”的发现作用，和之后司法程序的确认和调整利益分配的作用，有可能带来具有合作剩余的“强制交易”，其功能是一般自由谈判的契约制度所无法替代的。[1] 对于经营的妨害也可能构成一种“强制交易”，法院同样可以运用卡拉布雷西的责任规则，起到事后确认和调整这种“交易”的作用。[2]

在耀亚酒店管理（上海）有限公司（以下简称耀亚公司）与仇甲等纠纷案中，耀亚公司为上海市云南南路某号房屋所有人，与仇甲、仇乙所拥有的房屋相毗邻。仇甲、仇乙的化粪池和隔油池虽建造于耀亚公司土地使用权确认的红线范围内，但埋藏在地下；仇甲、仇乙在靠双方毗邻的系争弄堂自己房屋一侧外墙上安装了空调外机及排烟管道。在耀亚公司的立场上，仇甲、仇乙实质已经妨碍了其经营，故诉至法院，提出包括“恢复原状”和“经济损失”在内的救济请求。

一审法院主要基于相邻关系的法律适用，认为不构成侵权。判决：“对原告要求仇甲、仇乙拆除搭建于过街楼上的四层阁楼，恢复原状的诉讼请求，不予支持。对原告要求仇甲、仇乙填埋、拆除已开挖的化粪池、隔油池，恢复原状的诉讼请求，不予支持。对原告要求仇甲、仇乙拆除已安装的空调外机及油烟管道，恢复原状的诉讼请求，不予支持。”

---

〔1〕 当然，这种“强制交易”也可能在整体上带来消极的影响。比如商主体之间通过商业谈判的过程，提供商业信息，进而基于信息进行合同交易。但是这种交易在相对方刻意提供虚假不实的欺诈信息时，就可能在相当程度上部分或完全具有了“强制”交易的属性。至少对于不实陈述直接影响的交易部分是违背当事人真实意思表示的。这种基于不实信息的“强制交易”，有可能在整体上造成社会成本。

〔2〕 参见耀亚酒店管理（上海）有限公司与仇甲等相邻土地、建筑物利用关系纠纷上诉案，(2010)沪二中民一（民）终字第916号。

二审法院维持了一审的判决，却在后面增加了一条："仇甲、仇乙自2010年1月起，在其经营期间，每月补偿耀亚公司人民币1000元，每年支付一次。"这实质上是在客观上认可了这种侵害经营的行为是一种"强制交易"，因此通过卡拉布雷西"责任规则"的方式在未来给予对价。也就是说，这种"妨害行为"虽然是强制的，但作为交易，需要支付对价。[1] 在这种"强制交易"中，原告通过"出售"对自己经营的妨碍，在客观上获取了每个月的经济给付。事实上，商业领域的"强制交易"甚至可能是发现市场、交易对手和交易商品的过程，其功能远非一般基于自愿的商业合同所能替代，法院甚至具有某种程度的市场中介组织的性质，可以起到降低交易成本的作用。[2]

结合上述分析，我们不难发现，商业领域的侵权制度实际上是由宏观经济发展、微观商业发展、外部性和市场强制交易等一系列因素互动的结果。商业领域的侵权制度是商事行政执法制度的替代性制度，却比行政执法更具意思自治的制度韧性，满足市场主体对市场强制交易救济的制度需求。

---

[1] 由于我国缺乏相应的法律适用传统和直接法律依据，但法官又试图自觉性地贯彻"效率"的法律价值，因此其在判决中"技巧性"地指出被告支付的金额是基于"邻里关系的和睦"，并运用传统民法相邻关系的思路为商业性和经济性的"强制交易"和"责任规则"理念开路，这在客观上揭示出我国缺乏商事侵权思路和法经济学传统的弊端。

[2] "标本"意义的讨论参见谢晓尧、林良倩：《权利何以通约——华盖公司作品维权的标本意义》，载《学术研究》2012年第8期。

第二章

商事侵权制度概述：营业保护与构成要件

商事侵权的一般理论，虽以传统民事侵权理论为基础，但鉴于商事侵权独特的适用领域，其理论也具有一定特殊性。商事侵权的构成理论离不开传统侵权构成要件理论，对侵权行为、损害结果、因果关系和主观过错有要件性的要求。但具体到类型化的构成要件，也存在微观制度的特殊安排。从商事侵权制度整体看，其也具有一些一般性的理论共性。

一、商事侵权的界定

（一）制度核心：营利保护[1]

鉴于侵权行为已经成为商事交往中常见的法律风险，为了维护交易的安全，有效预防和减少此类侵权行为的发生，有必要完善相关的法律规范，并从理论和实践的角度对商事侵权行为进行分析，完善侵权构成理论，准确界定和理解商事侵权行为。[2] 市场经济带来了商主体和商行为的进化，商业领域侵害变得普遍化，商事侵权理论应运而生。[3] 对该理论的研究，应当以传统民事侵权理论为基础，同时结合商业市场环境和商行为的特殊性展开。

1. 对营业的法律保护

商事侵权设立的直接目的在于保护营业，维护商事交往的正常进行，因

---

〔1〕 笔者认为，商事侵权的核心是对营业的保护，因此其不包含产品责任、消费者保护等内容。

〔2〕 参见杨立新：《类型侵权行为法研究》，人民法院出版社 2006 年版，第 340 页。

〔3〕 参见王艳萍：《商事侵权责任之内涵论析》，载《湘潭大学学报》（哲学社会科学版）2011 年第 3 期。

此,必须以保护营业为中心构建商事侵权制度。在比较法上,商事侵权制度(business tort),在一定程度上是为了规制过度竞争而发展起来的。但是商事侵权的外延远不止这一种情形,因此受害方一直在寻求各种方式,扩大对不端商业行为的规制范围,以填补现有侵权责任的"缺口"。[1] 商事侵权制度的产生与发展,离不开市场经济对营业利益保护的制度需求。商事侵权制度存在的重要原因是需要专门性的侵权制度,对营业进行直接或间接的保护。

相关文献也在一定程度上表达了对保护营业和建立商事侵权制度的关切:有学者以商事侵权行为为角度,认为"商业侵权行为就是在商业领域中,以故意或者过失的违法行为妨害他人正常经营活动,造成经营者经营利益损害的商业侵权行为"[2];也有学者从商事侵权责任入手,指出"商事侵权责任是商事主体在商业经营活动中侵害他人合法权益而应该承担的法律责任"[3]。文献对于商事侵权的表述不尽相同,制度论述的侧重点也存在差异。笔者认为,保护营业,是商事侵权制度产生的重要制度需求,也是该制度的核心目的。

2. 优化营业环境与降低市场交易成本[4]

为了"维护交易安全",即维护交易的便捷、公平与安全[5],应当完善商事侵权制度。我们用其中的一种重要类型进行说明,即商事欺诈行为。美国《侵权法重述(二)》(Restatement 2d of Torts,1965)中认为,欺诈侵权的两种主要表现形式包括欺诈性不实陈述(fraudulent misrepresentation[6])以及隐瞒或不披露(concealment and nondisclosure[7])。商业欺诈行为,是指行为人恶意地通过口头或书面的形式,做出错误或虚假的陈述,并因此给他人造成损失的行为,加害方给其他交易主体提供了虚假或错误的商业信息或商业情报,直接给

[1] Hazel Carty, "The Modern Functions of The Economic Torts: Reviewing The English, Canadian, Australian, and New Zealand Positions", *The Cambridge Law Journal* 74, 2015, p. 261.

[2] 杨立新:《类型侵权行为法研究》,人民法院出版社 2006 年版,第 340 页。

[3] 刘道远:《商事侵权责任对侵权责任法的挑战及其对策》,载《法商研究》2010 年第 1 期。

[4] 笔者认为,对于营业损失的救济是商事侵权对营业的直接保护,对于市场经营环境、交易成本等因素的优化是对营业的相对间接保护。两者对于商事侵权的制度目的都至关重要。

[5] 参见范健、王建文:《商法的价值、源流及本体》,中国人民大学出版社 2004 年版,第 179 页。

[6] The American Law Institute, Restatement 2d of Torts §525.

[7] The American Law Institute, Restatement 2d of Torts §550.

消费者或其他厂商造成经济损失，[1]进而破坏了交易安全。交易安全一旦存在风险，为了避免遭受经济损失，交易主体会耗费更高的成本以采取预防性措施，这将不利于构建低交易成本型的市场环境。从这个角度看，商事侵权制度具有降低市场交易成本的功能。

商事侵权制度的设立目的在于保护正常营业，维护交易安全，降低交易成本，维护增加社会财富的市场机制；同时，其产生与发展也离不开交易主体保护自身合法权利和利益的诉求。完善商事侵权制度，为司法实践提供较为明确的法律适用依据，是商事侵权研究的重要组成部分。

（二）当事人：商主体与非商主体

部分学者认为，商主体在商事侵权中所扮演的角色是侵权人"由于商业侵权是发生在商业领域的侵权行为，而商业领域是从事商品经营或营利性服务的领域，这就决定了……该种侵权行为的当事人之一必须是商主体"[2]；也有学者直接从商事侵权责任的角度出发，指出商事侵权主体制度规则直接产生于市场主体的利益需求和他们的利益主张；承担商事侵权责任的主体具有商事主体资格，一般具有法人资格并以企业组织的形式存在。[3] 但是，部分从事司法实践的法律工作人员却持有不同观点。其观点认为，商事侵权是发生在商业领域的侵权行为，也即行为人在商业活动中违反法定义务损害他人合法权益，并依法应当承担损害赔偿责任的行为。[4]譬如，第三人盗提了偶尔进行证券投资的个人投资者的交易结算金，即使该侵权发生在非传统商主体之间，在这一观点看来该行为仍然属于商事侵权。[5]

在实践中也存在商事领域侵权的行为人并非商主体的特殊案例，其认定的核心仍然是对营业的保护。在"青岛大起拉链有限公司与洪龙泽损害公司

[1] 参见李萌：《商业侵权行为阐析》，载《辽宁大学学报》（哲学社会科学版）1996年第4期。

[2] 杨立新：《类型侵权行为法研究》，人民法院出版社2006年版，第340页。

[3] 参见刘道远：《商事侵权责任对侵权责任法的挑战及其对策》，载《法商研究》2010年第1期。

[4] 参见宋晓明、高燕竹：《商事侵权法律规制若干问题研究》，载《人民法院报》2011年3月2日，第7版。

[5] 同上。

利益责任纠纷案”[1]中,原告甲公司与案外人丙公司均为案外人丁公司实际控制的关联公司,被告乙作为丙公司的工作人员,受丁的委托,参与甲的经营管理事宜。甲起诉乙越权干预甲公司业务,虚构甲没有实际经营的业务,给甲造成损失。根据商主体理论,[2]被告并不是商主体。但是法院以此案为损害公司利益责任的纠纷为由,将该案认定为商事领域的侵权案件。法院认为,从审批凭证上看,被告的相关资金使用行为均属于公司正常经营性支出,且原告也未能提供证据证明上述资金用途并非真实交易,并给公司造成了实际损失。因原告未能提供证据证明被告存在越权审批挪用公司资金的行为,也未能提供证据证明自身存在实际损失,而不支持其诉讼请求。法院在认定商事侵权时,其核心关键点在于对营业的损害的认定,只要造成了对营业的侵害,即构成商业领域的侵权,而不拘泥于当事人是否具备商主体的身份。

从比较法的视角,根据《布莱克法律词典》(Black's Law Dictionary),“商事侵权请求权”中,具有请求权的主体,是组织或自然人,其请求权产生于其商事交往或职业活动中,请求权内容不包括因人身伤害或死亡所造成的损害结果。[3] 由于英美法的实用主义传统,不仅原告的身份没有完全被定位为商主体,被告的身份也没有被定位为商主体;其定义强调的是侵权行为发生的商事性和专业性,并用排除的方式把一些人身性的因素排除在外。

综上所述,商事侵权是发生在商事交往过程中的侵权,其核心在于对营业的损害,根据商主体在其中扮演角色的不同,商事侵权表现形式包括三种形态:侵权人包括但不限于商主体,被侵权人包括但不限于商主体,侵权人和被侵权人都包括但不限于商主体。在通常情况下,商事侵权中往往至少有一方属于商主体,这可以作为商事侵权当事人的主体特点。

(三)对营利性的客观妨害

有学者指出,将营利性作为商事侵权的客体,既能涵盖商业侵权行为侵害经营权的场合,也能概括全部的侵害客体,即经营活动所体现的经营利益,因

---

〔1〕 (2016)鲁民终1186号“青岛大起拉链有限公司与洪龙泽损害公司利益责任纠纷案”。

〔2〕 参见杨立新:《类型侵权行为法研究》,人民法院出版社2006年版,第340页。

〔3〕 See Bryan A. Garner (ed.), *Black's Law Dictionary*, 8th ed., Thomson Reuters, 2004, p. 811.

此，以经营利益为商业侵权行为的侵害客体较为恰当。[1] 也有学者认为，商事侵权所侵害的客体要广于“营利性”，既包括法律认可和保护的合同关系，也包括人们在经济活动中形成的信赖关系。[2] 学者们往往围绕着对经营的损害来定位商事侵权的客体。鉴于商事侵权行为表现形式的多样性，商事侵权的客体需要进行一定的归纳，主要客体包括“营业权利”[3]、“经营利益”[4]和“商业机会”[5]。此三者存在何种联系，是否需要分别构建不同的制度体系，需要进一步研究。

营业权是指在企业营业过程中概括性保护其利益不受侵害的商事权利，这一概念诞生于德国最高法院的判例，其既保护营业主体不受已然发生的、尚未被法律明确界定的行为所侵害，同时对保障营业主体在营业准入、营业转让、营业重整和营业自由等方面的合法权益具有重要的作用和意义。[6]

经营利益指经营主体通过经营行为，所获取的利益。但是对经营本身这个概念的界定，经过了多次历史演变。在我国，这一概念从20世纪30年代被第一次正式定义之后，其内涵一直在变动当中。但纵观这一概念的发展史，可以发现“经营”往往与企业相联系。[7] 对经营的理解则可以扩展到所有商主体的商事行为。经营利益的本质是经营者在营业中所享有的，超越类型化权利的经营性利益。

商业机会存在具体类型的区分，学者吕来明认为商业机会具有三种不同层次的意义：第一种意义的商业机会是“一个独立的时间概念，是一种客观经济现象，独立于主体而存在，其本身不属于法学意义的范畴”，“第二种意义的商业机会，其核心内涵是某一主体享有的特定资格”，“第三种意义的商业机会是一种获得商业利益或实现商业交易的可能性”[8]。与商事侵权紧密相连

---

〔1〕 参见杨立新：《类型侵权行为法研究》，人民法院出版社2006年版，第342页。

〔2〕 参见李萌：《商业侵权行为阐析》，载《辽宁大学学报》（哲学社会科学版）1996年第4期。

〔3〕 参见钱宇丹、徐卫东：《论我国中小企业的营业权制度》，载《当代法学》2014年第4期。

〔4〕 参见杨立新：《类型侵权行为法研究》，人民法院出版社2006年版，第342页。

〔5〕 参见吕来明：《论商业机会的法律保护》，载《中国法学》2006年第5期。

〔6〕 参见钱宇丹、徐卫东：《论我国中小企业的营业权制度》，载《当代法学》2014年第4期。

〔7〕 参见温宏建：《关于经营概念的演变——兼论全球化条件下的中国管理学的一些问题》，载《首都经济贸易大学学报》2006年第1期。

〔8〕 吕来明：《论商业机会的法律保护》，载《中国法学》2006年第5期。

的,往往是商业交易利益意义上的商业机会,其着眼点在于对主体获取利益可能性的损害。但是在一定的情境下,也可能体现为特定资质或资格受到侵害而引发的交易机会的失去。

"营业权利"、"经营利益"和"商业机会"不是对同一内容所进行的三种不同的表述,其各自的内涵和外延具有一定程度的差异,却又与商法营利性的概念具有密切联系。在商事侵权制度下,其核心都在于损害了商事活动主体通过商事行为已经获取或者可以合理预期的利益。笔者认为,不仅应当对商事侵权的行为进行类型化研究,还应当就不同商事侵权行为所侵害的不同类型的客体来探究制度构建。从抽象的一般理论角度出发,商事侵权的一般性特点,包含了对营利性的妨害。这种妨害需要具有一定的客观性,受害方往往需要举证证明其固有的和具有合理预期的营利模式,被非正当的客观存在的外在妨害所影响,并造成了客观的经济损失。

(四)经营性纯粹经济损失

"纯粹经济损失"这一问题早在20世纪的欧洲,就受到了学者们的关注。但各国、各学者对这一概念的定义,以及相关法律制度的构建却不尽相同。有观点认为,纯粹经济损失即"非因人身或所有权/物权等权利受到侵害而产生的经济或财产损失"[1]。学者王泽鉴提出"纯粹经济损失"这一概念之后,实践中也有判决书中援引了这一表述。[2] 笔者认为,纯粹经济损失与经营领域的商事侵权有着密切的联系,盖因商事侵权行为可能对营业产生直接或间接之影响,其损害结果可能进而体现为营业领域的经营性的纯粹经济损失。

但鉴于对纯粹经济损失内涵和外延理解的不一致,很难从概念本身入手把握这一损失类型。因此欧洲学者通过类型化的方式,使纯粹经济损失更为直观地展现在世人面前,其主要包括:(1)反射损失,即一方财产或人身受到实际损害,并引致原告权利受损的情形;(2)转移损失,即某些通常应发生在原始受害方头上,却在部分特定案例中,因合同或者法律规定而被转移给次级受害方承担的损失;(3)因公共市场、运输通道和公用设施的关闭而遭受的损失,该

---

〔1〕 Cees Van Dam, *European Tort Law*, 2 ed., Oxford, Oxford University Press, 2014, p. 711. 转引自王泽鉴:《侵权行为》(第3版),北京大学出版社2016年版,第362页。

〔2〕 参见王泽鉴:《侵权行为》(第3版),北京大学出版社2016年版,第361页。

类情形下的损失产生于可能导致市场、高速公路和航道被迫关闭的过失行为，而引发这类公共领域资源遭到关闭的行为，使经济损失被加诸具体的受害方；(4)基于信赖的损失，即受害方基于对错误信息、建议和专业服务的信赖，而遭受的损失，这类案件是由于包括会计师和律师等在内的专业人士提供了错误的信息，使与其虽无合同但存在信赖的第三方遭受了经济损失。[1] 笔者认为，纯粹经济损失不都是由商事侵权引发的，商事侵权造成的纯粹经济损失需要考虑其是否和商主体的经营行为有关。譬如，机场关停导致受害方旷工而遭受工资收入的损失，就未必具有经营的特性，不能认定为经营性的纯粹经济损失。

商事侵权与纯粹经济损失关系密切，相关案例多发于反射损失、转移损失，以及基于对错误信息、建议和专业服务的信赖而遭受的损失。

恶意诉讼是反射损失在商事侵权中的有趣例子，恶意诉讼往往会致使被侵权人面临商誉受损、市场份额下降、经营困难和企业利益受损等种种困境。这类恶意诉讼行为虽然客观上会导致企业的经营发生问题，造成其营业利润大幅减少，但是其所造成的损失既非直接损失，亦非间接损失，而是纯粹经济损失中的“反射损失”。[2]

关于转移损失的典型例子：甲公司向乙公司租赁当地载重最大的A船，订立了合同。该船在交付前一天早上8时，被乙的竞争对手丙公司破坏了船上的重要零件，并从当地唯一销售商丁处购买了所有替代部件（该替代部件可以在1小时内装备妥当，不影响机器按时交付），致使乙公司无法及时修理好该船，只能从外地购得零部件，并于2周后才能交付。乙遭受了财产损害，但根据船只租约，船只的使用权被转移给了甲。甲因在短时间内找不到替代船只，只能承担在延期的2周内所遭受的经营损失。此时，甲公司所遭受的损失，就是丙公司不正当竞争的商事侵权行为所导致的转移损失。[3] 事实上，该案件中行为人的行为可能构成商事侵权中的妨害合同侵权，盖因其侵权行为不仅造成了财产损失，还直接导致了他人之间的合同难以履行。该案的关键还在

---

〔1〕 参见［意］毛罗·布萨尼、［美］弗农·瓦伦丁·帕尔默主编：《欧洲法中的纯粹经济损失》，张小义、钟洪明译，法律出版社2005年版，第9～12页。

〔2〕 参见胡岩：《商事侵权中恶意诉讼行为的法律规制》，载《人民司法》2014年第21期。

〔3〕 该案例为笔者改编自［意］毛罗·布萨尼、［美］弗农·瓦伦丁·帕尔默主编：《欧洲法中的纯粹经济损失》，张小义、钟洪明译，法律出版社2005年版，第10页。

于,受害方遭受的纯粹经济损失,是具有经营属性的。无法使用船只期间导致停止经营的损失,显然和营利性密切相关。

二、过错的权衡:商主体与专业人士

(一)行为人过错:专业人士的过错认定标准

对于专业人士在商事侵权中过错的认定标准,须结合侵权法中过错的判断标准加以确定。在比较法上,对于过错的认定存在不同的思路,[1]但无论何种立法模式,均确认了违法与过错认定之间存在重要联系。其中,一般理性人注意标准的具体内容被认为是过错认定中的关键标准之一。[2]

理性人标准在私法和公法中都有所适用,这一标准源于侵权法,并逐渐扩张至私法的其他领域,后来进入了刑法领域,如今甚至渗透至行政法和宪法学之中;当标准对当事人的专业素质和法律规范的客观内容有所要求时,法院就会寻求一般理性人标准。而这种主观与客观相交融的特点构成了理性人的概念基础,是其功用的源泉。[3] 大法官霍夫曼在诺曼诉西奥多·戈达尔案(Norman v. Theodore Goddar)中指出,测试董事义务的标准是主客观相结合的,即董事必须具备履行同类职责之人的合理期待的技能。[4]

理性人标准的运用,涉及不同认知层面:第一层次是法官的认知,第二层次是法官需"设身处地"代入理性人的认知。其中第二层次的认知是基于法官自身认知所构建的,因而起决定性作用的是法官自身的认知行为。[5] 这对商事侵权法律适用的意义在于,法官要设身处地地去推断商事侵权中当事人的理性认知水准和理性程度。该理性人标准的运用显然要求法官对于侵权理论和商业实践有相当程度的深刻认知,因为这种当事人的理性本质上是法官内心代入的结果。

---

[1] 参见叶名怡:《论违法与过错认定——以德美两国法的比较为基础》,载《环球法律评论》2009年第5期。

[2] 同上。

[3] See Mayo Moran, "The Reasonable Person: A Conceptual Biography in Comparative Perspective", *Lewis & Clark L. Rev.* 14, 2010, p. 1233.

[4] 参见 Norman v. Theodore Goddard [1991] BCLC 1027. 转引自张开平:《英美公司董事法律制度研究》,法律出版社1998年版,第188页。

[5] 参见叶金强:《私法中理性人标准之构建》,载《法学研究》2015年第1期。

一般理性人标准是为了判断行为人主观状态而创设的一项实用性工具。其实质是一种受规则引导的推定，且所遵循的规则不是一成不变的固定标准，而是随着主体改变而具有变化的弹性标准。譬如，就董事的一般理性人标准而言，依据英国《破产法》(Insolvency Act,1986)第214条第4款与第5款的规定，理性勤勉的人应当同时具有以下特质：第一，在执行公司相关职能时，具有可合理期望之人的一般性知识、技能和经验；第二，作为董事应具备的一般知识、技能和经验；公司董事对公司履行的职能，应当包括虽然不履行，但已经委托给他的职能。[1]

在商事侵权的语境中，法官在运用理性人标准时，必须考虑以下两个因素：其一，商事交易主体本身因其职业特点及要求所具备的，善于评估风险、精于计算等个体特征；其二，立法者在制定法律时，由于对商事交易往往涉及大额资金的流动运作，以及可能会对市场交易环境带来的深刻影响的考量，而对商事交易主体赋予了特殊注意义务。在商事交往活动中，商主体或担负着重要职务的商事交易主体，往往应当担负其他一般民事主体所无须承担的注意义务。这是与他们的主体资格、享有的各项权利，以及市场影响力相对应的。市场规模越大的商主体与职务等级越高的行为主体，相较于规模较小，职务等级较低的主体，所负担的注意义务可能也更重，甚至具有更高的专业要求。一般理性人标准不仅在商主体与非商主体之间存在差异，即便是在商主体组织内部，也因为承担职务的差异而存在不同。根据具体案情的差异，同一主体所负担的注意义务，以及对其进行评判的理性人标准也是存在差别的，这就可能导致主体本身的因素带来过错认定标准的显著差异。

(二)受害方过错：商事侵权中的过错相抵

在商事侵权中，同样适用过错相抵规则。因此，对于这一规则的审究，以及对其在商事侵权中适用方式的讨论极为必要。过错相抵规则，也即过失相抵(comparative negligence)，又称“与有过失”“共同过失”“混合过错”“比较过失”。[2] 在商事侵权领域，同样应当考虑受害方可能存在过错的情况，而且这

---

[1] Insolvency Act 1986, §214.

[2] 参见程啸：《过失相抵与无过错责任》，载《法律科学》(西北政法大学学报)2014年第1期。

种对于过错相抵[1]的理解，应当充分考虑商主体作为专业人士可能带来的过错程度的特殊性。

对于过错相抵规则，国内外立法都有所涉及。我国《侵权责任法》第 26 条与《民法通则》第 131 条均有规定。《民法总则》没有对过错相抵原则进行明确规定，但《民法典》侵权编应当作出类似的规定。此外，国外立法例中亦不乏对过错相抵的规定。[2] 在商事侵权语境下，构成过错相抵同样应具备一定的条件：首先，被侵权人须存在过错，被侵权人应当就其可能会引起的损害、损害的扩大具有可预见性，如果被侵权人对此类后果预见了却不采取措施，或因过失而没有预见，则其主观上存在过错；其次，被侵权人的行为不当，被侵权人实施的不当行为，包括作为和不作为，这属于构成过错相抵的客观要件；最后，被侵权人的不当行为系损害发生或扩大的共同原因。[3] 过错相抵理论运用于商事侵权，需要充分考虑双方当事人的身份和专业程度等特质。具有营利性的一方，尤其是商主体，和非商主体对比，更难运用过错相抵减轻自身的责任。如果商主体侵害了非商主体，则对于过错相抵的运用标准应当更为严格。商主体和商人的身份特质会在其营业的领域被推定为专业人士，而在专业人士对非专业人士的商事侵权纠纷中，不能完全对等地运用过错相抵理论。

（三）专业性与过错的综合认定

法院在判定侵权人所应当负担的具体赔偿数额时，必须综合考量侵权人与被侵权人各自的过错程度。如前所述，在判断行为人的过错程度时，必须将行为人的职业身份，即是否为专业人士，或是否具备一定专业知识背景等因素纳入考虑。但同时，对于被侵权人的过错程度，也不能以一般民事侵权的标准进行判断，而是应当审慎考虑被侵权人自身是否具备商事从业背景或一定的商事教育背景，以确定过错相抵规则在个案中的适用。对于侵权人与被侵权

---

〔1〕 参见郭强：《试论过错相抵》，载《现代法学》1991 年第 2 期。

〔2〕 诸如《德国民法典》第 254 条规定："被害人对损害的发生负有共同过失的，应根据情况，特别是根据损害在多大程度上是由当事人的一方或者另一方造成的，来确定赔偿义务和赔偿范围。即使被害人的过失仅限于对债务人既不知也不可知的、有造成异常严重损害的危险怠于提醒债务人注意，或者怠于防止或者减少损害时，也同样适用前款规定。"

〔3〕 参见赵金龙：《损害赔偿的限制规则浅探》，载《法商研究》（中南政法学院学报）1997 年第 2 期。

人过错程度的判断，具体而言，一般大致可分为以下三种情形。

1. 专业行为人 vs. 非专业受害方

在侵权行为人是专业人士，而被侵权人不具有专业背景的情况下，判断行为人与受害方的过错标准相差较大。在判断行为人过错程度时，应当以其是否履行了根据自身专业程度、所担负的职务等级和一般的行业规范而确立的注意义务标准。在判断被侵权人的过错程度时，也需要明确专业人士与非专业受害方的注意义务标准的差异。在专业人士对非专业人士侵权的情况下，法律适用对专业人士应采用更为严格的一般过失和重大过失标准，这两个标准注意义务程度的要求是同时提升的。

2. 非专业行为人 vs. 专业受害方

在侵权行为人不具备专业背景，而被侵权人却属于专业人士的情况下，判断行为人与受害方的过错标准依然要充分考虑双方专业程度的差异。在侵权人不具备相关专业知识背景、不长期从事商事交易和不以商事交易为主要生计手段的案件中，不能对其苛以过高的注意义务，譬如前文所提及的"偶尔进行证券投资的个人投资者"[1]。在这类案件中，侵权人所对应的"一般理性人"标准程度相对较低，应当以与其行为能力一致，知识水平同等级的类似民事主体的行为标准来认定其过错。在判断被侵权人的过错程度时，必须综合考量其自身所具备的专业知识教育背景，以从事商事交易为生的职业背景、从业的时间长短和所负担职务等级的高低等情形，以设定其所应当负担的具体的"注意义务"。需要强调的是，非专业行为人的概念是相对的，其身份也可能是商主体。这里的关键在于，商主体的行为发生的领域是否属于其惯常经营的领域。如果侵权行为发生的领域不是商主体的经营范围，其专业性在特定案件中就会被大大削弱，从而降低其过错认定的可能性。

3. 专业行为人 vs. 专业受害方

在行为人与受害方都属于专业人士的案件中，对于过错相抵规则适用的关键点，在于对当事人各自所负担的"注意义务"标准的确定。即使同为专业人士，但当事人从事商事交易的时间长短可能具有明显差距，所受到的商事教育程度可能存在差异，各自所担负的职务也可能并不相同，因而即使都是专业

---

[1] 参见宋晓明、高燕竹：《商事侵权法律规制若干问题研究》，载《人民法院报》2011 年 3 月 2 日，第 7 版。

人士,也不能简单地认为双方的情况是完全对等的。在综合考量各项相关因素之后,应当对各方所负担的注意义务予以确定,进而判断各方是否履行了相应的注意义务,以及各自的履行程度。只有先行解决了前述问题,才能在个案中准确适用“过错相抵”规则。特别值得注意的是,即使双方都是专业人士,也要综合案件发生的领域和行业进行考量。例如,在金融领域,证券商比生产商更具专业性,即使双方从广义而言都是商人,都具有专业知识。案件领域或行业的不同,可能会造成专业性以及过错标准认定的差异。

三、主体:商主体的定位

商事是对营利性主体从事与商事交往相关活动、持续性营利行为和营利性营业的抽象概括,[1]商主体所从事的商事交往行为对营利性的追求,是理解商事活动的关键。商事主体对商业利润、营利性目的的追求,既是商品经济发展的动力,也是商法规范的重点。商法虽然尊重商事主体与商事行为对营利性目的的追求,但也强调诚实信用原则,[2]将该原则具体化为商事语境下的违反信义义务侵权、欺诈侵权、妨害合同侵权和妨害经营侵权等各项具体制度规则。

商主体的营利性特征可以从两方面入手分析。

一方面,商主体是在商事语境下的个人或企业;这代表了其在商事法律关系中既享有权利,又承担义务。[3] 虽然随着社会经济的发展,商事关系的内涵日益扩大,但是与传统“商事关系”具有共同性质和内涵的现代商事环境下的社会关系,至少包括以下四类:(1)由直接生产经营活动所引起的经济关系,譬如销售商与生产商的交易行为;(2)由商品交易营业活动所引起的经济关系,譬如汽车生产商向汽车零件销售商的购买行为;(3)以生产经营各阶段为媒介,如广告商的经营行为;(4)服务于生产和流通的营利性活动,如商店的经营行为。[4] 而每一类社会关系,都与营利性营业活动挂钩,所以参与商事交易的商主体,都在从事着追求营利性的营业行为。由于商主体身份是认定商

[1] 参见董安生等编著:《中国商法总论》,吉林人民出版社 1994 年版,第 5 ~6 页。
[2] 参见赵中孚主编:《商法总论》(第 4 版),中国人民大学出版社 2009 年版,第 23 页。
[3] 参见郭晓霞:《关于商主体几个基本问题的研究》,载《山东社会科学》2007 年第 4 期。
[4] 参见董安生等编著:《中国商法总论》,吉林人民出版社 1994 年版,第 30 页。

事侵权的重要参照标准之一，并且对确立行为人的注意义务标准具有深远的影响，因此对商事侵权的研究不能离开包括商主体理论在内的商法基础理论。

另一方面，商主体是在依法取得经营资格后而实施商行为的个人或企业。随着市场经济的高速发展，追求营利的商事交往行为日益构成现代社会实践活动的重要部分。为了使这一交往活动成为经济建设，甚至政治建设的正面力量，就必须维持经营活动的有序、高效。商事侵权制度为营建商主体良好的营商环境提供了基本的博弈规则和行为标准，其本质是良好营商环境制度供给的一部分。

在商事侵权案件中，往往至少有一方属于商主体。而从主体类型来看，商主体主要可以分为商法人、商合伙和商个人。无论是前述哪一种商主体，均可以成为商事侵权行为中的侵权行为人抑或受害方。并且由于商法人、商合伙和商个人在组织形式、信用基础以及责任承担等方面存在着诸多区别，其在作为商事侵权中的当事人时，在对侵权行为的影响、侵权风险管理方面也体现出不同的特点（具体可见表2－1和表2－2）。

表2－1　商事侵权中作为侵权行为人的商主体

行为人	“资合性—人合性”对侵权行为的影响	责任承担能力
商法人	常具有资合性的特质，因营利引发的侵权可能具有组织化和资本化的特质	其中法人股东有限责任可能导致决策者与风险者分离的效应
商合伙	具有人合性的特质，营利作为侵权的动机可能和合伙人的人合性联系紧密相连	商合伙的财产进行责任承担是第一位的，合伙人事实上是补充性的责任
商个人	个体特质对侵权行为的营利和动机影响较大	决策者无限责任，但总体偿付能力往往未必优于商法人和商合伙

表2－2　商事侵权中作为受害方的商主体

受害方	“资合性—人合性”与侵权风险管理
商法人	常具有资合性的特质，对侵权风险控制具有组织化和资本化的特质
商合伙	具有人合性的特质，对侵权风险控制和合伙人的人合性联系紧密相连
商个人	个体特质对侵权法律风险的知识和判断较重要

(一)商事侵权中的商法人

商法人在商事侵权中,既可能作为行为人,也可能作为受害方。在商主体作为行为人时,商法人的营利性和常见的有限责任会对侵权行为和侵权责任的认定产生影响。

商法人作为行为人时,其侵权行为的类型多样,其中较为典型的如商业欺诈,学界对商业欺诈的界定不尽相同,有观点认为商业欺诈是在商业领域中用欺诈的方法使他人受到损害的侵权行为,[1]商法人的欺诈行为,包括但不限于故意欺骗其他经营主体,致使对方因此遭受财产损失;除此之外,商法人的商事侵权行为可能包括诱使违约、阻止债务履行、商业诽谤、不正当竞争、盗用商业信息进行交易和妨害经营。[2] 除了商法人对其他经营主体所造成的商事侵权行为,商法人内部人员的侵权行为所导致的对商法人经营的妨害也应得到关注。在公司法律制度中,虽然股东有限责任与公司独立人格具有基石性地位,但根据我国《公司法》第20条第3款的规定,公司股东滥用公司法人独立地位和股东有限责任,逃避债务而损害公司债权人利益时,会引发刺破公司面纱的法律效果。

商法人作为受害方时,对其权益的损害主要体现在对于"营业"的损害。既包括对主观意义上的营业的损害,即对广泛意义上营业活动的损害,譬如侵权人不正当竞争行为对于作为受害方商主体持续性经营活动的侵害;也包括对客观意义上的营业,即营业财产的损害,譬如对工厂用于从事生产的机器的毁损。在商法人的商事交往中,其对于营利性追求的特点体现于数额的巨大,虽然商合伙与商个人对于营利的追求也很强烈,但是商法人的经营规模等特点决定了其所能获得的营利总体而言较前二者更多。这也导致了对商法人营利的侵害所造成的损害数额可能会更高,侵权人因此承担的损害赔偿责任更重,为了平衡对受害方所受损害的权益的恢复与侵权人在合理范围内承担责任之间的关系,对于行为人的责任范围的研究也更为重要。因此,在这类案件中,应当适用"可预见性"规则。

商法人是资合性的典范,营利在涉及商法人的商事侵权案件中占据核心

〔1〕 参见王利明:《民法》,法律出版社2005年版,第849页。
〔2〕 参见杨立新:《类型侵权行为法研究》,人民法院出版社2006年版,第342~343页。

地位。这一前提使商法人作为侵权人时，其侵权动机往往体现为对自身营利的维护。譬如为了牟利，故意使用会使消费者将其产品与知名品牌旗下商品相混淆的名称或商标；当其作为受害方时，其最大的诉求也往往是对其受损的营利活动或营业性财产予以恢复或赔偿。因此，在审判此类商事侵权案件时，务必综合考量商法人因侵权行为而获利的财产，或因侵权行为而遭受的各项营利损失，来判断其应当承担的损害赔偿责任或应予获赔的数额。

（二）商事侵权中的商合伙

商合伙与商法人类似，在作为商事侵权的行为人时，同样可能构成诱使违约、阻止债务履行、商业诽谤、不正当竞争、盗用商业信息进行交易、妨害经营[1]等各项商事侵权行为。无论是普通合伙企业还是有限合伙企业，其都具有明显的人合性特征。在商合伙作为侵权人时，该特征的体现之一在于普通合伙人与商法人的董事、监事、高级管理人员、控股股东等所应担的有限责任范围并不一致。正如我国《合伙企业法》第 2 条第 2 款与第 3 款的规定。

在商合伙作为商事侵权的受害方时，对其损害既可能表现为对营利的直接损害，诸如对合伙企业的正常经营的妨碍，或者对合伙企业用于生产的工具的破坏；也可能表现为对合伙企业人合性的损害，譬如前文所述的商合伙内部合伙人对合伙企业的侵害行为，该侵害行为可能对企业的营利造成损害，同时还会对合伙人之间的信任造成破坏，致使合伙企业无法继续经营。在此可能涉及违反信义义务侵权的问题。因此，在商合伙作为受害方时，必须先行确定对其实施侵权的主体是否为其内部合伙人，以判断对侵权人责任的追究是否在营利损害之外，还涉及对合伙企业人合性的侵害。

（三）商事侵权中的商个人

虽然对于商个人的外延，学界多有争论，但学者们普遍认同商个人包括多类主体。[2] 值得注意的是，“商个人”这一概念，无论是在内涵，还是在外延上均与“个体商人”存在关联，“个体商人”就是“非组织商个人”，[3]其属于商个

[1] 参见杨立新：《类型侵权行为法研究》，人民法院出版社 2006 年版，第 342～343 页。

[2] 参见李建伟：《对我国商个人立法的分析与反思》，载《政法论坛》2009 年第 5 期。

[3] 同上。

人的一种类型。

此外,偶尔从事营业活动的自然人,并不属于商个人的范围。但尽管如此,偶尔从事营利性活动的人也有可能存在商事侵权的可能性。[1] 但是并不能将这类商事侵权案件归类为商个人所为的商事侵权,而是应当依性质将其归类为独立于商法人、商合伙与商企业的特殊商事侵权类型。

在商个人作为商事侵权行为人的案件中,其实施侵权行为的动机往往与其个体特征关系密切,因此,通常以特定自然人的主观过错程度作为追究其责任的依据之一。在商个人作为行为人的案件中,既应当明确案件的商事性,也应当强化对商个人的经营者——特定自然人的行为与主观状态的审究,必须认识到该特定自然人的行为本身往往代表着商个人的行为状态。但是只有在该特定自然人的侵权行为是在为商个人牟利的前提下,才构成商个人的商事侵权,否则只是该自然人的侵权行为。

而在商个人作为商事侵权受害方的案件中,一方面,应当强化商个人的商主体的特征,即应当审视特定侵权损害行为是否对商个人的正常经营活动或者营业性财产造成了损害;另一方面,在对其适用过错相抵规则时,应当认识到特定自然人所具备的防范商事侵权风险的知识背景,是对商个人过错程度判断的主要依据。

综上所述,商个人无论是作为受害方还是作为侵权人,对于其在商事侵权案件中过错程度的判断,或所应承担责任范围的确定等各项内容的审究,都必须结合其自身的商主体身份与其经营者的个人特质这双重特性来予以综合分析。

四、损害结果:营业财产与纯经济损失

(一)对营业财产的损害

根据有的学者的观点,商事侵权行为可以包括诱使违约、阻止债务履行、商业诽谤、不正当竞争、盗用商业信息进行交易和妨害经营等。[2] 笔者认为,基于保护营业的立场,商事侵权包括商事欺诈、过失虚假陈述、妨害合同、妨害

[1] 参见宋晓明、高燕竹:《商事侵权法律规制若干问题研究》,载《人民法院报》2011 年 3 月 2 日,第 7 版。

[2] 参见杨立新:《类型侵权行为法研究》,人民法院出版社 2006 年版,第 342 ~ 343 页。

经营和违反信义义务等侵权类型。但无论采用哪种标准，都只有在对营业财产、营业活动造成直接或间接损害时，才可能构成商事侵权。营业财产、营业利益，都与营业权具有紧密联系。所谓营业权，即"主体基于平等市场主体资格自由地、独立地从事以营利为目的的营业活动的权利"〔1〕。正如迪特尔·梅迪库斯(Dieter Medicus, 1929～2015年)、卡尔·拉伦茨(Karl Larenz, 1903～1993年)对营业权的理解，营业权"重要的不在于企业的存在，而在于企业的动态运营，从而获得营业额和利润"〔2〕。

回归营业财产与营业活动本身，此二者其实是营业所包含的两项内容。根据谢怀栻先生的观点，"营业"包含主观意义的营业和客观意义的营业，主观意义的营业是持续的营利性活动，客观意义的营业是指静态的营业财产；而商事侵权所造成的损害结果本身，就包含着对营业活动或营业财产的侵害。〔3〕就营业财产而言，包括积极财产和消极财产。〔4〕

虽然与营业财产相比，主观意义上的营业，即营业活动，是一个不够具象的概念，但这一内容却是营业财产的来源与归处。正如有学者指出，当强调营业是商法中特有客体，如没有主观意义的营业活动，则客观意义上的营业也没有意义；我国法律制度虽然并未将"营业"作为一种特殊的所有权客体来规制，但是也并非没有相关条文，而相关立法正是主要从主观意义上的营业，即营业活动角度来对"营业"进行规制的，如"营业执照"、"营业自由"等。〔5〕因此，营业活动虽然是一个看似有些抽象、庞大的概念，但却是对营业的理解中不可或缺的一部分。

就商事侵权而言，所要求的损害结果必然与营利性紧密相联系。而对营业财产的侵害，或者对营业活动本身的侵害，都极有可能造成对营利性的损害。因此，在判断是否存在营利性损害时，应当从这两方面入手考察，借以确

---

〔1〕肖海军：《论营业权入宪——比较宪法视野下的营业权》，载《法律科学》(西北政法学院学报)2005年第2期。

〔2〕Medicus/Lorenz, Schuldrecht Ⅱ Besonderer Teil, 15. Aufl., Verlag C. H. Beck, München 2010, S. 452f. 转引自于飞：《论德国侵权法中的"框架权"》，载《比较法研究》2012年第2期。

〔3〕参见谢怀栻：《外国民商法精要》，法律出版社2002年版，第265～266页。

〔4〕同上。

〔5〕参见刘文科：《营业：商法上的特殊客体》，载《政法论坛》2010年第5期；参见谢怀栻：《外国民商法精要》，法律出版社2002年版，第266页。

定是否存在商事侵权。

(二)经营性的纯粹经济损失

“营业权”这一权利概念,最初是由德国所创设的。德国法为了能够给予经济利益(纯粹财产上的利益)适当的保护,德国最高法院便借助判例创设了一个“已设立且正营业的商业企业的权利”。〔1〕

从法律条文的角度来看,“营业权”是被归属于《德国民法典》第823条中所提及的“其他权利”所调整,德国对第一种违法类型的“其他权利”进行扩大解释,使营业权被包括其中,而这一权利的设立目的主要是在于保护经营者并非财产权的各项经营利益;在将“营业权”通过扩大解释纳入该法典第823条的保护范围前,在妨害他人经营的案件中,适用关于信用权的规定,依据是《德国民法典》第824条;在德国最高法院确认“营业权”以后,妨害经营的侵权案件则适用侵害“营业权”予以保护。〔2〕

我国立法虽然没有就“营业权”进行专门规定,也没有对于“纯粹经济损失”的法律条文,但是实践中却存在这样的案例,譬如“上海蓝奇电讯设备有限公司诉上海杨浦赛博数码市场经营管理有限公司侵害企业经营权纠纷案”〔3〕。该案中原告和被告签订了租赁合同,被告阻止原告将货物搬离所租楼面。原告因此不能履行和案外人丙的货物销售买卖合同,并按约定,须就延迟交付给付丙违约金192,000元人民币。因此,原告诉请被告赔偿其支出的违约金。一审将该案归类为侵害企业经营权的案件。该案的承办法官认为,被告出于故意阻挠原告的搬货行为,导致了原告不能依约履行对案外人的合同义务,被法院判决承担违约金。原告因被告的行为遭受了纯粹经济损失,所以原告可以其企业经营权遭受侵害诉请赔偿。本案中,被告的行为未直接侵害原告的所有权,但妨碍原告的自主经营的行动权;损失的交易机会系纯粹经

〔1〕参见[意]毛罗·布萨尼、[美]弗农·瓦伦丁·帕尔默主编:《欧洲法中的纯粹经济损失》,张小义、钟洪明译,法律出版社2005年版,第151页。

〔2〕参见[德]克雷斯蒂安·冯·巴尔:《欧洲比较侵权行为法》(上卷),张新宝、焦美华译,法律出版社2004年版,第70页。转引自杨立新、蔡颖雯:《论妨害经营侵权行为及其责任》,载《法学论坛》2004年第2期。

〔3〕(2006)杨民二(商)初字第117号“上海蓝奇电讯设备有限公司诉上海杨浦赛博数码市场经营管理有限公司侵害企业经营权纠纷案”。

济损失，被告应承担责任。[1]

在上述案例中，承办法官为了突破《民法通则》无明文规定的窘境，不得不运用法律解释的方法。因此，尽快在未来《民法典》侵权编中制定关于纯粹经济损失的规则，对完善我国民商事救济制度有现实意义，并且可以为商事侵权的救济提供法律渊源的支持。

五、因果关系与预见性

（一）间接因果关系

对侵权法中因果关系理论的探讨不可脱离哲学上的因果关系、自然科学上的因果律及刑法上的因果关系，并以此为基础，发展出了民事侵权中的“二分法”。[2] 因此，要厘清商事侵权中间接因果关系的含义，必须回归因果关系本身加以探讨。根据马克思主义哲学关于因果关系的论述，正是由于事物之间总是彼此联系的，因此，“为了解单个现象，必须从普遍的联系中抽象出来，孤立地考察他们”[3]。受司法资源的限制，侵权法律制度对于因果关系的设定，显然也是一种简化后的拟制，但人们又不可避免地需要司法模型建立出对真实世界易于处理和具有明确关注点的因果关系。

现代民法对因果关系提出了“两分法”：一方面，确定行为是否在事实上属于造成损害发生的原因，[4] 即“事实上因果关系”，“美国侵权法设立了两个基本的判断法则，若无法则与重要因素法则，并以此为本，派生出不同的确认原因与责任的方式”[5]；另一方面，是否存在“法律上因果关系”，只有存在，侵权责任才可以认定。对于判断法律上的因果关系，分离出“近因”和不属于“近因”的范畴。因此，如何确定这一分界标准，成为法律上因果关系理论中的中心任务，[6] 而间接因果关系问题，正是源自对这一理论的研究。商事侵权，

---

〔1〕（2006）杨民二（商）初字第117号“上海蓝奇电讯设备有限公司诉上海杨浦赛博数码市场经营管理有限公司侵害企业经营权纠纷案”。

〔2〕参见朱如钢：《论侵权行为的因果关系》，载《浙江大学学报》（人文社会科学版）1996年第4期。

〔3〕《马克思恩格斯选集》（第3卷），人民出版社1995年版，第552页。

〔4〕参见王家福：《中国民法学·民法债权》，法律出版社1991年版，第477～478页。

〔5〕吕彦：《美国侵权行为法判断因果关系的规则与实践》，载《现代法学》1998年第6期。

〔6〕参见王家福：《中国民法学·民法债权》，法律出版社1991年版，第477～478页。

往往具有涉及范围较广,损害金额较大的特点,因此,“近因”的确定问题,对于将商事侵权的损害结果限定在合理范围内,也就是将侵权人所应承担的损害赔偿范围与数额限定予以合理确定,具有举足轻重的意义。

之所以从“近因”入手,限制商事侵权的责任范围,其依据在于,就间接因果关系而言,相较于直接因果关系,侵权行为并非是受损者受损的最近原因。我们来看《布莱克法律词典》对于最近原因(proximate cause)的理解:

“第一,近因是在法律上足以导致责任的原因,行为或者疏忽在法律上被认为是造成损害结果的原因,从而对行为人施加责任;第二,造成某一事件的直接原因,如果没有这一原因,就不会发生该事件;第三,在前述两种意义中,最近原因又称为直接原因;有效的近因……‘近因’本身就是一个不幸的术语,仅仅是法院对行为实施者所应承担的责任的限制……但是,以此为基础而强加责任的任何企图,都会对所有不法行为造成无限的责任……作为一个实际问题,法律责任必须被局限于那些与结果密切相关的原因,在此意义上的法律责任才是正当的。基于正义或政策的一些社会观念,必须对行为后果所带来的责任设定某些边界”[1]。

“近因”理论在很大程度上是一种责任限制的政策性工具,其本质上是一种包裹着侵权因果法律逻辑的法律裁判效果调和工具,其主要功能是避免责任范围的过度扩展。间接因果关系,往往就是这一“最近原因”之外的因果关系状态。因此,对于间接因果关系的理解应当反向为之,首先应当理解什么是“最近原因”,之后才能更好把握间接因果关系的内涵与外延。我们也不难发现,所谓的“近因”理论,实际上是一种司法防止侵权责任滥用的理论工具和概念,考虑商事侵权可能存在较长的因果关系链条,这种理论工具似乎具有现实意义。[2] 另外,间接因果关系可能会指向间接损害,但这两者之间仍然存在明显区别,前者为因果关系理论中的内容,而后者则是赔偿领域的问题,二者不能混同。

综上所述,借助“近因”理论,区分直接因果关系与间接因果关系,才能将

---

〔1〕 Bryan A. Garner (ed.), *Black's Law Dictionary*, 8th ed., Thomson Reuters, 2004, pp. 661 – 662.

〔2〕 该理论为法官限制责任提供了抽象的理论支持,一个值得思考的问题是,司法实践中究竟是法官为了避免克以责任才用近因理论,抑或是法官真的感觉因果关系太远。

商事侵权的责任进行限定，以达到平衡保护被侵权人合法权益与合理限定侵权人责任范围的目的。考虑商事侵权中存在的造成无形经济损失的漫长因果关系链条，对于近因理论的探索也有着裁判效果的政策性价值。

（二）行为人对损害的预见

商事侵权依然遵循侵权法的一般归责原则，无过错则无责任。行为人只对其能够预见的损害承担侵权责任，这就是侵权法中的“可预见性”（foreseeable）规则。[1] 虽然“可预见性”看似仅仅是判断行为人过错的标准，与因果关系并无联系，但实际上，“可预见性”规则却往往是考量损害行为与某特定损害结果之间是否具有法律上所要求的因果联系的依据。在具体案件的审理过程中，往往有可能借助于“可预见性”规则，来判断某特定损害后果是否应当被归属于行为人的损害行为，以及行为人是否应当承担该后果所带来的民事责任。如果商事侵权行为人对于损害结果并不具有合理预见可能，则不负担对其行为而生的损害的赔偿。

根据学者的实证研究，如果在侵权损害赔偿案件中，不存在法律上所要求的作为构成要件的因果关系，则被告也不负有“应当预见”的义务，即无过错。商事侵权领域同样有此要求。因果关系与过错，存在竞合关系；二者竞合实质源于侵权法上的“近因性”与“可预见性”之间的关系。[2] 而相当因果关系是由“条件关联”和“相当性”所构成，在法律适用时先审视条件上的因果关系；如存在条件因果，再考虑是否达到条件相当性的标准，同时运用“可预见性”规则。[3] 一言以蔽之，可预见性是存在“相当因果关系”的必要条件，而“相当因果关系”是现代侵权法发展的成果，是判断损害行为与损害结果之间是否具有法律上所要求的因果关系的依据。因此，商事侵权行为人对损害的可预见性，不仅是判断其主观过错的依据，也是审视因果关系是否存在的必要因素。

另外，因果关系理论的发展过程，实际是确定侵权行为人所应承担责任的发展史。“法律上的因果关系”在发展之初，采纳直接结果理论，因果关系仅仅

---

〔1〕 参见吕彦：《美国侵权行为法判断因果关系的规则与实践》，载《现代法学》1998年第6期。

〔2〕 参见李中原：《论侵权法上因果关系与过错的竞合及其解决路径》，载《法律科学》（西北政法大学学报）2013年第6期。

〔3〕 参见王泽鉴：《侵权行为法》（第1册），中国政法大学出版社2001年版，第191～192页。

作为一种纯粹客观性的问题。[1] 但是随着社会经济的发展,商事领域的各种侵权类型案件频繁出现,为了达到尽可能从实质上贴近填平被侵权人所受到的损害的法律效果,各国判例与立法都渐渐扩大了损害赔偿的范围,间接损失与纯粹经济损失的问题亦被提上日程。商事侵权领域的案件类型,正是与赔偿范围、间接损失,纯粹经济损失息息相关的内容。在商事侵权案件的审判过程中,为了平衡当事人之间的关系,法官在追求填平被侵权人所受损害的同时,也没有忽视应当将侵权人的责任限制在合理范围内,而"可预见性"规则,正是达成这一利益平衡目标的有效手段。

如前所述,商事侵权造成的损害往往并不会止于第一层因果链,其具有损害范围广,涉及对象多,牵扯金额大的特点。因此,如何切断层层相扣的因果链条,将侵权损害结果限定在合理范围内,使商事侵权责任既能够符合侵权法所遵循的"填平原则"标准,又能够使侵权人所承担的责任范围不至于漫无边际,避免出现商事侵权人背负难以负担的高昂赔偿数额、司法判决执行力低下的困境,是商事侵权因果关系理论的重中之重。而"可预见性"规则即为这一目的提供了有力支持,可以通过对商事侵权主体所应承担责任范围受到的两层限制,来研究"可预见性"规则的适用。第一层限制为"条件关联性"限制,意指商事侵权行为与受害方所遭受损害的特定结果之间,存在事实上的关联性,即侵权人的行为是否是受害方遭受损害的原因。虽然有学者曾指出对"条件关系"的审视,并非没有规范性判断的加入,[2] 但总体而言,对于"条件关系"是否存在的判断更偏向于对自然发生过程的审究,其与"可预见性"的规则适用关系不大。第二层限制则为"相当性"限制,是在满足"条件性"基础上提出的新要求,是一项以"通常足生此种损害"为基准的价值判断。这一层限制需要"可预见性"规则的适用,要求商事侵权主体对其所实施的侵害行为所造成的损害结果具有合理预见可能,并以此来限制商事侵权责任的范围。[3]

综上所述,将商事侵权行为人对损害结果具有可预见性,作为判断是否存

---

〔1〕 参见李中原:《论侵权法上因果关系与过错的竞合及其解决路径》,载《法律科学》(西北政法大学学报)2013 年第 6 期。

〔2〕 参见王泽鉴:《侵权行为法》(第 1 册),中国政法大学出版社 2001 年版,第 192 页。

〔3〕 同上书,第 204 ~205 页。

在法律上所要求因果关系的必要条件，不仅能够完善因果关系的相关理论，还能将过错理论、因果关系理论与损害赔偿问题相串联，使侵权法理论更具体系性。

六、违法行为：商事组织法与行为法[1]

（一）对强行法的违反

商事侵权的违法性，既可能表现为对法定义务的违反，也可能表现为对保护性法律的违背，以及对商事领域特有的秩序或道德法律准则的违背。根据耶林的观点，违法性分为客观违法即违法性，与主观违法即有责性。因此违法性的判断形成了两种学说，即结果违法理论与行为违法理论。[2] 这一理论同样适用于商事侵权领域，对于商事侵权的基础理论研究，不能违背传统民事侵权的基本理论。

根据结果违法性理论，在行为由自由意识支配的前提下，如果绝对权受到侵害，即可认定行为违法，譬如依据我国《公司法》第 3 条第 1 款的规定，公司对于其自身财产拥有所有权，是一项绝对权。除非发生了违法阻却事由，否则只要存在对于该绝对权利的侵害行为，譬如股东通过自我交易致使公司遭受财产损失，就推定具有违法性。而根据行为违法理论，亦称举止不法说，违法性应当是通过侵权行为本身，而不是通过侵权行为的结果来决定。[3]

理论上讲，就违反强行法而言，必然会触发行为的违法性。但民商法多为任意性规定，强行法占比并不大。因此对于法律的违反，应当广义地被理解为对于既定法的违反。正如德国民法典第一草案所采纳的“法无禁止即许可”的立场，违法性的判断标准并非是某一般性的自然法原则，而是制定法的明文规定，违法行为就是违反绝对禁止性规定的行为。[4] 对于制定法的违反，根据结果违法性理论，当为制定法所保护的权利被侵权行为所侵害时，即构成违法。若根据行为违法性理论，则必须同时判断该侵权人在做出侵权行为时，其是否履行了“一般理性人”在同样情形下所应负担的注意义务。如果行为人并

---

〔1〕 该部分所研究的违法性理论，对于具体法律违反的探讨只是构成要件的一部分。

〔2〕 参见马桦、朱呈义：《侵权责任中违法性的判断》，载《当代法学》2007 年第 3 期。

〔3〕 同上。

〔4〕 参见李承亮：《侵权行为违法性的判断标准》，载《法学评论》2011 年第 2 期。

未违反应有的注意义务,即使违反了制定法的规定,也不应当判定其行为具有违法性,譬如某董事虽已尽到忠实勤勉义务,但在当时的特定条件下,该董事并不能认识到所订立的合同会损害公司利益,且任何一名董事都无法避免这一结果,则虽存在法律所禁止的对公司利益损害的行为,但其本身并不具有违法性。另外,无论在何种情形下,如果存在违法阻却事由,也不应当仅以"违反强行法规定"为由,主观臆断行为人的特定行为存在违法性。对于商事领域侵权案件的审判,在确定行为人违法性的问题上,应当综合考量各种因素加以判断。

(二)商事组织法中的违法性渊源

对于商事侵权的违法性渊源,可以分为商事组织法的违法性渊源和商事行为法的违法性渊源两个部分。前者是根据侵权行为人的身份而进行的分类,后者则是根据侵权行为本身受何种法律所规制而进行的分类。

结合我国民、商事立法体系分析,主体法的违法性渊源,包括《公司法》《合伙企业法》《中外合资经营企业法》《律师法》《会计法》《证券法》等。

第一,在我国《公司法》中,对于有限责任公司、股份有限公司,和其中的董事、监事、高级管理人员,以及担任财务、会计等公司重要职位的工作人员,以及外国公司的分支机构,各自所负担的权利与义务进行了较为详尽的规定。同时,在该法第十二章"法律责任"中,对于部分主体所应负担的相应法律责任进行了一定规制。因此,如果此类主体存在商事侵权行为,对于其注意义务的确定以及责任的追究,应当结合《公司法》中的相关规定进行确定。

第二,我国《合伙企业法》中对于普通合伙企业、有限合伙企业,以及其中的普通合伙人、有限合伙人各自所负担的权利与义务进行了较为全面的规定,并在第五章的"法律责任"中,对于有关主体所应负担的部分法律责任进行了相应规定。因此,对于涉及合伙人与合伙企业的商事侵权案件的审判,应当从《合伙企业法》出发寻找其主体法的违法性法律渊源。

第三,我国还制定并颁布有《中外合资经营企业法》与《中外合作经营企业法》,对此类企业的权利与义务进行了规定。因此,就涉及中外合资经营企业与中外合作经营企业的商事侵权案件,对其违法性的判断应当结合前述法律条文。

第四,对于作为具备专业知识的特定主体,律师事务所以及其中的律师群体各自所应负担的权利、义务,以及相应的法律责任,除了可能受到《合伙企业法》等主体制度的规制,还可能受到《律师法》的规制。如果律师事务所或者其中的律师等主体,存在商事侵权的可能,对其违法性的审究,应当结合《律师法》进行分析。

第五,作为同样因其自身所具备的专业知识或技能,而负担特殊权利与义务的主体,会计机构与其中的会计人员所应负担的相关法律责任也受到《会计法》的规范。涉及财务、会计的商事侵权案件,应当在《公司法》等主体法律之外,结合《会计法》的规定,判断主体的特定行为是否存在违法性。

第六,《证券法》因其所规制主体的广泛性,而具有特别之处。一方面,《证券法》对于"股票、公司债券、存托凭证和国务院依法认定的其他证券的发行和交易"[1]的商主体,在从事上述相关发行和交易行为时所应承担的权利与义务,以及可能存在的民事责任进行了规范。另一方面,又对证券交易所、证券公司与证券登记结算机构,这几类专门从事证券交易的主体进行了法律规制。因此,在涉及证券类商事侵权的案件中,对于违法性的判断,应当在辨明主体身份的前提下,从《证券法》中寻找相关依据。

(三)商事行为法中的违法性渊源

如前所述,行为法的违法性渊源,是根据侵权行为本身受何种法律所规制而进行的法律渊源分类。结合我国民商事立法体系,就行为法的违法性渊源,大致包括以下几个类型:《合同法》《反不正当竞争法》《反垄断法》等。

1. 契约相关的违法性渊源

就行为违反《合同法》的违法性而言,应当分为以下三个阶段进行考量:第一,行为是否是因违反前合同义务而具有违法性;第二,行为是否是因违反合同主要义务而具有违法性;第三,行为是否是因违反后合同义务而具有违法性。

就第一种情况而言,前合同义务又称为先合同义务,违反该义务即承担缔

---

[1] 《证券法》第2条第1款规定:"在中华人民共和国境内,股票、公司债券、存托凭证和国务院依法认定的其他证券的发行和交易,适用本法;本法未规定的,适用《中华人民共和国公司法》和其他法律、行政法规的规定。"

约过失责任。德国法学家耶林首先提出了"缔约过失"概念。〔1〕违反先合同义务的行为,可引发其他商事侵权类责任,譬如依据我国《合同法》第 42 条第 2 项规定,这一情形被学者称为"欺诈缔约"〔2〕。又如《合同法》第 60 条。根据有的学者的观点,原则上,缔约过失责任的效力涉及合同不成立、无效、变更或被撤销以及合同缔结前的情报提供和保密义务等各项内容。〔3〕因此,如果行为人违反了先合同义务,则有可能存在违反诚实信用原则,而诚实信用原则在商事侵权中的一个发展,即信义义务。因此,违反先合同义务,可能与违反信义义务侵权发生竞合。

就第二种情形而言,行为是否是因违反合同主要义务而具有违法性,合同主要义务应当被理解为给付义务,主给付义务与从给付义务均被包括在内。合同的主给付义务与从给付义务并非一成不变,在审判中,应当就个案对行为人所应当负担的相应给付义务予以确认。就主给付义务而言,合同多有具体约定,若无具体约定,也有法律规定与行业惯例、交易习惯得以遵循;但在判断合同的从给付义务时,在无约定的情况下,法律规定可能也并不清晰明了,此时法官应当更为审慎地借助行业惯例或交易习惯等因素加以妥适判断,在确定当事人所应当负担的给付义务的具体内容后,再就行为人是否违反该义务进行审究。

就第三种情形下的后合同义务而言,其义务内容以诚实信用原则为依托,具体包括通知义务、协助义务与保密义务等。而对于后合同义务的理解,与附随义务存在一定联系。学术界对附随义务,大致分为两种观点:第一种观点,认为附随义务不仅包括合同履行中的附随义务,还应包括先合同义务和后合同义务;第二种观点,则以狭义附随义务为基础,仅指合同履行中的附随义务。但无论何种观点,都可以看出,学者们普遍认同后合同义务、先合同义务与狭义的附随义务之间,都存在不可分割的联系,而之所以会存在这一联系,是因为它们以相同的民事法律原则,即诚实信用原则为理论基础。〔4〕因此,对于后合同义务中的行为违法性的研究,不仅应当从具体的情形入手,譬如行为违

〔1〕参见王泽鉴:《侵权行为法》(第 1 册),中国政法大学出版社 2001 年版,第 79 页。

〔2〕参见崔建远主编:《合同法》,法律出版社 2010 年版,第 123 页。

〔3〕参见钱玉林:《缔约过失责任与诚信原则的适用》,载《法律科学》(西北政法学院学报)1999 年第 4 期。

〔4〕参见刘茜、张超:《后合同义务基本理论问题探析》,载《前沿》2010 年第 10 期。

反了合同所应包含的通知义务、协助义务与保密义务等；还应当以诚实信用原则为衡量尺度，在审判中审慎运用自由裁量权，判断当事人之间所约定的后合同义务的妥适性。

2. 竞争法的违法性渊源

由我国《反不正当竞争法》第1条的立法目的可以看出，《反不正当竞争法》是一项与商业领域权利侵害息息相关的立法。该法第2条有关于商业道德法律化的规定，其虽然具有原则性，但也具有强行性规范的特质。如果经营者在竞争过程中，存在《反不正当竞争法》中所规定的违反正常经营的行为，譬如该法第9条第1款所规定的侵害商业秘密的行为，即构成行为的违法性，应当依据相关法律规定承担相应的法律责任，并可能成为商事侵权行为的违法性来源。〔1〕 在审判过程中，如果发现行为人的行为可能构成不正当竞争，则应当回归竞争法，判断是否存在受该法所规制的行为，以确定行为人行为是否存在违法性。

如前所述，德国法学家耶林对于“违法”这一概念，提出了主观违法与客观违法。〔2〕 客观违法就是本书所指的违法性，即在无法律认可事由的前提下，对法律规范的违反；而主观违法即过错，是行为人故意或过失致人损害的态度。〔3〕 因此，在无法定免责事由的情形下，对于竞争法所保护权益的侵犯，或对所规定义务的违反即构成行为的违法性。

下文将从不法侵害他人权利、故意违反善良风俗损害他人，与违反保护他人法律致他人受损3个类型为基础，对竞争法的违法性来源进行分析。就第一个类型而言，我国《反不正当竞争法》对于故意或过失侵害他人的行为方式多有规定，譬如该法第6条规定了经营者不得实施引人误认为是他人商品或者与他人存在特定联系的混淆行为，〔4〕如果行为人以故意或过失违反该条款

---

〔1〕 如侵害商业秘密只是一种具有违法性的手段，其违法披露商业秘密的行为同时也构成了第三人侵害合同的商事侵权，因为披露商业秘密导致受害方的合同无法继续履行。

〔2〕 参见马桦、朱呈义：《侵权责任中违法性的判断》，载《当代法学》2007年第3期。

〔3〕 参见周友军：《德国民法上的违法性理论研究》，载《现代法学》2007年第1期。

〔4〕 《反不正当竞争法》第6条规定：“经营者不得实施下列混淆行为，引人误认为是他人商品或者与他人存在特定联系：（一）擅自使用与他人有一定影响的商品名称、包装、装潢等相同或者近似的标识；（二）擅自使用他人有一定影响的企业名称（包括简称、字号等）、社会组织名称（包括简称等）、姓名（包括笔名、艺名、译名等）；（三）擅自使用他人有一定影响的域名主体部分、网站名称、网页等；（四）其他足以引人误认为是他人商品或者与他人存在特定联系的混淆行为。”

的规定,则符合第一层次的违法性规定。就第二个类型而言,违反保护性法律的条款既可能表现为对于权益的直接保护性规范,譬如该法第 1 条的规定;也可能反映为禁止对权益侵害的法律规定,譬如该法第 11 条的规定:“经营者不得编造、传播虚假信息或者误导性信息,损害竞争对手的商业信誉、商品声誉”。就第三个类型而言,《反不正当竞争法》在第 2 条就对商事领域所应遵循的善良风俗进行了规定,诸如经营活动所应遵循的自愿、平等、公平、诚信的各项原则。因此,在司法实务中,对行为的违法性分析,应当遵循这 3 个类型进行判断。

3. 反垄断法的违法性渊源

在审判中,如果行为人的行为对市场竞争产生了排除或限制影响,可能构成垄断的,对于其行为的违法性判断,应当以我国《反垄断法》为依托,寻求裁判基础。如果行为人的侵权行为本身也构成了 3 种法定的垄断性行为,其本身就可能具有一定程度的违法性。比如,行为人作为经营者滥用市场支配地位妨害经营,其行为就具有商事侵权的固有违法性,如果在符合其他构成要件的情况下,也可以成立妨害经营的商事侵权。

七、商事侵权的法律竞合[1]

如前文中所提及的“欺诈缔约”,商事侵权与其他法律之间存在法律竞合的可能,下文将从与主体法中法定责任的竞合,以及与行为法的竞合两个角度就此问题展开论述。

(一)与主体法的竞合

就商事侵权与主体法中法定责任的竞合,在前文中所提及的我国《公司法》《合伙企业法》《中外合资经营企业法》等多部法律中均有所体现。下文将择重点内容进行论述。

1. 与公司法律制度的竞合

一方面,在我国《公司法》中对于有限责任公司、股份有限公司自身所承担的权利与义务进行了较为详尽的规定。依据《公司法》第 5 条,无论是有限责

〔1〕 有法律与商事侵权竞合,并不妨碍与商事侵权竞合的法律为商事侵权认定提供违法性依据。存在商事侵权的违法性也不能简单地等同于存在法律竞合。

任公司，还是股份有限公司，其从事经营活动的过程中，不仅必须遵守法律法规，还应当不违背商业道德。民法中的诚实信用原则在该法中再次得到重申。法律保护公司的合法权益不受侵犯，则包含以下两层含义：第一层含义，是指公司自身的合法权益如果受到侵犯，可借助法律途径求偿；第二层含义，是指公司在经营过程中，不应当侵犯其他公司的合法正常经营行为，即不得妨害其他公司的经营。另外，就财务、会计类事宜，依据我国《公司法》第 170 条的规定，如果公司所提供的财务会计类资料，存在谎报、虚报、隐匿、造假以及拒绝提供的情形，则公司在构成违反信息披露义务的商事侵权的同时，也违反了《公司法》的相应规定。

另一方面，《公司法》对于这两种公司形式中的董事、监事、高级管理人员以及担任财务、会计等公司重要职位的工作人员所负担的权利与义务也进行了相应规制。上述几类主体在公司法中被赋予了“注意义务”。我国《公司法》第 147 条第 1 款要求董事、监事、高管“应当遵守法律、行政法规和公司章程，对公司负有忠实义务和勤勉义务”，在第 148 条中，对于董事与高管所负担的忠实义务，更是以列举式加兜底性条款予以明确。如果公司董事与高级管理人员存在《公司法》第 148 条中所规定的情形，则在构成商事侵权中的违反信义义务侵权的同时，构成对《公司法》的违反。

司法实践中，存在不少董事、监事与高级管理人员违反信义义务的案件，譬如董事等违反信息披露义务的“上海兴盛实业发展（集团）有限公司诉王斌忠、黄长印及第三人上海新梅置业股份有限公司证券欺诈责任纠纷案”[1]，董事等构成虚假陈述的“北京无线天利移动信息技术股份有限公司诉齐玉英等证券虚假陈述责任纠纷案”[2]。又如商事侵权中的违反竞业禁止侵权行为。依据我国《公司法》第 148 条第 1 款第 5 项，如果董事、高级管理人员存在违反竞业禁止的商事侵权行为，则对其责任的追究，应当在结合《民法典》侵权编与《公司法》的相关法律规定的基础上加以确定。

---

[1] （2015）沪一中民六（商）初字第 66 号“上海兴盛实业发展（集团）有限公司诉王斌忠、黄长印及第三人上海新梅置业股份有限公司证券欺诈责任纠纷案”。

[2] （2017）京民终 674 号“北京无线天利移动信息技术股份有限公司诉齐玉英等证券虚假陈述责任纠纷案”。

2. 与合伙企业法律制度的竞合

涉及合伙企业的商事侵权行为,很可能同时违反了我国《合伙企业法》的有关条文。依据该法第5条以及第6条的规定,如果合伙企业以及其中的普通合伙人、有限合伙人,在从事与合伙企业有关的事宜时,存在违背诚实信用原则,破坏商业道德的情况,则除了可能构成譬如商业欺诈、商业诽谤、不正当竞争、盗用商业信息进行交易、妨害经营等商事侵权外,[1]还同时构成对《合伙企业法》的违背。因此,在对上述情形追究侵权人的法律责任时,不仅应当以《侵权责任法》为依据,还应当回归《合伙企业法》本身,寻找相关法律规定。《合伙企业法》第8条也有类似规定。因此,所有依法设立的合伙企业及其合伙人的合法财产与权益,均受到法律保护,如果存在侵权行为,则构成商事侵权的合伙企业应当承担相应法律责任。

另外,普通合伙人与有限合伙人各自所应负担的义务也在该法中得到规制。如果合伙人违背该法所规定的相关义务内容,构成商事侵权,则会产生《侵权责任法》与《合伙企业法》的法律竞合。

3. 与专业主体规制制度的竞合

从事专业行为的律师与会计人员,均是具有专业知识或技能的专业人士,如果这类主体构成商事侵权行为,应当结合《律师法》和《会计法》考虑其违法性。

我国《律师法》就律师个体所应当负担的义务予以了较为完善的规定。诸如该法在总则章第2条第2款与第3条第1款的规定。另外,该法在分章中也重申了律师主体所应当负担的义务,诸如该法第30条,如果某律师存在故意捏造对商事交易具有重要影响的虚假信息,造成被侵权人经营损失的,应当结合《侵权责任法》的规定,确定该律师承担相应法律责任。

我国《会计法》的有关规定与《律师法》具有相似之处,均对特定专业人士所应负担的义务予以了明确规定。譬如该法第5条第2款,该款不仅是针对单位和个人的规定,也是对会计机构与会计人员的要求。如果会计机构或者会计人员存在伪造、编造会计类资料,对于提供虚假的财务会计报告具有故意或者过失,并因此对商事主体造成了经营性损失,从而构成商业欺诈等商事侵权的,对其法律责任的追究,应当意识到《侵权责任法》与《会计法》的法律竞

---

〔1〕 参见杨立新:《类型侵权行为法研究》,人民法院出版社2006年版,第342~343页。

合问题。

(二)与行为法的竞合

1. 与合同法律制度的竞合

如果违背我国《合同法》第 6 条与合同相关的诚实信用原则,则可能构成商业欺诈,此外,从《合同法》第 52 条的规定可以看出,对于欺诈问题,该法也设有专门条文进行规制。学术界对于商业欺诈的界定并不一致。有观点认为,商业欺诈是指在商业领域中,使用欺诈的方法,致使对方当事人受到损害的侵权行为,这种观点是从欺诈本身入手所进行的界定。[1] 该界定相较于前者,显然将商业欺诈的适用范围缩小了。如果依据后一观点,发生竞合的法律即《消费者权益保护法》与《侵权责任法》;但如果采纳前一观点,则发生竞合的法律为《合同法》《消费者权益保护法》《侵权责任法》。而商业欺诈,顾名思义,即发生在商业领域的欺诈行为,因此,前一观点更为妥适。因此,侵权人的商业欺诈行为,将同时违背《合同法》与《侵权责任法》,对其责任的追究,应当考虑竞合的问题。当然,商事欺诈行为也并不仅限于运用合同法所进行的欺诈行为,因此,就商事欺诈而言,《合同法》与《侵权责任法》的竞合并非必然,最终判断应视具体情形而定。

除商业欺诈外,商业诽谤行为也可能违背我国《合同法》第 6 条法律原则的规定。但有鉴于商业诽谤行为更贴近于对《反不正当竞争法》的违背,因此,对该商事侵权行为的讨论,将在下文中"与竞争法律制度的竞合"部分展开讨论。值得注意的是,上述商事侵权行为,同时也可能违背《合同法》第 7 条的要求。

2. 与竞争法律制度的竞合

商事侵权在涉及竞争性因素时可能与竞争法竞合。我们以商业诽谤为例来予以说明。商业诽谤行为可能违背了我国《反不正当竞争法》第 2 条,并可能直接违反该法第 11 条的规定。而对于商业诽谤行为的界定,学者们的观点也不尽相同。有学者将商业诽谤行为分为以下两种类型:一种指经营者公开贬低他人产品或者服务的价值,影响他人的交易,并致人损害,由此应当承担民事法律责任的侵权行为;另一种指经营者对他人的动产、不动产或者无形财

---

〔1〕 参见王利明:《民法》,法律出版社 2005 年版,第 849 页。

产进行诽谤,致使他人受到财产利益损失,由此应当承担民事法律责任的侵权行为[1]。也有学者认为,商业诽谤行为指经营者出于故意,通过捏造、散布虚伪事实或虚假信息等不正当手段,对竞争对手的商业信誉和商品声誉进行恶意的诋毁和诽谤,为自己谋取竞争的优势地位及其他不正当利益的行为[2]。另外,观察上述表达,均将实施商业欺诈行为的侵权人限定为经营者,对侵权人身份并无过多要求。也暗合了前文中对商事侵权案件中当事人身份的探讨。

商事侵权中的商业欺诈行为也可能构成对《反不正当竞争法》的违反。即使侵权人运用合同进行欺诈,在《合同法》与《侵权责任法》的竞合之外,还应当考虑《反不正当竞争法》的有关规定。而在侵权人并未运用合同进行欺诈的案件中,则更应该在《反不正当竞争法》中寻找追究侵权人法律责任的相关依据。

对商事侵权中的妨害合同侵权的救济而言,既可以从《侵权责任法》入手,也可以以《反不正当竞争法》为角度。妨害合同侵权的典型案例有拉姆利诉盖伊案(Lumley v. Gye):原告与女歌唱家先订立了演出合同,但被告却为女歌唱家提供了报酬更高的合同,故意引诱女歌唱家违反与原告在先订立的合同,致使原告遭受经济损失。[3] 该案中,被告的行为明显属于不正当竞争行为,原告可以寻求竞争法救济。《反不正当竞争法》虽未对妨害合同的侵权行为进行具体规制,但如果类似案件于我国法律制度中寻求法律适用时,在对合同的妨害触及《反不正当竞争法》的一般条款的情形下,可适用上文中所提及的《反不正当竞争法》第 2 条第 1 款与第 2 款的规定。

3. 与证券法律制度的竞合

根据相关学者的观点,商事侵权中的证券侵权行为,与其他的侵权行为相比较,既具有共性,又具有特殊性。其意指因违反证券法规定的义务而构成的侵权行为,该侵害方式多具有欺诈性。具体而言,证券侵权行为是指在证券发行、证券交易,以及其他证券活动中,当事人违反证券法规定的义务,给他人造

---

〔1〕 参见王利明主编:《中国民法典草案建议稿及说明》,中国法制出版社 2004 年版,第 258 页。

〔2〕 参见刘怀松:《论商业诽谤行为及其法律责任》,载《湖北师范学院学报》(哲学社会科学版) 2000 年第 4 期。

〔3〕 Lumley v. Gye,118 E. R. 749 (1853).

成财产损害的行为。就证券侵权行为而言，包括但不限于市场主体所施行的，违背各国证券法所规定的强制性信息披露、禁止内幕交易、禁止操纵市场等法定义务的行为。[1] 我国也在《证券法》第 5 条中规定“禁止欺诈、内幕交易和操纵证券市场的行为”。因此，如果相关主体存在欺诈、内幕交易和操纵证券市场等证券侵权行为，对于该主体责任的追究，不仅应当以《民法典》侵权编作为基础，还应当以《证券法》为法律依据。另外，由《证券法》第 5 条可以看出，就商事欺诈行为而言，《民法典》侵权编不仅可能与《合同法》《反不正当竞争法》发生竞合，也可能与《证券法》发生竞合。因此在审判中，法官应当从具体案件出发，寻求判决的法律依据。

八、商事侵权的特殊救济

（一）对营业财产的救济

前文已对主观意义上的营业与客观意义上的营业进行了概念上的区分。在商事侵权案件中，对于被侵权人的救济，往往体现为对客观意义上的营业的救济，对此，各国的表达方式不尽相同；我国学者多以营业财产或营业资产示之。[2] 就营业财产的损失而言，可分为 3 个层次进行研究——侵权对营业财产造成的直接损失、间接损失以及纯粹经济损失。对于纯粹经济损失的探讨，将于下文中“对纯粹经济损失的救济”部分展开。本节的重点在于商事侵权对营业财产造成的直接损失与间接损失。

就商事侵权中的直接损失而言，与侵权的直接损失相同，其赔偿范围较为确定，计算方式相对明晰，法院在判赔对直接损失的救济时，不需要过多自由裁量，标准较为统一。譬如，我国《侵权责任法》第 16 条的规定，以及该法第 119 条对于第 16 条中所规制内容的展开。上述法条中所提及的医疗费、丧葬费都属于毫无争议的直接损失。但是对“因误工减少的收入”的定性，即其究竟属于直接损失，还是由法律明文规定所确认的可赔偿的间接损失，却存在争议。

商事侵权中的直接损失，即商事侵权行为所直接导致的被侵权人所遭受的各项不利益。对于直接损失的甄别较为容易。譬如，被告甲公司员工在为

---

〔1〕 参见杨立新：《类型侵权行为法研究》，人民法院出版社 2006 年版，第 394、397 页。

〔2〕 参见张学文、任璐：《营业财产论纲》，载《福建论坛》（人文社会科学版）2009 年第 12 期。

公司拉送货物途中，因下雨路滑采取措施不当，致使所驾车辆侧滑至路边，对原告乙公司置于路边的内部车辆、工厂设备造成了物理性损害。另外，因甲公司车辆与乙公司专用供电电杆相撞，致使供电设施受损，导致乙公司工厂遭遇停电，进而又蒙受损失。[1] 在上述案例中，乙公司车辆、工厂设备因甲公司员工的过失行为而遭受的物理损失，即该侵权行为所造成的直接损失，而后因停电所遭受的经营损失，则不属于直接损失。无论对后续损失的定性为何，于直接损失而言，其范围与数额确定，对其的救济方案明晰且极少存在争议。

相对于直接损失，间接损失并非是一种对既得利益的侵害，而是属于因侵权行为而未能获得预期利益所遭受的损失。对于间接损失的认识，实质上是基于对未来可能性的一种价值预测，因此存在认定困难；而依据不同的原则或方法，所得出的赔偿范围、数额，也存在显著差异。[2] 尤其在商事侵权领域，某一损害行为，可能会导致一连串的连锁反应，侵权行为所导致的哪一部分损失属于间接损失，因侵权行为而遭受间接损失的哪类人群属于《侵权责任法》所认可的被侵权人，间接损失中的哪一部分又属于可赔偿的间接损失，对于这部分间接损失的计算标准如何确定，都是十分棘手的问题。在有关立法并不完善、明确的前提下，我国法院又不具有“造法”的权力，就使司法实践标准不统一，同案不同判的可能性大大增加。因此，在商事侵权案件中，对被侵权人所遭受的间接损失进行类型化，并在此基础上确定可赔偿的间接损失范围或计算标准，不失为未来立法的一个方向。

就商事侵权对被侵权人所造成的间接损失而言，妨害经营所造成的损害结果是其中典例。而对于这部分损害的救济，则应当以未发生该类损害所能获取的经营性利益，或者不会遭受的经营性损失为参照，来确定被侵权人因此所遭受的营业财产的损失范围，并计算相应的营业财产损失数额。一言以蔽之，正如上文所述，商事侵权行为所造成的间接损失，主要体现为可得利益损失。对其救济，应当以可证实的因商事侵权行为所不能获取的预期利益为判赔参照标准。

而下文所论述的纯粹经济损失，与间接损失联系紧密，且可能存在难以区

---

[1] 改编自(2016)鄂08民终219号“杨某、杨某某、中国人民财产保险股份有限公司荆门市分公司与湖北荆某海龙玻璃制品有限公司机动车交通事故责任纠纷案”。

[2] 参见覃有土、晏宇桥：《论侵权的间接损失认定》，载《现代法学》2004年第4期。

分的情形。譬如因突然断电，工厂机器设备被毁损，工厂因此停工两天的损失在部分欧洲国家就被定义为间接损失，而还有一部分国家则认为这是一种纯粹经济损失。[1] 因此，为了避免我国司法实践出现混乱的损失划分状况，应当尽快就间接损失与纯粹经济损失的划分标准以及各自的判赔范围与计算标准进行立法予以明确。

（二）对纯粹经济损失的救济

商事侵权中的纯粹经济损失，往往集中于妨害经营的商事侵权行为之中。根据学者总结，妨害经营的商事侵权行为所造成的财产损失，一般属于间接损失，是一种可得利益的损失。[2] 就纯粹经济损失的救济问题，鉴于经营者的不能营业不被认为是对财产权的侵害，只能以"故意侵害他人的纯粹经济损失"或"故意违背善良风俗"作为请求权基础，要求侵权行为人承担赔偿责任。[3] 在美国法中也存在仅有营业领域的纯粹经济损失救济困难的情况，如果在形式上存在一些物质损失，哪怕该物质损失十分微小，也会有利于纯粹经济损失的救济。

此外，在律师、会计师等专业人士因职业失误致损的案件中，侵权行为也可能引发纯粹经济损失。典型案例为比亚卡尼亚诉艾文案（Biakanja v. Irving），在该案中，作为被告的公证员答应对某遗嘱进行公证，却因疏忽未能使遗嘱得到有效见证；致使遗嘱唯一指定的继承人——遗嘱人的妹妹，即本案原告只继承了1/8的遗产。[4] 此案确立的衡量标准最终推广至律师、会计师等各行各业职业者的过失致人纯粹经济损失责任。[5] 因此，虽然比亚卡尼亚诉艾文案（Biakanja v. Irving）并非商事侵权案件，但如果作为专业人士的律师、会计人员等，出于职业失误而构成商事侵权行为，就其所造成的纯粹经济损失的判赔问题，亦可沿用由本案提出的判决思路。

---

[1] 参见［意］毛罗·布萨尼、［美］弗农·瓦伦丁·帕尔默主编：《欧洲法中的纯粹经济损失》，张小义、钟洪明译，法律出版社2005年版，第127～143页。

[2] 参见杨立新、蔡颖雯：《论妨害经营侵权行为及其责任》，载《法学论坛》2004年第2期。

[3] 参见杨立新：《类型侵权行为法研究》，人民法院出版社2006年版，第385～386页；参见王泽鉴：《侵权行为法》（第1册），中国政法大学出版社2001年版，第99页。

[4] 参见崔世君：《论美国侵权法中的纯粹经济损失》，载《西部法学评论》2010年第4期。

[5] 同上。

将纯粹经济损失先认定为间接损失，再行确定赔偿的方法，则是适应我国现行立法对于纯粹经济损失规范缺位的模式，但是，纯粹经济损失本身与间接损失属于两个层面的损失问题。实际上，直接损失、间接损失，与纯粹经济损失，是根据因果联系的紧密程度，由近至远而进行的人为切割，所得出的损失划分方式。[1] 因此，这种将纯粹经济损失视为间接损失，再行确定判赔数额的方式，是一种不得已而为之的手段。为了有效、科学，符合法律逻辑地解决商事侵权中的纯粹经济损失判赔问题，应当尽快建立有关纯粹经济损失的各方面立法，以便为纯粹经济损失的救济问题提供法律途径。

综上所述，我国应当结合国内外有关纯粹经济损失的典型判例，在审慎研究探讨国内外相关法律文献的基础上，加快立法步伐，妥善解决纯粹经济损失的救济问题。

九、商事侵权的分类标准

商事侵权的类型化研究，沿用对侵权行为法的类型化研究，实质上，这部分内容是对侵权行为法中的商事侵权类型进一步展开的类型化研究。

对于商事侵权的类型化研究，应当在类型侵权行为法研究方法的基础上，结合商事领域的独有特点展开。之所以采纳这种研究方法，原因主要有以下两个层面：第一，英美法系侵权行为法的立法和法理研究方法，尤为强调侵权行为的类型。在英美法系的侵权行为法理论中，对于侵权行为法的规定，以及就侵权行为法所展开的各项理论研究，都是从类型化的角度进行的。这一研究方法，对于我国商事侵权的研究，具有重要的借鉴意义，因为商事侵权类型多样且各具特点导致分类研究更为科学。第二，就法律适用的角度而言，只有对民事法律关系进行类型化，才能够实现民事法律关系的具体化；而只有实现民事法律关系的具体化，才能够确定对一个具体民事法律关系的法律适用。对商事侵权行为进行类型化研究，也就是要对商事侵权行为法律关系进行类型化与具体化，指明法律适用的具体途径。从这个意义上说，类型侵权行为法就是具体化的侵权行为法。[2]

---

[1] 参见[意]毛罗·布萨尼、[美]弗农·瓦伦丁·帕尔默主编：《欧洲法中的纯粹经济损失》，张小义、钟洪明译，法律出版社2005年版，第5～6页。

[2] 参见杨立新：《类型侵权行为法研究》，人民法院出版社2006年版，第2页。

如前所述，对商事侵权行为类型化的最终目的，在于实现对商事侵权行为的具体化。研究最具体的商事侵权行为，确定它们各自的法律适用规则，不仅是最为实用的研究，也是类型侵权行为法研究的最终目的。[1]

我们对于商事侵权的分类主要基于以下层次：

（一）信息型侵权

信息型商事侵权的典型代表是商事欺诈侵权和过失虚假陈述。这类侵权的核心要点是对市场信息的扭曲，在客观上会增加市场的交易成本。（见表2-3）

表2-3　信息型商事侵权行为类型

类型	主观状态	典型信息扭曲来源
商事欺诈侵权	故意	主动传播
过失虚假陈述侵权	过失	未付出法定成本核实信息

就商事欺诈而言，如前所述，美国《侵权法重述（二）》归纳出了它的两种表现形式，具有批判性的参考价值：第一，欺诈性不实陈述，意指行为人以影响他人行为为目的做出的关于事实、观点、意图或法律的欺诈性不实陈述，导致受害方基于对该陈述的信赖造成经济损失，并需要对此承担损害赔偿责任[2]；第二，隐瞒或不披露实质性信息，意指行为人通过隐瞒或其他行为故意阻止受害方获取有关的实质性信息，或者表明某些实质性信息不存在，并因此对受害方在金钱上的损失承担赔偿责任[3]。

对于过失虚假陈述侵权的理解，应当先从虚假陈述侵权本身入手。虚假陈述侵权包括以下几个类型：虚假陈述与未披露而导致金钱损失；其他各种交易的欺诈性虚假陈述与不予披露，如以欺诈性虚假陈述诱使向行为人或第三人进行赠与等。[4] 我们所探讨的过失虚假陈述，则是非出于欺诈故意做出的虚假陈述。

对虚假陈述的不实信息的性质，一般运用“重大性标准”进行判断。是否

[1] 参见杨立新：《类型侵权行为法研究》，人民法院出版社2006年版，第5页。

[2] The American Law Institute, Restatement 2d of Torts §525.

[3] The American Law Institute, Restatement 2d of Torts §550.

[4] 参见杨立新：《类型侵权行为法研究》，人民法院出版社2006年版，第21~22、398页。

满足“重大性标准”,应当以受害方为视角加以判断,如果某种信息很可能对理性交易方的投资决策产生重大影响,则该信息为重大信息。这一界定可以将某些案件排除出过失虚假陈述侵权范围,从而避免出现行为人在商事交易中被苛以较重注意义务的情况。

另外,过失虚假陈述侵权与违反信义义务侵权、妨害经营侵权可能存在竞合问题,因此,对于侵权人的责任来源应当结合上述内容综合判断。

(二)直接侵害营业型侵权

表2-4 直接侵害营业型商事侵权行为类型

类型	客体载体	典型损害固定方式
妨害合同侵权	特定契约	合同履行成本;合同可得利益损失
妨害经营侵权	营业状态	历史营业状态比较;单位营业时间利润

妨害合同侵权与妨害经营侵权所造成的损害后果,都属于对营业的直接侵害。但二者也存在明显区别,譬如前者的客体为特定契约,而后者的客体则是经营主体的营业状态。(见表2-4)

妨害合同侵权,是指行为人通过引诱、妨碍等方式,导致被侵权人与他人所订立的合同无法履行、出现违约、失去法律效力等情形,并因此给被侵权人造成经济损失的行为。妨害合同侵权既可能发生在非竞争者之间,也可能发生在经营业务范围具有竞争关系的竞争对手之间,因此,在妨害合同侵权中,必须将竞争因素纳入考虑,妨害合同侵权与竞争法可能存在竞合关系。所以,在司法实践中,对此类案件的审判必须先行确认当事人之间是否具有竞争关系。

妨害经营侵权,即侵权人基于过错对他人的合法经营造成妨害的行为。根据学者总结,妨害经营侵权的表现形式相当有限。荷兰和德国都对妨害经营进行了具体化的规定,相关规则涉及了影响经营的各种类型的行为模式。[1] 对于被妨害的营业,要求其具有公开性与持续性,只有满足这两项前提性要件,才能证明该营业具有被保护的优先性。

妨害经营的行为很可能会引发纯粹经济损失的相关问题,譬如著名的电

[1] 参见杨立新:《类型侵权行为法研究》,人民法院出版社2006年版,第380~381页。

缆案件——甲因过失切断了公用电缆设施,导致 B 工厂因此被迫停工。但鉴于该案可能导致"诉讼闸门"打开,使赔偿范围存在不确定性,因此对于救济应采取审慎的态度。在国外学者的案例研究中,发现所研究的 13 个国家里,7 个国家断然拒绝了原告的赔偿诉请。[1] 而我国司法实践中对妨害经营侵权所引致的纯粹经济损失的态度,也是值得研究的内容。

(三)关系义务型侵权

在特定关系中,由于主体身份而具有了信义义务,并因为对该义务的违反而承担责任。对违反信义义务侵权的理解,应当从信义义务入手。信义义务指一方恪守的尊重与关怀的道义,使对方在交易中具有信任感与信心的义务。而违反信义义务侵权,即负担信义义务的主体,违反了其应当负担的信义义务,侵害他人合法权益的行为。

违反信义义务侵权的构成要件,既与一般侵权构成要件具有共性,也具有其特殊性。这种特殊性的表现之一,就在于对违反信义义务侵权的理解:究竟是违反了信义义务本身,即构成违反信义义务侵权;还是违反了信义义务的行为,造成了侵权法上的后果,才构成违反信义义务侵权。两种不同的理解方式,将会指向不同的违反信义义务侵权构成要件。明确违反信义义务侵权的制度建立初衷,确定其构成要件,明晰救济方式与相关抗辩事由,是该领域的研究重点。

---

〔1〕 参见[意]毛罗·布萨尼、[美]弗农·瓦伦丁·帕尔默主编:《欧洲法中的纯粹经济损失》,张小义、钟洪明译,法律出版社 2005 年版,第 143~155 页。

第三章 商事欺诈侵权的构成与制度[1]

一、欺诈侵权基础理论概述

(一)商事欺诈侵权的界定

1. 欺诈行为与欺诈侵权的起源

在商品经济飞速发展的社会,商事交往中经常出现商业欺诈行为,形式各有不同,严重违背了诚实信用、公序良俗等市场法治规则。关于欺诈的已有研究大多局限于合同欺诈的角度,强调欺诈行为是由于意思表示的瑕疵而导致的合同可撤销,或者针对民事欺诈与刑事诈骗之间的区别进行研究,而忽略了欺诈行为的本身以及侵权法上针对欺诈行为相关的法律规范[2]。欺诈行为的法律规范不应该仅仅局限于针对法律行为的效力问题研究,比如欺诈导致所签订的合同无效抑或可撤销的问题。

欺诈,或被称为诈欺,制度的本源最早可以追溯至罗马法。欺诈行为作为表意行为之一,该制度是伴随罗马法契约制度的发展而逐步确立并完善的。早期罗马法的契约制度相对于满足契约实质要件来说更强调形式要件,契约仅基于双方自由的意思表示一致而成立生效,一切外部发生的行为都会被视为意思表示的证据。随后的发展过程中当事人的内心意思也成了合同另外一个生效因素,针对意思表示有瑕疵的合同比如因欺诈而订立的合同可能被宣

---

〔1〕 本章节“商事欺诈侵权”不仅包括狭义上合同相关的欺诈侵权,还包括广义故意作欺诈陈述干扰他人经营状态的侵权行为。

〔2〕 参见徐志军、张传伟:《欺诈的界分》,载《政法论坛》2006 年第 4 期。

告无效或者被宣告成可撤销。但是随着欺诈行为所涉及的领域越来越广泛，研究的不断深入，学者们发现欺诈行为并不必然发生在契约行为中，即使在缔约的情形中，也不仅是只涉及合同相对方的合法权益，还可能侵害了合同外第三人的利益。《德国民法典》在“侵权行为”中定义到“不法侵害他人生命、身体、健康、自由、所有权、或其他权利者[1]”，应当对其产生的损害承担赔偿义务，具体到欺诈侵权这一类型，缔约中侵害合同方或者侵害合同外第三方权益，侵权人都应该对因其行为所产生的损害承担赔偿义务。

有观点认为，存在“诈欺作为故意以背于善良风俗加损害与他人的典型情况”之情形[2]，受害方有权请求损害赔偿。在实务操作中也存在承认欺诈行为之侵权性质的情况：“如实施诈欺属实……得撤销其因被诈欺所为之意思表示，使买卖契约自始归于消灭；而请求被上诉人返还不当得利，然此项诈欺行为，倘同时构成侵权行为，上诉人非不得依侵权行为之法律关系行使损害赔偿请求权（按请求权竞合，债权人得择一行使）。”[3]这意味着欺诈不仅仅与意识表示以及合同效力有关，更存在侵权行为性质之认定可能性。如果该欺诈系商业领域之欺诈，则可以进一步从商事的角度去考虑其侵权的特质，去考虑存在商事侵权的可能性。

2. 商事欺诈侵权的界定及其主要类型

欺诈侵权作为商事侵权的重要类型，在我国《侵权责任法》中却没有相应的规定，但从其他国家的立法实践来看，欺诈不仅是合同法的规制对象，更应该被规定在侵权法制度中，从完善法律法规具体适用以及市场运行法制规则的角度来看，明确商事侵权中的欺诈侵权的概念及其主要类型的界定是有必要的。

商事欺诈侵权本质上属于一般侵权行为，除了《德国民法典》第 823 条规定的侵权行为，实际上还“包括欺诈侵害他人财产权、人身权以及其他权利的各种行为[4]”，综合前述国家、地区司法实践，一般认为欺诈侵权的构成要件具有以下几点：(1)行为人向受害方作出欺诈性不实陈述或故意隐瞒、不披露

---

〔1〕 马强：《附保护第三人作用之合同研究》，载《政治与法律》2005 年第 1 期。

〔2〕 王泽鉴：《侵权行为法》（第 1 册），中国政法大学出版社 2001 年版，第 295 页。

〔3〕 同上书，第 296 页。

〔4〕 参见徐志军、张传伟：《欺诈的界分》，载《政法论坛》2006 年第 4 期。

实质性信息;(2)行为人主观上有受害方信赖该陈述的期待;(3)行为人对于陈述的内容有披露义务;(4)受害方的合理信赖;(5)受害方基于对行为人陈述的信赖而导致经济损失。

作为商事侵权行为的一种特殊类型,商事欺诈侵权强调的是行为人故意通过其陈述与受害方之间形成一种交易信息不对称、不透明的交易状态,从而从受害方获取不正当利益,侵害受害方的财产权。美国《侵权法重述(二)》中认为,欺诈侵权的两种主要表现形式包括欺诈性不实陈述(fraudulent misrepresentation[1])以及隐瞒或不披露(concealment and nondisclosure[2]):

(1)欺诈性不实陈述:具体是指行为人以影响他人行为为目的作出的关于事实、观点、意图或法律的欺诈性不实陈述,导致受害方基于对该陈述的信赖造成经济损失的,需要对此承担损害赔偿责任[3]。

对于陈述的界定不仅限于口头表达或者书面文字表达,且包括与事实不符之断言(assertion[4])。因此如果真正的事实不存在,而行为人断言存在该事实的言辞或者其他行为也可能构成欺诈性不实陈述;同样,包括行为人断言与真实情况不一致或相反的情况。在商事交易中的具体表现则为行为人虚构与交易标的或投资标的真实情况不相符合或者实际并不存在的信息。

(2)隐瞒或不披露实质性信息(material information[5]):行为人通过隐瞒或其他行为故意阻止受害方获取有关实质性信息,或者表明某些实质性信息不存在,对于受害方在金钱上的损失都需要承担赔偿责任。具体表现为具有披露义务的行为人在明知受害方会依赖于该信息而作为或不作为的情况下,没有向受害方披露该信息;或者明确表明该信息不存在,比如房屋买卖批发商明确表示该建筑物不存在安全隐患问题,并且明知受害方依赖该信息来确定房屋建筑本身是否存在安全风险进而决定是否继续交易或投资。对于被隐瞒或不披露的信息,行为人应当是具有披露义务的,因为该信息的性质影响受害方的决策判断,隐瞒或不披露该信息会对受害方的经营决策行为造成相当程度的干扰。

---

〔1〕 See The American Law Institute, Restatement 2d of Torts §525.

〔2〕 See The American Law Institute, Restatement 2d of Torts §550.

〔3〕 See The American Law Institute, Restatement 2d of Torts §525.

〔4〕 See The American Law Institute, Restatement 2d of Torts §525 Comments and Illustrations.

〔5〕 See The American Law Institute, Restatement 2d of Torts §550.

(二)商事欺诈侵权侵害的客体

1. 绝对财产权保护

传统的民事侵权中行为人所侵害的权利客体往往是通过侵害有形财产实现的,但是针对商事侵权而言,侵权行为的客体日渐复杂化、扩大化,而我国《侵权责任法》也没有处理好民商合一模式下商事侵权责任制度的合理构建,未来《民法典》侵权编的相关类型化规定也还处在未确定之中。欺诈侵权侵害的客体界定则需要在受害方受保护的民事权益与行为人在商事交往中为促成利益往来的陈述的自由之间合理平衡,确定行为人陈述合理界限的同时保护受害方的权益。

作为商事侵权的下位概念,欺诈侵权侵害的客体包括传统的受法律保护的绝对权财产权保护,直接通过金钱来计算价值,通过财产的方式予以救济。欺诈侵权侵害受害方绝对财产权,此为最直接也是最明显的损害结果,比如由于信赖行为人的不实陈述,受害方投资了一批实际价值远低于市价的标的物,遭受的损失即为交易标的实际价值与受害方实际支付价值的差值。

2. 财产权益保护

商事欺诈侵权的客体还应该包括其他财产法益,我国《侵权责任法》中第2条规定"本法所称民事权益,包括生命权……继承权等人身、财产权益",侵权法所保护的客体除了财产权、人身权以外,还包括其他财产权益。该条规定表明我国侵权法保护的权益是非常宽泛的,侵权行为可以被定义为侵害了法律所保护的利益而依法应当承担侵权责任的行为。

对于欺诈侵权,对受害方损失的范围进行限制需要采审慎的态度。由于行为人的不实陈述,受害方遭受的经济损失可能不仅包括法定的绝对性的财产权,还可能包括法定权利之外的其他权益,如纯粹经济损失等其他财产利益,其可能的表现形式包括收入减少或支出增加、债权的未能实现[1]、利润损失等。

---

〔1〕 通过"绝对权"和"相对权"这一种普遍认可的对于民事权利的区分,可以把纯粹经济损失定义为"绝对权之外的财产利益",或者说"非因绝对权受侵害而发生的财产上的损害(不利益)",此定义以及具体损失类型参见葛云松:《纯粹经济损失的赔偿与一般侵权行为条款》,载《中外法学》2009年第5期。

我国学者对纯粹经济损失的态度多遵循德国民法的基本原则,同意“不赔偿为原则,赔偿为例外”,并且也希望在不实陈述侵权类型下对纯经济损失作出规定[1]。对纯粹经济损失作出保护的范围也可以根据双方当事人关系是否相近或特殊、对于行为人陈述内容的依赖性是否足够强、受害方或者第三方对于行为人陈述的内容是否依赖等方面去考虑受害方的利益保护和行为人承担责任的风险问题[2]。

(三)特殊主体商事欺诈侵权简述

本章节描述的商事欺诈侵权行为不仅包括合同意义上的,还包括广义上的故意欺诈性虚假陈述干扰其他商主体经营状态的行为。其中关于特殊主体欺诈侵权行为的讨论,主要涉及证券领域虚假陈述和专业服务机构及其主要责任人虚假陈述两个领域。

1. 证券领域虚假陈述侵权

我国《证券法》中关于虚假陈述侵权行为的规定,体现在对“虚假记载、误导性陈述或者重大遗漏”[3]等侵权之规制;另外证券领域虚假陈述的行为还包括上市公司虚假承诺,指上市公司作出承诺(重大资产重组、分红、股权激励等)后不履行、不适当履行或延迟履行的行为。根据沪深交易所对披露相关主体承诺履行的情况统计来看,主要承诺人不仅包括上市公司控股股东,还包括上市公司的实际控制人,作出的承诺涉及事项范围和方面较为深广[4]。同时,由于承诺的公开性,所涉及公众投资者人数众多,如果可以随意变更或者撤销,将严重侵害投资者的利益,并可能导致证券市场的不稳定性。

---

[1] 参见张新宝、李倩:《纯粹经济损失赔偿规则:理论、实践及立法选择》,载《法学论坛》2009年第1期。

[2] 参见陈磊:《普通法视角的纯粹经济损失》,载《清华法学》2010年第5期。

[3] 我国《证券法》第78条规定:“发行人及法律、行政法规和国务院证券监督管理机构规定的其他信息披露义务人,应当及时依法履行信息披露义务。信息披露义务人披露的信息,应当真实、准确、完整,简明清晰,通俗易懂,不得有虚假记载、误导性陈述或者重大遗漏。证券同时在境内境外公开发行、交易的,其信息披露义务人在境外披露的信息,应当在境内同时披露。”

[4] 参见陈洁:《上市公司及相关主体违反公开承诺的民事责任分析——以虚假陈述型违反承诺为中心》,载《法律适用》2013年第10期。

2. 专业服务中介机构及其直接责任人虚假陈述侵权

另一类欺诈侵权的特殊主体为专业服务机构及其直接责任人,接受委托人委托出具相关专业文书,例如,会计师事务所接受上市公司委托出具审计年报,但存在故意欺诈性虚假陈述,导致出具的会计年报失实,投资者信赖会计师事务所作为专业服务中介机构出具的该审计年报作出相应的投资行为,但因为该审计年报存在不实信息,投资者很可能因为信赖错误而遭受经济损失。虽然会计师事务所与投资者之间并没有合同契约关系,但是其出具带有错误信息的审计年报与投资者遭受经济损失之间存在因果关系,故对于因为会计师事务所故意欺诈性虚假陈述所导致的投资者损失应当予以救济。

(四)商事欺诈侵权社会成本分析

1. 直接社会成本——资源的扭曲配置

由于行为人不实陈述或隐瞒不披露,受害方遭受的经济损失表现为错误投资判断或达成错误交易,而被投资的这部分资源原本应该被投入在更能创造社会价值的商业项目上,而不应该因为行为人的不实陈述或隐瞒而促成一项社会价值低于社会成本的项目。虽然这一部分财富在双方之间表现的形式为受害方损失的财富转移到行为人一方增加的财富,但其实质为资源被扭曲配置到错误的投资项目上,这也是实际的直接社会成本〔1〕。

2. 披露成本 vs. 辨别成本

一方面,由于交易一方或交易外第三人可能出于促成交易或破坏交易等主观目的而出现欺诈陈述或隐瞒实质性信息等行为,潜在受害方会由于对接收信息的不确定性预期而选择投入更多的交易成本用于辨别交易信息的真伪,以减少依赖欺诈陈述而导致的经济损失。另一方面,就整个社会的角度而言,行为人披露真实信息的成本低于受害方为了判断具体的某个商业项目是否能为其创造价值,而用各种社会资源辨别行为人言行所表达出来的信息是否真实所要付出的成本。当然,行为人需要确定其得知或业已了解的关于交易标的或投资标的的有关信息是否为真实情况同样需要一定的成本,但是行为人相比受害方而言更了解标的特性,从行为人参与市场交易经验的角度来

〔1〕 参见张瀚:《商事侵权法律制度研究——法律经济学的视角》,中山大学法学院2013年博士学位论文,第93~94页。

说也更为清楚可能出现瑕疵的地方,确定信息真实性的成本相对也会比受害方更低。所以就更低社会成本促进商事交易中信息交换的角度而言,由行为人披露真实信息更为必要。

二、特殊构成要件

(一)传统侵权要件具体运用:指导意义与局限性

侵权责任法构成要件是指行为人承担侵权责任所需要具备的条件,传统侵权四要件包括行为人实施了侵犯他人权利的加害行为、故意或过错的主观状态、造成损害后果以及行为和结果之间具有因果关系。作为商事侵权的其中一种类型,欺诈侵权毋庸置疑也同样需要满足传统侵权要件,从这个角度来说传统侵权要件对于欺诈侵权构成要件的构建具有重要的指导意义。

但是随着现代侵权类型和侵权责任不断发展,传统四要件的具体适用备受限制,在商事侵权适用中尤为明显。这一现象可能存在的原因:首先,是传统四要件过于抽象,不足以涵盖现代审判实践可能出现的新情况。比如商事欺诈侵权中行为人负有披露义务而不披露,这一行为为行为人承担商事侵权责任提供合理性和正当性,传统四要件中行为、损害结果、因果关系以及行为人的主观状态并没有对行为人这一义务的描述。其次,是由于商事侵权本身的特殊性。传统四要件中的损害结果往往强调的是实际损害(actual damage),但在商事交易中发生的损害结果不一定是受害方明确具体的经济损失,例如行为人故意陈述虚假信息实施欺诈行为导致受害方放弃或错失了另一个优质的缔约机会,在这种情况下受害方并没有具体的现金流出,却因为行为人的虚假陈述错过一个商业机会。最后,商事主体维持自身正常的营业状态应该成为权利类型之一,追求贸易自由或者说维护交易不受外部干扰的权利和其他财产权利一样重要,行为人对受害方这一权利的任何不以公平竞争或者其他正当辩解为理由的干涉都应负相应的法律责任[1]。我们应该为保护这种权利创造更大的空间,而传统四要件局限了商事侵权成立的空间,不利于为商事主体维护自身权益提供相应的激励从而创造社会价值。

---

〔1〕 See M. C. B, "Torts: Civil Conspiracy: Interference with Business", *California Law Review* 2, 1913, pp. 85-86.

(二)行为模式

1. 以获取受害方信赖为目的的不实陈述

行为人在交易磋谈过程中故意给受害方陈述虚假不真实的交易信息,希望受害方对该交易信息持信赖的态度,并因此而做出某行为,或达成合约,或拒绝签约。行为人的主观目的不一定是为了促成双方合约而陈述相对利好信息,也可能是出于降弱受害方与行为人竞争对手的交易可能性,破坏其合作基础而陈述虚假信息,行为人主观状态多为故意,并且行为人内心追求和渴望受害方相信其所陈述的内容,对于可能造成受害方的经营状态被干扰、经营决策受影响的侵权结果也是故意追求。行为人陈述的虚假信息类型很广泛,可以是磋谈过程中或者缔约合同中列明的关于行为人身份、资质、经营状况等,也可以是双方交易的其他关于付款方式、货物运输、标的状态等的信息。

典型案例:马以群诉高富金融有限公司(GT Capital Limited)证券欺诈赔偿纠纷案[1]。涉案人员洪志华为高富金融公司的副总裁,其特殊身份使其向受害方陈述的“波翱飞机工程股票”这一虚假信息有了更高的被信任度,以至于受害方马以群最终认购该股票500万股,认购金额高达125万港元,案发之后洪志华承认已经将受害方马以群的全部投资款用于其个人投资。审判中法官认为,虽然在该案中马以群作为资深投资人,具有较为丰富的投资经验,对于提前汇款、投资股票的资料搜集等“未尽到与其投资经验、投资能力相对等的注意和审慎义务”[2],但也不能免除高富公司的责任,最终法院判决高富金融公司承担受害方70%的损失。

在这个案件中,我们不讨论最终法官判定行为人承担多重或多大程度的责任,但可以看到行为人故意陈述虚假信息导致受害方遭受巨大经济损失的欺诈行为承担的是侵权责任,法官将此案定义为侵权之诉而非合同之诉。

2016年度上海法院金融商事审判庭十大经典案例中关于证券公司虚假陈述责任纠纷案同样提及上市公司以获取投资者信赖为目的在财务报告中作不实记载,虚增资产和利润总额,虚减成本,“将2008年至2011年隐瞒的所有亏

---

〔1〕 参见胥家信:《浅析涉外民事法律关系之定性问题——以案例角度分析〈法律适用法〉之第八条》,载《法制与经济》2014年第8期。

〔2〕 (2011)宁商外初21号“马以群诉高富金融有限公司证券欺诈赔偿纠纷案”。

损作为2012年当年亏损反映在年度报告中[1]”,被法院判定为存在虚假陈述行为,不仅受到监管部门的行政处罚,还要赔偿投资者因信赖该陈述而遭受的经济损失。

2. 隐瞒实质性关键信息

在商业交易的现实中,可能出现行为人负有披露义务而实际不披露,或行为人为了促成合约而故意掩盖交易标的真实状态的情况。这种行为模式下,行为人故意隐瞒影响交易标的真实市场价值的实质性关键信息,直接误导受害方(一方或者多方)对交易或投资完成之后的预期利益期望变高,当真实情况暴露后,仅仅依靠交易合同或投资协议,认为行为人的欺诈行为侵害了受害方的意思自由,而撤销合同的该种处理方式不足以维护受害方权益。在这种欺诈侵权的行为模式中,行为人故意隐瞒关于交易标的或者投资资产的不利情况,不对称不透明的信息差导致受害方对交易后果缺乏完全了解,经营决策也极可能被误导。

典型案例:高盛危机。2010年4月美国证券交易委员会SEC正式指控高盛公司及其副总裁涉嫌欺诈投资者,“存在重大误导性陈述并隐瞒关键信息”[2]。2006年高盛公司在设计该款产品时的初衷是希望产品增值从而多头获利,在此中间充当交易中介,但该债券发行的时候高盛公司没有向投资者披露保尔森公司做空[3]的事实,也没对投资者公开披露保尔森公司在对投资组合挑选中扮演的实质性影响角色的事实[4],导致投资者认为大量做空该款产品的保尔森公司与投资者的利益一致,加上独立第三方ACA公司的背书,投资者预期投资的该证券组合价格未来上升空间很大,并因此购入大量该证券组合;但是到2008年次贷危机发生之后上述基础资产99%发生降级,两个大

---

[1] 刘雯亮:《财务数据造假受罚,上市公司规范经营任重道远》,载《证券时报》2015年11月14日,第A004版。

[2] 美国SEC具体指控高盛公司在销售一款自主设计的合成抵押债务债券时涉嫌欺诈投资者。参见杨东:《论金融衍生品消费者保护的统合法规制——高盛“欺诈门”事件的启示》,载《比较法研究》2011年第5期。

[3] “做空”是指看跌方先借入标的资产,然后卖出获得现金,等标的资产价格实际下跌之后再支出现金从现货市场买入标的资产归还。

[4] 保尔森公司是美国当时最大的对冲基金公司,在这次债权组合中全程参与了挑选工作,提供了可选择的123只证券的资料,和独立第三方ACA公司一起最后确认了90个资产池。

投资者 IKB 银行和 ABN 银行因为信用违约而损失 10 亿美元[1]。很多学者把这一次危机称为"高盛欺诈门事件",核心背景是因为具有披露义务的高盛公司没有向投资者披露保尔森对冲基金在这一次担保债务凭证(Collateralized Debt Obligation,CDO)发行中的行为(大量做空)以及扮演的重要角色(挑选证券组合),误导了投资者以及背书的独立第三方,出现了这一次错误的投资以及背书保证导致了投资者高达 10 亿美元的损失,高盛公司故意隐瞒的行为足以被认定为商事欺诈侵权,应该为投资方遭受的经济损失承担侵权责任。

3. 明知对方错误认知保持沉默

交易双方磋谈过程中常常会出现信息不对称的情况,可能是行为人对交易标的了解更透彻掌握更多有利信息,也可能是受害方从交易双方以外的第三方渠道得知的有关交易标的的信息。但是行为人对受害方的错误认识有认知的情况下依然放任受害方继续认识错误,并因此而做出某行为则可能构成欺诈侵权。行为人明知的前提下放任的不只是受害方的错误认识,同时放任的也是随之造成的错误的经营决策和投资方向。但如果行为人对错误认识没有主动披露真实信息的义务,或者受害方存在错误认识的信息非实质性的关键信息,对交易达成或者放弃另一缔约机会等受害方随后的商事行为没有影响,可能构成行为人不成立欺诈侵权的抗辩事由;反之,如果行为人对此信息具备披露义务,受害方对影响随后商事行为的实质性关键信息存在错误认识,而行为人明知受害方认识错误依然保持沉默,不主动纠正或正确披露,则很可能构成欺诈侵权。

4. 承诺作出时意图不执行

承诺者在磋商承诺某事项的时刻已经意图不遵守或者作出的承诺仅仅为了给受害方营造一种美好的愿景从而达到某些目的。行为人的主观目的可以很多样,比如给予承诺是为了拉拢生意从而骗取受害方预付款,或者出于报复心理破坏受害方的另一个缔约机会。但是这种行为模式是否构成欺诈是存在反对意见的,通说认为是否构成欺诈应该观察过去或者现在发生的事实而不

---

〔1〕 参见袁敏:《"高盛欺诈事件"的反思——剖析高盛 CDO 交易》,载《证券市场导报》2010 年第 8 期。

是通过一个带有预测性质的表述来认定是否构成欺诈侵权[1]，纯粹的表达将来有意图或者可能做某事的陈述不构成欺诈，但是当前时刻陈述未来会发生的事就可能被认定为欺诈，所以从这一点来看行为人产生不履行承诺意图时的时间点非常关键，向行为人声明承诺时已经产生不履行的意图就可以成立欺诈侵权。对于受害方，绝对信赖行为人声明的承诺，并因此而做出某行为，如上所述，这种行为模式导致的后果可能是受害方与行为人成功达成交易，最后损失提前支付的预付款、遭受为履行合约做的其他准备的直接经济损失，也可能是错过了一次与他人的优质缔约机会。

这种行为模式对于受害方信赖的程度要求较为严格，因为该种行为模式下要求行为人虚构的承诺是受害方作出某行为的重要原因，更加强调行为人承诺给出的美好愿景导致受害方之后的经济损失，或预付款的损失，或其缔约的商业机会等其他形式的经济损失，与合同订立前的缔约过失责任有一定程度的竞合。

5. 行为模式的交叉

上述4种行为模式在商事交易中会有交叉或者转化的情况，比如行为人具有披露义务却不披露相关信息，受害方从第三方渠道得知有关情况之后，行为人明知受害方可能存在错误认识，却依然不主动披露交易信息导致受害方遭受经济损失。这些转化的可能性都是存在的，所以是否能够认定为欺诈侵权不需要追究是否满足上述行为模式的所有必备条件，满足上述其一即可，但实质核心要素则是行为人的欺诈行为影响或者干扰受害方的经营状态或者投资决策方向等，相对扩大认定为欺诈侵权的行为模式能为商事交易保护创造更大的空间。

（三）对他人行为产生影响的期待

1. 行为人主观期待：受害方基于陈述作为或不作为

欺诈侵权的侵权类型中行为人的主观状态多为故意，具有意图欺骗的含义，具体表现为：行为人知道或者相信其所表述的内容与实际情况不相符；行

---

[1] See "Fraud. Promissory Statements. Intention Not to Perform. A Misrepresentation of Fact", *Yale Law Journal* 29, 1920, pp. 928 – 929.

为人对他所作出表述的准确性没有信心;行为人明知他表述的内容缺乏根据等[1]。但也不排除从过失到故意转化的可能性,比如过失虚假陈述导致受害方出现错误认识,但具有披露义务的行为人在得知受害方存在错误认识的前提下依然不主动披露真实情况,致使受害方投资错误或者最终达成交易而遭受经济损失。

行为人本身的主观目的有多种可能性,包括作出不实陈述的同时追求受害方信赖其陈述并期待受害方基于他的陈述而作为或不作为,这是学术界的观点,但是审判实务中要证实行为人有追求受害方作出某行为甚至追求损害结果比较困难,一般弱化主观状态的证明,更倾向于从当事人的利益衡量的角度来认定是否构成欺诈。

2. 司法实践相对弱化主观状态证明

行为人的主观状态从理论层面去说固然是一个重要的构成要件,但是要表意人(受害方)举证证明行为人"故意"的主观状态,甚至是"双重故意"的主观状态将会是一个实践中的巨大难题。从最高人民法院公报来看,行为人"应知信息"而不告知受害方就会被认定为欺诈。"广东黄河实业集团有限公司与北京然自中医药科技发展中心一般股权转让侵权纠纷案"[2]中,然自中心法定代表人刘先其在双方签订股权转让协议书时,谎称其曾在国家机关担任过多项重要职务,因为其特殊身份,黄河实业公司购买先农坛公司[3] 60%的股权就可以实质取得项目土地的一级开发权。最高人民法院认为,刘先其作为然自中心的法定代表人,以然自中心的名义并以虚假身份采取欺诈的手段骗取黄河公司的信任与其签订《股权转让协议书》,已经可以被认定为构成欺诈,并未在判决书表现出对刘先其主观状态的考察与认定。当然在否定构成欺诈的案例中,行为人不存在故意则可以成为重要的阻却要件。

(四)受害方信赖:外观显现与主体理性

受害方对行为人陈述的内容信赖是行为人导致受害方遭受经济损失构成

---

〔1〕 See The American Law Institute, Restatement 2d of Torts §526.

〔2〕 参见最高人民法院(2008)民二终字第62号,载《最高人民法院公报》2009年第1期。

〔3〕 然自中心为先农坛公司的股东,占注册资本60%,刘先其同时为先农坛公司和然自中心的法定代表人。

欺诈的重要前提之一,也是商事欺诈侵权的重要构成要件之一。基于行为人的欺诈性不实陈述(fraudulent misrepresentation),受害方因此而做出某行为是信赖的两层含义[1]:

1. 信赖的行为外观

对于行为人的不实陈述,受害方信任为关于交易、投资或其他商事交往的真实情况,主观上信任,并且导致客观上通过作为或不作为来表现受害方信赖的主观状态。受害方的主观意图很难直接表现,只能通过其客观行为来显现对行为人陈述的信赖,而该客观行为可以是作为或者不作为,取决于行为人陈述的内容给受害方带来的可能影响。但如果受害方对行为人的陈述并不信任,只是出于风险偏好或者其他原因继续愿意达成交易或者进行投资,则不能认定行为人构成欺诈,因为行为人的虚假陈述和受害方遭受的损失并没有紧密的因果关系。

2. 信赖的合理性基础(fustifiable reliance[2])

受害方的信赖必须基于合理的基础,缺乏合理性和正当性则会成为行为人不实陈述的抗辩事由,同样割裂了行为人不实陈述与受害方信赖造成经济损失的因果关系。如果对于行为人的欺诈陈述受害方稍加注意义务或者经过合理的思考过程就能分析陈述的可信程度,则受害方的信赖这一构成要件是不足以成立的。例如,对于一位经验较为丰富的投资者来说,对投资的股票或者证券进行基本的信息搜索,确认投资标的被公开的信息是基本的投资准备,面对股票即将上市的官方新闻以及行为人向受害方作出投资标的价格"插水"(猛跌)的相反的欺诈陈述,诱导受害方放掉手上存货,受害方信赖的合理性则明显变弱。对于经验丰富的投资人而言,稍微具备信息搜索能力以及投资前的合理考虑就可以避免的经济损失,往往会被认定为受害方信赖的要件不成立。而在美国法院的具体实践中,受害方信赖的合理性一般是由法院的陪审团来判定,因为信赖合理性的问题被定性为事实问题。总而言之,受害方信赖必须以合理性和正当性为基础,从另一个角度说,满足该构成要件才可能被认定为商事欺诈侵权,能够激励受害方在商事交易中尽到充分的谨慎注意义务,

---

[1] See American Bar Association, *Business Torts and Unfair Competition Handbook*, 2 ed., Chicago, American Bar Association, 2006, p. 158.

[2] See The American Law Institute, Restatement 2d of Torts §537.

对于行为人的陈述不轻易尽信,降低被不实陈述欺诈造成经济损失的可能性。

(五)对事实的陈述:超越意见的陈述

行为人欺诈性不实陈述的内容性质往往须为“事实性陈述”(statement of fact),具体表现为对客观事实的描述,可以被“证实”,也可能被“证伪”。比如对有关的标的属性的描述,包括但不仅限于其真实特点、功效、适用范围、注意事项等;对企业本身经营状况的描述,包括但不仅限于盈利状况、资信水平、从事方向等,但不包括行为人自身“观点性表述”(statement of opinion)。观点陈述与事实陈述的区别在于,前者会受表述者即行为人的主观影响,比如个人的感官体验、价值观偏好、主观评价等,可能直接来自人的动物本能,可能来自表述者的文化背景、家庭环境等,同样也不存在真假之分。

可能构成商事欺诈侵权的陈述应当是对事实的陈述,而不仅是对某一个事实存在的无确定性的一种信念表述或者行为人本身对关于标的价值等问题的个人判断。个人判断或价值取向等属于对个人观点的陈述,“如果行为人仅声称某特定的法律法规已经制定或废除,或者根据特定的事实作出了特定的决定则具有事实陈述的效果;如果仅表述对于某特定事实状态可能产生的法律后果的判断,就具有意见陈述的效果”。[1] 这应该与事实陈述有所区分。

(六)行为人的披露义务

1.法定企业信息披露义务

在现有的立法体例,商事主体中有法定的主动披露义务的主要包括与商主体相关的法律明文规定的披露义务。比如,我国《证券法》规定的信息披露义务人信息披露义务及相应的归责原则,牵连的相关主体也涉及连带责任和过错推定责任[2];《上市公司信息披露管理办法》也明确规定了信息披露文件

---

〔1〕 See The American Law Institute, Restatement 2d of Torts §525, Illustrations D.

〔2〕 我国《证券法》第85条规定:“信息披露义务人未按照规定披露信息,或者公告的证券发行文件、定期报告、临时报告及其他信息披露资料存在虚假记载、误导性陈述或者重大遗漏,致使投资者在证券交易中遭受损失的,信息披露义务人应当承担赔偿责任;发行人的控股股东、实际控制人、董事、监事、高级管理人员和其他直接责任人员以及保荐人、承销的证券公司及其直接责任人员,应当与发行人承担连带赔偿责任,但是能够证明自己没有过错的除外。”

的主要类型[1]。其他商事交易类型目前没有规定法定的行为人信息披露义务,但是随着商事交易类型增多,信息披露义务将存在更广泛的立法需要。虽然根据商事交易的类型规定信息披露义务不现实,但同样可以对信息披露义务进行类型化处理,进一步研究什么类型的信息可能有强制披露的需要,对交易有实质性影响。加强强制信息披露义务的法律规定更能保护商事主体的合法利益,避免由于行为人的欺诈性不实陈述造成侵权。

2. 约定的披露义务

法定的信息披露义务是商事交易行为中行为人必须主动履行的,但是交易双方可以自由约定必须遵守的规则,其中就可以包括约定必须公开披露的与交易相关的信息。比如交易对方应当了解的关于交易标的的属性、来源、可能存在的缺陷、交易方的个人身份、交易习惯等信息可以约定为披露义务。

相比法律、法规的强制性规定,交易方自行约定的规则更具弹性,同时效力范围也有限,仅在交易方之间成立。但是从另一个角度来说,行为人不披露交易双方约定同意披露的信息是满足故意隐瞒或者故意陈述虚假信息的行为模式的,因为双方明确规定需要披露的有关信息很可能是影响交易双方对是否继续交易或投资决策的重要因素。即使仅在交易双方之间发生效力,但是满足上述行为模式同样可以认定为商事欺诈侵权。

另外,针对信息非法定公开的情况,被动约定的披露义务的请求权基础还可以追溯到"诚信"和"公平"这两大基本原则。市场经济体制下商事主体交往频繁,相对于瞬息万变的交易市场,法律法规的滞后性缺陷在商事规则中体现地更为明显。"诚实守信""公平正义"的基本原则应当贯穿始终,不仅在交易市场中商主体应当据此诚信交易,当出现纠纷时也应当据此公平裁判,在没有对应法律法规的前提下可以借诚信、公平的交易原则进行裁判。

---

〔1〕 我国《上市公司信息披露管理办法》第5条规定:"信息披露文件主要包括招股说明书、募集说明书、上市公告书、定期报告和临时报告等。"

三、特殊抗辩规则

(一)合同条款提供的抗辩

1. 合同条款与口头欺诈陈述[1]冲突

针对行为人在商事交往中双方确定签订的协议、同意书或其他合同之前,行为人向受害方陈述的承诺,协议中有相反或模糊规定,受害方由于对行为人的口头欺诈陈述有相当程度信赖,协议中规定的条款是否能够成为行为人的欺诈不实陈述的抗辩事由?

在梅兰诉杨伯格案(Meland v. Youngberg[2])中,甲方需要购买一批动力机械装置,与乙方磋商过程中乙方保证其动力机械装置能够同时提供6套机器牵引,但是在具体的交易合同的条款中规定甲方具有验收装置满意并接受的履行义务。甲方在收货之后发现该动力机械装置并没有如乙方保证的质量水平,不能够同时提供6套机器牵引,最终甲方以被告违反合同订立之前的口头陈述为由诉诸法院要求被告承担欺诈侵权的法律责任。

法院认为,如果购买方确认收货同时依赖其对交易标的的调查以及出卖方的陈述,那么被告此前的口头陈述则可能构成欺诈侵权;如果购买方完全依赖其对交易标的的调查,那么在确认收货之后,不应当再对被告苛以欺诈侵权的责任。在该案中受害方在双方磋商过程中所口头陈述的事项与合同中具体规定的条款一定程度上形成了冲突,但受害方愿意达成交易源于信赖行为人的事前口头陈述对于交易标的的质量保证并由此作出相关的经营决策。虽然受害方签署合同时表示其同意合同上明文规定的条款,对该条款与先前行为人所口头陈述的言论并不完全一致没有尽到充分谨慎的注意义务,但是行为人的不实陈述与受害方的信赖之间具有近因关系,是否能以明文条款为行为人虚假的口头陈述抗辩是有争论的。从美国部分州法院的审判实践来看,当口头虚假陈述与合同中的条款冲突不是特别显著时,或者受害方非经验十分丰富的商主体时,法官仍倾向于认为行为人的口头虚假陈述能够构成商事欺诈侵权,但当合同中明确规定的条款与行为人口头虚假陈述的内容完全相反

---

〔1〕 参见沙文韬:《虚假陈述侵权:英美法制度规则及其我国立法构想》,华东政法学院2004年硕士学位论文,第44~45页。

〔2〕 案例原文参见 Meland v. Youngberg,124 Minn. 446 (Minn. 1914)。

时,一定程度上可以作为行为人事前欺诈侵权的抗辩事由。

2. 合同明确约定的免责声明[1]

合同明确规定的免责声明一般分为两种:一是“一般性的免责条款”,如上述例子,合同条款规定验收货物满意之后确认收货是购买方的交易义务之一,确认收货的决策不基于行为人此前的陈述;二是“具体性免责条款”,针对行为人的某些具体的行为或对交易标的、投资标的的描述免责,比如说交易标的的真实状态以实物为准一类的声明,为行为人在具体的关于交易标的真实状态的描述提供一定程度的抗辩。

免责条款的效力和抗辩事由是否成立不是必然平行一致的。免责条款效力对抗辩是否成立的影响需要考虑以下几个因素:

其一,免责条款的性质。假如合同中免责条款是属于格式合同中免除行为人义务或者免除受害方合法权益的内容,免责条款自然无效,行为人以此作为抗辩的事由也同样无效;假如合同中免责条款属于非格式合同中双方交易磋商过程中一致同意的条款,则有效并可以作为行为人免除欺诈侵权责任的抗辩事由之一。

其二,受害方的性质。假如受害方对该商事交易毫无经验,不具备基本的商业知识来辨别合同中该免责条款的具体意义,而行为人则是利用他丰富交易经验的优势通过该免责条款为其欺诈侵权行为开脱的,该免责条款无效;假如相反受害方是该交易领域的“专业人士”,具备丰富的判断知识与技术,那该免责条款更有可能成为有效性抗辩理由。

(二)“专业人士”身份抗辩

1. 对“专业人士”的高能力预期

此处所指的“专业人士”概念是宽泛广义的,包括但不限于获得各类专业资格认证的商主体,更包括特定商事领域交易经验丰富或者具备相应的专业技术或者专业知识的商事主体。对于这类“专业人士”,针对行为人的欺诈性不实陈述具有相当的判别能力,虽然受害方的能力或身份不能完全为行为人的欺诈侵权提供抗辩,但是受害方利用自身所具备的知识或者经验,稍加注意

---

[1] 参见张瀚:《商事侵权法律制度研究——法律经济学的视角》,中山大学法学院 2013 年博士学位论文,第 91 页。

义务或者付出合理的考虑成本就可以避免因为行为人的欺诈造成经济损失，从一定程度上说受害方本身是存在过失的。受害方稍加注意义务或者合理考虑的成本应该远小于信赖行为人欺诈性不实陈述造成的后续经济损失，从社会成本最小化来说应当鼓励受害方在交易或投资中注意甄别所接受的信息，尽到基本的审慎的注意义务。

2. 受害方过失

美国侵权法上针对受害方上述的自身过失适用比较过失规则[1]（comparative negligence），上述抗辩事由和传统意义上抗辩免责的法律含义存在差异，但“专业人士”的身份判定的功能在于减轻被告的侵权赔偿责任。另外，如果“专业人士”身份能够成为抗辩事由之一，可能出现抑制商事交易的社会效果。由于“专业人士”的界定不明，对于交易方注意义务的要求变得更为严格，可能会对促进商事交易起反作用。

（三）观点陈述抗辩

1. 事实与观点

如构成要件一节所述，行为人陈述内容的性质必须为事实陈述才可能被认定为商事欺诈侵权。在具体案件的审判中，行为人对于观点的陈述一般不被认定为侵权行为，如明显带有广告性质的在合理范围内带有夸张成分的描述，如批发某款方便面时描述方便面的辣度吃了会喷火一类。思想的表达理论上是受我国宪法中“言论自由”的权利保护的，观点本身没有对错之分，否则将会过于限制商事交往中的磋商交谈范围和商主体的表达权限。

2. 性质判定的裁量性因素

判定行为人陈述内容的性质是事实陈述还是观点陈述，还需要结合行为人陈述的场景、时间、对象以及行业的交易习惯等，同一类型陈述对象的具体性质的判定不能一概而论。比如，在双方开始磋谈并没有明确的交易意向和范围时，对自身企业经营状况的描述带有“吹嘘”成分是不足以被认定为欺诈侵权的；但进入确定交易意向的阶段对交易标的的性能、用途、属性等夸张描述则可能构成欺诈。再如，在某些行业的市场规则中夸张描述属于常态的前

---

[1] Jef De Mot, “Comparative versus Contributory Negligence: A Comparison of the Litigation Expenditures”, *International Review of Law & Economics* 33, 2013, pp. 54 – 61.

提下，受害方完全相信行为人的所有描述而导致受到经济损失，认定行为人的不实陈述为欺诈侵权则还需要观察是否满足其他构成要件。

（四）不具备实质性信赖的抗辩

1. 不具备程度要件的信赖[1]

被认定为欺诈侵权需要满足受害方信赖的构成要件，信赖的程度是其中重要的判定标准。在双方磋谈的交易过程中，受害方对行为人的欺诈性不实陈述没有达到相当信赖的程度，表明行为人欺诈陈述与受害方作出某经营决策或者投资决策之后造成经济损失之间的因果关系是不够紧密的。例如，行为人捏造虚假良好的企业经营状况，但是受害方从第三方渠道（如中立的会计师事务所等第三方机构）得知行为人企业的实际经营状况，依然愿意达成交易或者进行投资，这很大程度上说明了导致经济损失的原因并不是行为人对受害方关于企业经营状况的陈述导致受害方信赖。

另外，如果受害方对行为人的不实陈述半信半疑，但是出于风险偏好或者对自身投资策略的自信而选择继续交易，也不能轻易地认定行为人构成欺诈侵权。因为某些行为模式，比如故意陈述虚假信息并追求受害方信赖而做出某行为或者行为人承诺声明时就意图不执行，更强调受害方对行为人不实陈述的信赖，也更强调受害方信赖以及之后导致经济损失两者之间的因果关系。

2. 不具有时间性的信赖

受害方信赖的时间节点也是另一个重要的判定是否构成欺诈侵权的判定标准，信赖的时间是否需要贯穿整个商事交易的过程是一个值得思考的问题。例如，双方磋谈交往过程中交易意愿尚未确定之时，受害方信赖行为人的不实陈述导致交易得以继续进行；由于信赖，受害方可能会为与行为人之间交易的顺利进行做相当的准备工作，并主动放弃或者被动错过了与另一交易对象谈判或缔约的机会。双方仍然在磋商阶段，受害方信赖行为人的不实陈述已经导致了一定的经济损失，此时是否已满足欺诈侵权的受害方信赖的基本构成要件。

进一步讨论，假如信赖的时间需要贯穿整个交易过程，从磋谈贯穿至双方

---

〔1〕 美国《侵权法重述(二)》第541节表述为“知道失实或明显事实的表述”不具备信赖的合理性基础，缺乏信赖其真实性的正当性。

交易行为结束,则对受害方信赖的要求更为严格。在某个时点受害方发现不实陈述存在并及时采取某种措施止损,也依然有可能存在不可挽回的经济损失。比如,行为人故意陈述虚假信息骗取受害方的分期股权投资,受害方在后期发现企业实际资不抵债从而及时撤回投资,但损失的前期投资款项已经亏损流出,行为人的不实陈述依然可能构成欺诈侵权,否则过于加重受害方注意义务的负担,同时不利于保护受害方的经济利益,也不利于激励行为人付出确保其陈述的内容真实可靠的信息成本。

3. 不实陈述不具有实质性之抗辩

如果被不当表述的内容不具备实质性,对欺诈性不实陈述的信赖就不是合理的[1]。如何判断不实陈述的内容是否具备实质性,需要看受害方在确定有关交易的行为选择中会不会认为该内容的存在或者不存在具有重要意义。若影响受害方判断、交易决策方向的内容具有重要意义,即存在实质性。若行为人的不实陈述所针对的内容并不会影响受害方的行为选择,即不具备实质性,可以阻断受害方因行为人不实陈述而遭受经济损失的因果关系,成为抗辩事由之一。

(五)市场交易习惯抗辩

商事侵权认定必须把市场交易习惯作为重要的考量因素,商事交易依赖市场的大背景和大环境,交易习惯也具有其特殊性,往往会影响商主体的决策行为。选择与谁进行交易、交易磋谈过程中会确定哪些实质性信息或者如何表述标的相关的关键信息、确定交易意向之后协议条文是否存在格式条款或者通用条款等问题都是交易习惯的体现。

由于交易双方很可能都不是首次参与某类型的商事交易,对于市场交易习惯会有相当程度的了解。比如,古董古玩批发行业,批发商对于交易标的的实际价值或古董来源的陈述很可能存在故意夸大或抬高古董价值的情况,假如经销商尽信批发商所述关于售卖的古董古玩的信息,从而大批量购入,随后经鉴定发现为普通赝品货色,此时经销商是否可以诉批发商欺诈侵权是有争论的。当然交易习惯是没有明文规定的,其判定的范围应该有所限制,不能宽

---

〔1〕参见许传玺、石宏、和育东:《侵权法重述第二版:条文部分》,法律出版社 2012 年版,第 233 页。

泛的认为存在于局部地区或行业的规则就是交易习惯,并成为行为人不实陈述的抗辩事由,在某特定商事领域被广泛接受和使用的习惯方可被列入此抗辩事由的范围。受害方自身的注意义务也应该被考量。

(六)信息披露义务抗辩

1. 广义解释信息披露义务

行为人对于没有对应披露义务的内容进行陈述时带有不实虚构部分是否可以构成抗辩,也是一个值得探讨的问题。“披露义务”需要进行广义的解释,不能仅局限于法律明文规定的信息披露义务,并认为没被列入现有法律则没有对交易对方的披露义务。行为人对于影响受害方决策的有关交易或投资的实质性信息都应该负有信息披露的义务,才能最大限度地保证信息对称透明以及交易公平,比如质量、来源等。

但是针对上述“实质性信息”以外的其他信息,行为人是否也必须保证所述内容与真实情况(或行为人所知范围内的真实情况)完全一致?如果有差别可以容忍的范围是多少?此时需要确定行为人陈述的内容是否构成上述交易行为中的实质性信息。要判断是否构成实质性信息,需要判断该信息是否会对受害方行为选择或经营决策造成影响,该信息的存在或者不存在对受害方决策方向有无意义。如果行为人陈述的内容对受害方的经营决策而言存在影响性的意义,那该陈述对行为人而言则具有披露义务。

法定披露义务涉及的层面和内容一般较为单一,比如就上市公司而言,法定披露信息一般包括经营状况、财务状况等,但企业作为重要的商事交易主体,其社会责任行为还会体现在商品市场、劳动力市场以及其他相关场景中[1],可以多角度尝试扩大信息披露义务的范围,比如披露商品市场的交易状况,有没有企业捐赠行为、对员工的合理劳动保护等信息,这有利于让投资方或者交易对象对企业的资信、社会责任履行等情况有更多角度的理解,也更有利于受害方在投资决策时作出正确的判断,善于运用手上的社会资源,减少由于错误投资或错误交易导致的资源配置不当可能造成的社会成本。但是从法定信息披露义务的角度来看,企业需要披露的信息范围有限,承担的社会责

---

〔1〕 参见沈弋、徐光华、王正艳:《“言行一致”的企业社会责任信息披露——大数据环境下的演化框架》,载《会计研究》2014 年第 9 期。

任更多的是强调应当披露而不披露行为的可归责性。上述信息披露义务采取广义的解释可能出现两难困境：从国家治理以及维护市场运营秩序的角度来说，法律法规明文规定的披露义务必须遵守的同时，鼓励企业对于各个类型社会责任信息多披露，但从企业作为营利法人的角度来说，主动广泛披露的信息越多，可能出现的过失不实陈述的可能性也越大，承担不实陈述侵权责任的风险也越大，这都属于隐形的企业私人成本。如何找到正确解释“信息披露义务”的均衡点，正确地平衡市场运行秩序，降低社会成本的同时鼓励企业积极披露各个类型社会责任信息是值得思考的问题。

2. 无披露义务的抗辩

假如行为人的陈述不影响受害方经营决策或者行为选择，不具备上述实质性特性的情况下，则可能构成行为人无披露义务的陈述，某种程度上可以成为抗辩事由之一。与事实陈述、观点陈述区分一样，不能过分限制行为人陈述信息的范围和权限，比如双方刚开始交谈磋商的阶段，由于商事交易的特殊性，应该允许存在行为人“吹嘘”的成分，而非行为人所有陈述都需要被扣上“与事实必须一致”的帽子才能被认定为不构成欺诈性不实陈述。不过分限制行为人陈述的内容同时也应该保证受害方能够从行为人处接收应当得知的信息，比如美国《侵权法重述(二)》第551节“未披露的责任”中提到的行为人需要披露的交易信息：行为人知道而由于双方的信托或类似的信赖关系而有权知道的信息；行为人知道的，为了避免受害方因为对事实片面或模糊表述被误导的信息；后来更新的使先前表述(被表述时真实或被受害方信赖为真实)不再真实或有误导作用的信息；交易的基本事实，行为人知道受害方会合理期待行为人披露的信息；行为人表述时没有期待受害方会据此作为或不作为，但随后得知受害方对该表述信赖而进行交易的信息等[1]。

四、救济制度研究

(一)侵权损害赔偿理论概述

1. 主流观点：完全赔偿原则

损害赔偿研究中首先考虑的是完全赔偿原则，也被称为“全有或全无”原

[1] 参见许传玺、石宏、和育东：《侵权法重述第二版：条文部分》，法律出版社2012年版，第238页。

则,指的是当责任成立时,赔偿义务人就必须赔偿受害方全部损害,无须考虑行为人的过错、双方经济状况是否与赔偿数额相适应等具体情况[1]。从我国学者的研究来看,学界都较为认可这一个原则在我国责任承担理论中的重要地位[2],《侵权责任法》颁布以后也可以看出我国学者的基本态度[3]。除了奥地利法和瑞士法等少数立法实例以外,几乎所有的欧洲国家都采用侵权损害完全赔偿原则作为法秩序中的基础性原则[4]。这一原则的贯彻是侵权法的补偿功能,意味着侵权损害赔偿需要填平受害方遭受的所有损害,使其恢复到如同损害未发生之时的状态,也意味着这一原则的出发点和立足点都在于受害方,关注的是受害方遭受的损害而没有考虑行为人的过错或者经济状况[5],赔偿数额即责任的大小以实际损害作为标准,故意侵权和过失侵权对于赔偿责任并无影响,赔偿的范围包括直接损失,和间接损失即现有财产的减少以及可得利益的丧失[6]。

但也有不少学者批判完全赔偿原则过于强调形式正义,追求受害方得到完全救济,相反忽视了实质的妥当性,未免存在教条主义的倾向。而"侵权行为法必须照顾到受害人的权利和利益与加害人的利益之间的均衡[7]"。责任基础是损害赔偿认定和计算发生的前提,损害赔偿范围的考量不能忽视个案的独特性以及侵权法功能的多元性[8],针对商事欺诈侵权这一具体侵权类型而言,更不能简单地完全根据侵权法补偿填平功能断定适用完全赔偿,需要通过分析对被侵害的受害方利益的保护力度,比如与绝对权利相比较,权利以外的利益受保护力度,以及行为人不实陈述对导致受害方损失的因果关系的责

〔1〕 参见周友军:《我国侵权法上完全赔偿原则的证立与实现》,载《环球法律评论》2015 年第 2 期。

〔2〕 参见王利明、杨立新:《侵权行为法》,法律出版社 1996 年版,第 325 页;魏振瀛主编:《民法》,北京大学出版社 2000 年版,第 722 页。

〔3〕 参见杨立新:《侵权损害赔偿》,法律出版社 2010 年版,第 233 页;王军:《侵权损害赔偿制度比较研究》,法律出版社 2011 年版,第 312 页。

〔4〕 参见[德]U. 马格努斯:《侵权法的统一:损害与损害赔偿》,谢鸿飞译,法律出版社 2009 年版,第 271 页。

〔5〕 参见郑晓剑:《侵权损害完全赔偿原则之检讨》,载《法学》2017 年第 12 期。

〔6〕 参见王利明、杨立新:《侵权行为法》,法律出版社 1996 年版,第 326 页。

〔7〕 [日]星野英一:《民法典中的侵权行为法体系展望》,渠涛译,载《法学家》2009 年第 2 期。

〔8〕 参见徐银波:《论侵权损害完全赔偿原则之缓和》,载《法商研究》2013 年第 3 期。

献度[1]等因素,才能在均衡双方利益的情况下确定最终合理的赔偿范围和赔偿数额。

2. 具体实践:缓和完全赔偿原则

完全赔偿原则的出现是以差额说为指导,主张决定侵权损害赔偿范围和数额的不是具体法益遭受的损失,而是通过比较侵害事件没有发生时受害方的状况与其现在的财产状况相比较得出的差额,而完全赔偿原则也为损害赔偿提供了一个统一的、稳定的秩序起点。

但是抽象概括的法律最终都会落在具体当事人之间的利益均衡问题上,侵权损害赔偿实际系当事人之间损失合理分配、权益保护与行为自由的平衡之间的较量结果[2],理应突破全有或全无的极端定式,从而更具包容性也更公平地解决各类纠纷问题。缓和完全赔偿原则是针对欺诈侵权损害赔偿这一具体侵权类型的损害赔偿原则的缓和适用,即在认定损害赔偿范围时应当考虑标的的特殊性、行为人对损害结果的可预见性、抗辩事由是否成立等因素。比如,当受害方是某商事领域的"专业人士",完成交易并不完全基于行为人的陈述内容,而是基于其本人对营业状态或预期利润的基本判断的情况下,适用完全赔偿原则对行为人而言是不公平的,即使行为人的欺诈侵权行为主观上是出于故意。缓和完全赔偿原则旨在克服原学说的僵化性,适应具体个案的特殊性。有学者担心该原则会导致法官自由裁量权的滥用,事实上,"从丹麦、芬兰、挪威、瑞典等国家的具体实践来看反而得到了良好的社会效应"[3]。

(二)商事欺诈侵权损害赔偿分析

1. 赔偿范围的影响因素

(1)受害方利益受保护程度

损害赔偿范围的确定首先应该考虑的因素是行为人行为的违法性问题。根据"不得损害他人"的自然法原则,当行为人的欺诈行为客观上造成了他人的损害结果时,该欺诈行为应当被认定为是违法行为,但是与另一基本原则"法无禁止即自由"进行比较时,发现这两者之间是存在冲突的。欺诈行为本

---

〔1〕 参见叶金强:《论侵权损害赔偿范围的确定》,载《中外法学》2012 年第 1 期。

〔2〕 参见王泽鉴:《侵权行为法》(第 1 册),中国政法大学出版社 2001 年版,第 67 页。

〔3〕 徐银波:《论侵权损害完全赔偿原则之缓和》,载《法商研究》2013 年第 3 期。

身违法是否促进侵权的认定是存在争议的,有学者认为应当采用二元的违法性判断标准才能够平衡受害方权益保护与行为人行动自由这两大价值目标[1]。

而"违法性对应的是法律保护的利益范围与力度"[2],在欺诈侵权中行为人不实陈述损害的是受害方的财产权以及其他可能的经营权益,比如可能会被纳入赔偿范围的纯经济损失。确定损害赔偿的范围不仅需要考量法律保护的范围,还需要考虑法律对该利益保护的力度问题。针对绝对权的侵害,受法律保护毋庸置疑,欺诈侵权侵害受害方的财产权违法性明显,索赔的范围和计算方式都有法可依,有迹可循;但是针对未被我国现有法律明文规定是否受保护以及如何计算赔偿范围的纯经济损失,从侵权法的本质来说,纯经济损失的违法性程度相对比较低,因果关系相对直接侵害财产权而言也更疏远。但是欺诈侵权案件中行为人主观状态为故意,过错程度高,社会评价较为负面,行为人侵害的是受害方的财产权以及其他财产利益,对于被侵害的直接经济损失请求权基础明确,但是针对间接损失是否应该纳入赔偿范围则有值得商榷的余地。

(2)对损害的预见程度

可预见性的问题并非侵权案件的专属,在违约的法律适用中也存在。被普遍适用于违约损害赔偿案件中,违约方只需要对订立合同时可以合理预见的因为违约而产生的损失承担责任,针对订立合同时不能合理预见的因为违约而产生的损失,违约方不需要承担违约损害赔偿。

在侵权法律适用中,预见性的讨论往往涉及过失的案件,其能否应用于欺诈侵权是需要审慎分析的,因为欺诈侵权案件中行为人的主观状态为故意。一般认为,在侵权案件中侵权人应该对可以合理预见的,容易出现的损害负责[3]。一种值得探索的思路是在商业领域的欺诈侵权案件中,损害赔偿的计算应当适度考虑行为人在做出侵权行为时,对于其欺诈可能引发的后果是否存在理性人可能具有的合理预见。

在行为人与受害方的商事交往中,行为人实施欺诈行为,无论是通过故意

---

[1] 参见李承亮:《侵权行为违法性的判断标准》,载《法学评论》2011 年第 2 期。

[2] 叶金强:《论侵权损害赔偿范围的确定》,载《中外法学》2012 年第 1 期。

[3] 同上。

陈述虚假信息抑或是隐瞒实质性重要信息的方式实施欺诈侵权行为,共同点在于行为人实施欺诈以达到受害方对某些与交易、投资相关的重要信息有错误或者扭曲认识的效果,行为人从中获益。个案间的重要区别在于,行为人实施欺诈行为可能对受害方产生的消极影响的范围以及行为人对受害方经济损失范围的可预见程度。可预见性规则适用于司法案件中的功能主要在于统一性、简洁性和公平性[1]。其中谈论的公平性应当是相对于受害方权益保护问题而言的,由于信赖行为人的不实陈述作出错误的交易判断或投资决策,但遭受的经济损失不可能不考虑范围的全部保护,否则将会对行为人苛以较重的赔偿责任。倘若不考虑可预见性,行为人被认定欺诈侵权后需要承担受害方全部经济损失,将意味着责任的扩张。

(3)行为人欺诈侵权的因果关系紧密程度

当行为人的不实陈述对受害方交易判断产生明显确定的负面影响并达到一定程度时,则行为人的不实陈述与受害方的经济损失之间有直接确定的因果关系。因果关系贡献度对于确定欺诈侵权之损害赔偿的影响在于:行为人应当对其产生的损害负责,这种思想也是符合理性要求的。因果关系紧密程度会影响损害赔偿的范围和数额的大小,两者之间的关系大致同步。行为人的不实陈述对于受害方的投资决策产生了影响力,而导致的经济损失的大小以及经营状态被干扰的程度也反映了行为人不实陈述而导致的原因力的强度,当然还需要考虑标的本身是否具备特殊性,比如证券市场交易以及受害方自身可能存在的过失,比如受害方未尽到基本理性人所应具备的审慎的义务等。

从另一个角度考虑因果关系贡献度,则是通过考量抗辩事由是否成立,是否能够隔断,或者相当程度上隔断行为人不实陈述与受害方经济损失之间的因果关系。行为人或者受害方具备特殊情况或条件的前提下,可能构成行为人欺诈侵权的抗辩事由,而抗辩事由是否成立会实际影响救济赔偿范围的确定。完全赔偿原则的特点之一就是不考量行为人的主观过错程度,无论故意或过失,对于受害方的损害都需要完全赔偿。在我们讨论的商事欺诈侵权的框架里,行为人无论是作出欺诈性不实陈述抑或隐瞒、不披露有义务披露的信息均出于故意,过错程度无须考虑。但是如前章所述,几种抗辩事由的成立影

---

〔1〕 参见沈琪:《英美刑法中的近因判断及其启示》,载《比较法研究》2014 年第 2 期。

响行为人不实陈述与受害方的经济损失之间因果关系的密切程度，当出现以下类别的行为人抗辩事由时，就可以考虑受害方的经济损失是否能被完全覆盖的问题了：

其一，从受害方角度。当受害方的信赖不具备实质性要件时，行为人的欺诈侵权行为与受害方经济损失之间的因果关系便也不具备相当紧密的程度了。比如受害方的信赖仅仅存在于与行为人磋商交谈之际，在订立合同之前便已了解行为人陈述内容的真实情况；或者在合同实际履行、损失发生之前受害方业已意识到欺诈行为的存在；或者受害方出于风险偏好的考量，基于自己对市场环境的判断作出了商业交易行为；或者受害方明知损失可能发生却存在将经济损失全部归咎于行为人并向其索取全部赔偿的侥幸心理而不及时止损等。以上情况都在一定程度上隔断了受害方的全部或部分经济损失和行为人不实陈述或隐瞒之间的因果关系。

其二，行为人角度。当行为人陈述的内容并不实质性的影响受害方的投资决策，对受害方的商业判断不具备相当程度实质意义时，行为人的不实陈述与受害方遭受的经济损失之间的因果关系也被一定程度地割裂开，应该赔偿的范围和数额同样应该斟酌考量和重新计算。

2. 赔偿范围的界定与计算

(1) 直接损失赔偿

直接损失，是指基于行为人的不实陈述而直接导致的受害方的财产损失，而这一部分应当被纳入侵权损害赔偿范围之内。如果受害方因为信赖行为人的欺诈陈述才参与了某次交易活动，并因此支付了比交易标的实际价值更多的金钱，那么受害方有权取得的损害赔偿应该限于其支付价格超过交易标的实际价值的差额。根据这一差额理论，受害方的直接损失应当予以赔偿，当然遵循的一般性原则是通过金钱赔偿。美国《侵权法重述（二）》将这一种差额赔偿的计算方式归结为对实际支付损失（out-of-pocket damages）[1]的赔偿。实际支付损失的赔偿，是指受害方在交易中实际支付的金额和基于行为人不实陈述或隐瞒不披露而实际获得的交易标的物价金之间的差额，并就其请求

---

〔1〕 See The American Law Institute, Restatement 2d of Torts §623.

损害赔偿[1]，其计算方式应当是实际支付的金额减去实际获得的数额之间的差值，即为受害方直接损失的金额。行为人的不实陈述、隐瞒或不披露和受害方这部分的财产损失有直接的因果关系，索赔具有充分的正当性与合理性。

(2)间接损失赔偿

将间接损失纳入侵权赔偿范围，首先，必须满足的是损失的造成与行为人不实陈述之间存在较为紧密的因果关系(或近因关系)，受害方必须是依赖于该不实陈述受到的其他形式的金钱损失[2]。其次，间接损失并不一定在每一次的欺诈侵权案件中都会出现或都必须应予以赔偿，需要进一步根据因果关系的紧密程度讨论行为人不实陈述与受害方该间接损失之间的关系，才能确定在每个具体特殊的个案中是否需要赔偿。我国侵权理论关于直接损失与间接损失之间的界限其实并不明确，但通说认为“直接损失是指已得利益之丧失，间接损失是虽受害时尚不存在，但受害人在通常情况下如果不受侵害，必然会得到的利益[3]”。从这个观点来看，间接损失的实际判断明显存在“预测”和“评估”的需要，但是交易市场变幻无常，难以保证哪一个部分的利益或者价值是未来一定可以获得的，故对这一部分的认定应当比较保守和谨慎。举例说明，由于行为人对交易标的具体操作性能(如速度等)进行过于夸张的描述，但该标的物实际并不具备如行为人描述那般的高级特性，导致受害方在具体操作机器时需要临时额外购买其他配套设施或者更多数量的同种机器才能赶上工作进度来避免可能承担的与第三人之间的违约责任。对这一部分的赔偿同样来自行为人的欺诈性不实陈述，继而导致受害方依赖并与第三方签订后续合同。用于购置额外产品以避免“不与第三方违约”也应该在“可以预测”的范围内予以赔偿。

(3)履约利益损失的赔偿

根据美国《侵权法重述(二)》中关于交易损失赔偿可知，受害方有权就行为人不实陈述内容导致的履约利益上的经济损失请求赔偿，以使受害方能够恢复到正常履约状态下可以获得履约利益[4]。在这种情况下，损害赔偿的计

---

〔1〕 根据美国《侵权法重述(二)》中对实际支付损失的描述，行为人就第三人的财务状况进行不实陈述，致使受害方对该第三人信任其资质并向其发放贷款也属于直接损失的一种。

〔2〕 See The American Law Institute, Restatement 2d of Torts §549.

〔3〕 覃有土、晏宇桥：《论侵权的间接损失认定》，载《现代法学》2004 年第 4 期。

〔4〕 See The American Law Institute, Restatement 2d of Torts §549.

算方法有所不同,同样是比较差额得出赔偿数额,但不是通过受害方实际支付与实际获得的差额计算,而是通过受害方实际获得的利益与假设行为人陈述内容为真实情况时所获的利益的差额计算赔偿数额。然而这种损害的计算方式具有主观性的特征,具体的计算没有"实际支付损失"方法准确客观,并且该损失计算方法中要得知假设行为人陈述内容为真实情况所获的利益这一数值时,需要按照一般社会标准能够确定的才可以予以赔偿,不能按照一定社会标准或者社会交易惯例确定的不能予以赔偿。此外行为人和受害方之间必须确立存在直接的交易关系,受害方如果因为第三人的不实陈述,而进行了错误的投资或者达成了错误交易,不能向合同交易方寻求履约利益的侵权损害赔偿,但是可以向第三人索赔要求其承担欺诈侵权责任。履约利益损失赔偿的合理性更多是基于受害方对行为人陈述的信赖,行为人陈述内容对受害方的实质性影响,导致受害方后续的作为或不作为,被促成合约或主动不继续和第三方合作等。受害方对行为陈述内容的信赖导致与行为人合作或者与第三方合作,其本以为可以正常得到的履约利益由于行为人的不实陈述、隐瞒或不披露而实际不能得到,受害方这一部分的损失得到赔偿也具有相当的合理性。

(4)纯经济损失赔偿

如前所述,根据我国《侵权责任法》第2条的规定,受侵害的其他财产权益也可以受到保护,但是由于法定的保护范围比较宽泛,以致难以明确界定"其他财产权益"具体包括哪些。在欺诈侵权损害赔偿中对于纯经济损失这个概念如何适用需要进一步展开讨论。纯经济损失是"非因侵害受害人的人身或财产等绝对权利而产生的经济损失,具有间接性、经济性的特征"[1]。在欺诈侵权中具体可以分为两种类型:第一种类型是因果关系较为密切的经济上的不利益,比如由于错误信赖行为人的不实陈述,可能对第三方违约而承担违约责任,造成这一部分的经济损失不是由于行为人直接侵害了受害方的财产权造成的,而是直接导致了受害方承担与第三方的违约责任;第二种类型因果关系较前一种更为疏远,同样例子,假如由于行为人不实陈述导致受害方与第三方违约,不仅导致受害方在该次与第三方合作中承担违约责任,同时损害了受害方在该行业或该交易领域的商誉,间接降低了受害方在之后商事交易中的

[1] 张新宝、李倩:《纯粹经济损失赔偿规则:理论、实践及立法选择》,载《法学论坛》2009年第1期。

核心竞争力，这一部分的损失也属于纯经济损失，但是具体赔偿数额难以界定计算，是否被纳入侵权赔偿的范围也有待斟酌讨论。如果把纯经济损失赔偿的口子打开，容易出现“防洪闸”的现象，可能纵容无休止诉讼的同时给行为人造成过重的经济负担，从而压抑了商业经济的发展。纯经济损失的界定、赔与不赔的范围是在平衡受害方财产权益的保护以及行为人自由中逐步确定的，应当注意不能过于倾斜于一方的利益保护。

（三）惩罚性赔偿适用

1. “激励与预防”的指导思想

惩罚性赔偿作为民事责任制度的一种例外，同时也是侵权法中完全赔偿原则在实践中的一种突破。完全赔偿原则强调的是“全有或全无”，而侵权领域的惩罚性赔偿制度除了使遭受了一定经济损失的受害方恢复到原始状态以外，出于激励和预防的功能，对行为人适用惩罚性赔偿。激励和预防不仅是惩罚性赔偿制度的指导思想，也是这个制度的重要功能，不仅通过提高赔偿数额的方式来实现惩罚虚假陈述行为人，还可以为受害方提供维权的激励，以达到影响行为人未来行为减少虚假陈述的激励效果。

在商事欺诈侵权案件中适用惩罚性赔偿制度，可以提供以下两个方面的激励：其一，更高的损害赔偿数额激励行为人减少欺诈陈述的行为，减少受害方投资决策被干扰，市场秩序被扰乱的可能性；其二，通过激励受害方积极维权最终达到减少欺诈侵权行为的数量。美国《侵权法重述（二）》中对惩罚性损害赔偿（punitive damages）的定义是：“惩罚性损害赔偿除了赔偿性或名义性损害赔偿之外，还因为其粗暴行为而进行惩罚，并阻止他和他这样的其他人在未来发生类似行为”[1]，美国《侵权法重述（二）》中还提到针对惩罚性损害赔偿的具体计算可以适当地考虑行为人行为的性质，给受害人造成或打算造成的损害的性质以及行为人本身的经济状况。

2. 具体适用的合理性

美国研究者麦苏姆教授认为，惩罚性赔偿服务于多种目的，包括制止类似

---

〔1〕 The American Law Institute, Restatement 2d of Torts §908.

违法行为并教育被告和其他人不再作出类似行为，成为下一个“被告”[1]。同样我们可以看到在欺诈性虚假陈述可能出现的多种行为模式中，“承诺时意图不执行”的行为模式适用惩罚性赔偿更具正当性与合理性。行为人在“承诺时意图不执行”这种行为模式中所体现的主观状态恶劣，与惩罚性赔偿制度适用的前提相符。在商事交往中行为人作出的承诺包括交易标的的质量、属性、交易方式、报酬形式等情况，非常容易对交易方或投资方交易策略、投资判断产生实质性影响。但是行为人承诺作出时即意图不执行，为实现其自身利益骗取受害方信赖与之交易，作出某种作为或不作为的交易行为，这种行为不仅干扰受害方经营状态、影响受害方投资策略，更是与诚实信用、公平、正义的商业交易原则背道而驰，浪费社会资源，严重扰乱市场秩序。

惩罚性赔偿除了具备激励和预防的功能，不能忽略其本身最初的功能——惩罚。行为人在承诺作出时即意图不执行，其主观状态恶劣，行为性质满足适用惩罚性赔偿的初衷。在交易初期，行为人即可预知受害方由于信赖和期待行为人作出的“不可实现”的承诺而最终将遭受一定的经济损失，两者之间具备相当的因果关系，除了对受害方给予经济损失的“填补功能”意义上的补偿，更应该适用惩罚性赔偿制度对行为人予以一定程度的惩戒，以达到对类似行为的遏制和预防。

---

[1] 赵红梅：《美、德新型惩罚性赔偿对我国〈消法〉修订的启示》，载《法律科学》（西北政法大学学报）2011年第5期。

第四章 过失虚假陈述商事侵权的构成与制度[1]

一、过失虚假陈述侵权基础理论概述

（一）过失虚假陈述的界定

过失虚假陈述侵权，是指行为人在商事交易活动过程中非出于欺诈故意作出虚假陈述，导致受害方由于信赖该不实陈述而作为或者不作为，并因此遭受经济损失的侵权行为。“过失”虚假陈述在商事侵权案件中的具体表现主要包括以下两种情况：

1. 疏忽性的过失虚假陈述（negligent misrepresentation）[2]

有学者认为，疏忽的定义本是宽泛而开放的，疏忽性的虚假陈述应当从合同角度去看待，受害方可以申请违约救济，这能在某种程度上限制并正确界定“疏忽性”的范围[3]。但是除了利用合同法来规制过失虚假陈述行为以外，还可从侵权的角度来保障受害方的权益，这样不仅可以解决对合同外第三方过失虚假陈述侵权的救济问题，而且针对具有合同关系的双方当事人，受害方的权益能够更大范围地受到保护。

疏忽性过失虚假陈述侵权是指行为人在商事交往过程中以追求受害方信

---

〔1〕 本章节阐述的过失性虚假陈述侵权行为不仅限于证券意义上的虚假陈述，还包括普遍存在于商事交往过程中一方出现的过失虚假陈述侵权行为。

〔2〕 See S. C, “Tort Liability for Negligent Misrepresentation”, *University of Pennsylvania Law Review & American Law Register* 81, 1933, pp. 435－441.

〔3〕 See Mark P. Gergen, “Negligent Misrepresentation as Contract”, *California Law Review* 101, 2013.

赖为目的作出与交易或者投资相关但由于疏忽过失而导致不真实、不准确或者不完整的陈述，致使受害方基于对该陈述的信赖作为或不作为而导致经济损失的侵权行为。行为人主观状态为过失，疏忽造成过失侵权的原因包括：行为人没有尽到谨慎的注意义务导致输出信息有误，对于不确定态度的文书、报告或陈述疏忽调查，或者遗漏重要实质性信息等情况。

2. 无知性的过失虚假陈述（innocent misrepresentation）[1]

无知性的过失虚假陈述与疏忽性过失虚假陈述侵权相比，两者的根本区别在于行为人作出陈述时对陈述信息的认知情况不同。疏忽性过失虚假陈述强调行为人作出陈述时对其所陈述信息的真实性、可靠性和准确性并没有足够的把握和了解，或者在对陈述信息真实性、可靠性和准确性不自信的前提下依然疏忽对待继续陈述，并以追求受害方信赖为目的。而构成无知性过失虚假陈述侵权的行为人对陈述信息具有相当的自信，信任其给受害方陈述的内容是真实准确的。在无知性的过失虚假陈述中，行为人陈述与事实不符，原因也可能有多种，可能是由于信息没有及时更新或者信息来源不够权威可靠等，但是行为人本身是充分相信陈述内容的真实性、准确性和完整性的。但是即使行为人本身对其虚假陈述不具有欺诈故意或者虚假陈述不是出于疏忽违背谨慎的注意义务导致，由于受害方的经济损失与行为人的无知性过失虚假陈述有直接或者间接的因果关系，所以该行为是否构成侵权应当慎重考虑。

（二）侵权特殊规则的现实意义

过失虚假陈述侵权案件在商事交易中并不罕见，当客观需求足够旺盛时应该将其类型化单独作为一种特殊的商事规则加以规制[2]才能符合立法的现实需要。过失虚假陈述侵权首先强调的是行为人过失的主观状态，这是与欺诈侵权之间最大的区别。由于行为人主观状态为过失，当行为人虚假陈述导致合同外第三人财产权益受损时，如何对该第三人权益进行保护的关键就在于过失性虚假陈述能否被认定为侵权行为。

假设具备相应合格资质的某会计师事务所接受一家经营不善的商业公司

---

〔1〕 C. E. Lombardi, Jr., "Torts: Liability for Misrepresentation Made with Honest Belief in Its Truth", *Michigan Law Review* 49, 1951, pp. 450 – 452.

〔2〕 参见荣振华：《分析与权衡：商事侵权制度的未来》，载《西部法学评论》2012 年第 3 期。

委托,负责审计其账簿并提供去年一年财务状况的年报,但是该会计师事务所由于过失忽略了几个重要项目,并最终给出一份反映该公司运营良好的财务报告。此后该公司由于信赖该报告,决定通过购买大量高度投机商品来扩大业务,而后向某商业银行提交该报告用于申请高额信贷并成功申贷,不久该公司破产,无法偿还银行的巨额贷款。对于上述类似案例,美国法院有根据“良心、公平交易和商业惯例常用做法”(conscience, fair dealing and the usages of business require)[1]的原则要求该会计师事务所承担侵权责任的历史,虽然美国侵权法上也没有明确界定这部分责任的性质以及相应限制问题,但是为了保护受害方的合法权益,法官在具体的司法审判实践中会倾向于要求行为人赔偿受害方的经济损失。

(三)行为人过失原因分析

行为人过失虚假陈述导致受害方由于信赖该陈述而造成一定经济损失,行为人本身“过失”的主观状态可能出于以下两种原因:

1. 未尽谨慎注意义务提供错误信息

行为人负有提供真实准确完整信息的注意义务,未尽到谨慎的注意义务是多数过失虚假陈述侵权案件的重要原因。注意义务是行为人保证其作出真实、准确、完整陈述的正当性来源,也是“过失”定义的核心要素。如王利明先生所言:“过失是一种被告违反其对原告所应给予的注意的义务[2]”,可以看到注意义务是构成过失的重要前提。因为影响第三人的权益,行为人的注意和谨慎也就有了被拘束被限制的正当性。

行为人提供的不真实、不准确或者不完整信息是由于未尽到谨慎的注意义务导致的,但是谨慎的注意义务是商事交易活动对“理性人”的基本要求,除非是正常范围内的损失风险,受害方信赖行为人的陈述是商事合作的基石,掀开这层保护膜,商事主体在开展正常的商业活动也会步步为营,效率低下。

2. 行为人对信息的误判

行为人在作出陈述时对其陈述信息有相当的自信,认为对交易对方或者

---

[1] June W, “Negligent Misrepresentation: Fraud or Negligence”, *Cleveland State Law Review* 13, 1964.

[2] 王利明:《民法·侵权行为法》,中国人民大学出版社1993年版,第136页。

投资对方所输出的信息真实、准确以及完整，不会导致对方的错误判断。这里需要与刑法上的“过失”进行一定的区分，刑法意义上对于“过于自信的过失”的认定有着严格的构成要件，其中夹杂重过失与轻过失的各种情形，与民法意义上的“过失”有明显区别[1]。刑法学界对于过失的讨论，以过失为基础，以过失为工具分析过失犯罪，成果蔚为大观。但是从民法意义上去讨论行为人由于自信导致“过失”虚假陈述的情况，过失的程度则不是重要的考虑因素。

行为人本身对信息判断有误的情形中，不考虑行为人对其信息真实性、准确性或者完整性具备多大程度的自信，更侧重于强调行为人由于自信导致的结果——无知性虚假陈述，以及该虚假陈述对受害方决策判断造成的影响，法官在具体的司法实践自由裁量中也应当有所侧重。

二、构成要件研究

（一）过失虚假陈述错误的标准：重大性标准[2]

构成侵权首先需要界定虚假陈述的不实信息的性质，一般对此使用“重大性标准”，作此界定可以将某些案件排除出过失虚假陈述侵权范围，从而避免出现行为人在商事交易中被苛以较重的注意义务的情况。

是否满足重大性标准应当从受害方角度判断，如果某具体信息或者某类信息对于理性投资者或者交易方来说，会明显影响其投资决策或者交易判断，该信息或该类信息则很可能被判定为重大信息。在证券侵权领域重大性信息的应用更为久远和广泛，美国证券委员会制定的《证券法规则》（Rule 405）中将重大性标准定义为“一个理性投资者在决定是否购买注册证券时会认为该信息是否重要的实质可能性”[3]。判定该信息是否重大，关键需要从一个理性投资者的角度出发，假如该理性投资者在购买投资标的时认为或者可能认为某一信息对其投资判断是具有相当影响的，那么该事实则具有重大性。而这里的理性投资者采用的也应当是理性人标准，一个正常的谨慎的购买注册证券的理性人，如果具有同样的股票或者证券知识储备，在同样的环境条件下

[1] 参见刘勇：《缔约过失与欺诈的制度竞合——以欺诈的“故意”要件为中心》，载《法学研究》2015 年第 5 期。

[2] 参见郭锋：《虚假陈述侵权的认定及赔偿》，载《中国法学》2003 年第 2 期。

[3] 刘兴华：《证券虚假陈述的界定》，载《经济问题》2004 年第 9 期。

会认为该陈述会对其投资决策有显著影响,那么该陈述就是重大的。此外,还可以通过是否影响证券市场价格来判断该信息是否属于重大性信息。应用至专业服务机构人员及其直接责任人对委托人或第三人过失虚假陈述侵权问题,可能对理性委托人后续的投资决策产生重要影响的文书、报告或者直接陈述会被判定为重大性信息。

对信息重要性有所要求的出发点是为了维护行为人的合法权益,从行为人的角度出发,过失的主观状态下承担侵权责任的标准应当更加谨慎合理,对行为人苛以过失侵权责任才更具合理性和正当性。在商事交往过程中需要交换的信息繁杂众多,贯穿交易投资的整个过程,要求行为人对其所有陈述的真实性、准确性以及完整性掌握了解,并为其过失虚假陈述负侵权责任,不利于商事活动的有序开展以及商业市场的健康发展。

(二)注意义务

行为人构成过失虚假陈述侵权的前提应当是行为人有保证作出的陈述真实、准确以及完整的注意义务,这说明当“行为人违反了其对原告所应当给予的注意的义务”[1]时,已经构成过失。此处所提及的注意义务同样采取的是广泛的意义,不仅包括行为人法定的注意义务和双方当事人约定的注意义务,还包括职业性质所要求的注意义务以及基于商事交易习惯形成的注意义务。受害方信赖行为人陈述的内容和信息,无论双方关系是基于合同抑或是其他原因,在道德以及良心上,受害方有权依靠行为人来获取信息,而行为人本身有对提供信息给予相当注意义务的责任[2]。

1. 法定的注意义务

在我国法律规范中,关于商事交易中注意义务的规定主要是《证券法》以及《最高人民法院关于审理证券市场因虚假陈述引发的民事赔偿案件的若干规定》(以下简称《若干规定》),发行股票、证券或者上市公司上市过程中相关信息披露方公开披露的信息必须满足真实、完整、准确 3 个要求,当披露的信息不满足上述要求时,则可能成立虚假记载、误导性陈述或者重大遗漏,严重

---

〔1〕 王利明:《民法·侵权行为法》,中国人民大学出版社 1993 年版,第 136 页。

〔2〕 See Andrew C. J. McCandless Kidd, “The Perimeters of Liability for Negligent Misrepresentation in Maryland”, *Maryland Law Review* 48, 1989.

损害投资者的利益。根据《若干规定》的内容，构成证券虚假陈述侵权并不区分行为人的主观状态为故意还是过失，但本章讨论的主题为行为人过失虚假陈述侵权，可以将行为人主观状态为过失的证券虚假陈述侵权当成讨论的一种特殊情况。

2. 约定的注意义务

约定的注意义务一般源于双方既存的合同关系(contractual relationship[1])或者委托关系，虽然行为人没有直接的法定义务，但是对其委托人却负有源于合同委托关系的约定义务，缔约内容则是针对委托内容出具准确、完整、真实的文书或者直接信息陈述。行为人侵害委托人或者第三方权利造成受害方遭受严重经济损失，在某种程度上是因为没有完全履行或合理履行其对委托人义务的连锁反应，因此陈述主体本应当承担相应的法定信息披露义务。

3. 职务要求的注意义务[2]

特定职务的技术性要求可能表现为出具的文书、报告或者直接陈述需要满足某些通用标准，或者表现为职务或者专业业务所要求的操作惯例等。行为人由于不满足技术性要求的标准或者操作惯例得出虚假陈述，导致受害方权益受损，例如考察一公司经营状况应当囊括公司所有开展的项目，才能出具相应的财务报告或者审计年报，但如果因为疏忽导致某些对资产负债项目有重要影响的项目没有被包含在报告中，最终的调查结果可能与现实情况相差巨大。

4. 基于商事交易习惯的注意义务

商事交易实践高度依赖交易习惯[3]，商事主体努力尽到基于商事交易习惯的注意义务是维护正常商事交易秩序的重要内容，也是商事交易正常发展、主体间达到共赢的重要前提。

商事活动中的交易习惯是商业思维的重要体现，而基于交易习惯产生的注意义务则来自商事主体之间多次贸易往来所形成的相互信赖，遵守交易习惯应当是行业内长期以来所约定俗成的，因此违反基于交易习惯产生的注意

---

〔1〕 Frank J. Cavico, "Fraudulent, Negligent, and Innocent Misrepresentation in the Employment Context: The Deceitful, Careless, and Thoughtless Employer", *Campbell Law Review* 20, 1997.

〔2〕 参见晏宗武：《论民法上的注意义务》，载《法学杂志》2006 年第 4 期。

〔3〕 参见李后龙：《关于民商事审判工作发展方向的法理思考——基于商法的特征和原则》，载《法律适用》2004 年第 4 期。

义务达成的交易可能导致交易的不经济性，甚至导致交易秩序的紊乱。在过失虚假陈述侵权的司法实践中，可能出现这样的情况：例如在拍卖活动中，除去出卖人的真实身份等个人信息，拍卖人应当向竞买人如实陈述与拍卖标的相关影响标的价格的信息，才能最大限度保证竞买人对其竞买行为作出正确的判断，从另一个角度看也是最大限度保证拍卖品以其真实价值进一步流转。

（三）行为形式

行为人在过失虚假陈述侵权案件中的行为类型主要包括：行为人由于过失未告知重要事实，影响受害方对交易或投资的判断；行为人陈述的内容与事实情况不符，不满足陈述真实性、准确性和完整性的基本要求，并导致受害方作为或不作为而遭受经济损失。

1. 过失未告知重要事实

过失未告知是保险合同中经常发生的典型的行为类型，是指投保人应当如实告知投保相关的重要事实，此项义务与保险人的明确说明义务相对应，都是法律规制的重要部分，同时也是司法实践中发生争议的重要缘由之一[1]。在保险合同领域，过失未告知重要事实的行为一般只涉及投保人和被保险人[2]。在其他商事交易活动中，交易双方或者多方在信息交换过程中同样会出现过失未告知的可能，行为人由于过失未告知交易信息可能对交易对方或者投资者的决策判断产生实质性的影响，若满足其他构成要件，则可能构成过失虚假陈述侵权。

例如在拍卖活动中，拍卖人属于居间商，与竞买人之间法律关系中的主要义务为提供真实、准确以及完整的信息，虽然其无法提供拍卖委托人的真实具体身份，但依然应当对其提供信息的行为负责。“就拍卖标的瑕疵而言，应从是否属于消费者买卖，拍卖人是否承担出卖人义务，瑕疵是否涉及违法性、安全性或按照合理商业标准应当告知等方面出发，确定拍卖人履行信息提供义

---

〔1〕 参见王静：《如实告知义务法律适用问题研究——以〈最高人民法院关于适用《中华人民共和国保险法》若干问题的解释（二）〉为核心》，载《法律适用》2014 年第 4 期。

〔2〕 同上。学界对于如实告知义务的主体有所争议，保险法理论界对此包含四种观点：仅以投保人为限；根据投保人和被保险人是否为同一人而定；包括投保人和被保险人；以被保险人为限。

务的标准。”[1]拍卖人作为居间商同样应当遵从商事交易中行为人应当遵从的一般注意义务，谨慎提供与拍卖标的有关的信息。拍卖人无须对标的无瑕疵作担保，但应当对与标的价格、来源相关的重要信息的真实性作担保，如若过失未告知相关信息导致竞买人经济损失，应当承担相应责任。在最高人民法院审理的“日照中瑞物产有限公司与浙江物产元通汽车集团有限公司等拍卖合同纠纷案”[2]中，争议焦点为镍矿砂的镍含量与描述不符的问题，但是最高人民法院认为双方的交易应当根据岚山检验检疫局的商检报告为依据，即使第三方公司此前多次向委托人致函表示货物存在质量问题，依然认定“商检报告在拍卖标的未经法定程序复验、检验，结论未被否定的情况下仍为有效的检验报告，委托人、拍卖人并不能根据争议情况确定拍卖标的的镍含量与岚山检验检疫局商检报告不符”。可以得出最高人民法院对于拍卖人的信息提供义务要求并不严格，不认为拍卖人在此商事交易拍卖活动中负有应当对镍矿砂的镍含量进行调查的义务。但是在这个案件中镍矿砂的镍含量信息影响竞买人对于是否竞买的判断，属于实质性的重大性信息，不论拍卖人在得知信息之后对镍矿砂的镍含量是否做完善调查以探究其真实情况，对于拍卖人未将在涉案之前第三方公司已经告知其货物存在质量问题的信息告知竞买人的行为，如果没有证据证明拍卖人有故意隐瞒的主观状态，则属于过失未告知重要信息的虚假陈述侵权，这样才能保证竞买人的合法权益，保证拍卖活动中竞买人能够对拍卖标的有较为详尽的了解，作出正确的交易判断。

过失未告知重要事实中涉及的事实信息同样应当满足重大性标准，才能更好地实现行为人与受害方之间合法权益的平衡。除上述提到的保险、拍卖领域，其他商事交易活动中由于行为人过失未告知重要事实的行为，受害方信赖并错误判断而导致经济损失的案件同样数量众多。过失未告知的行为类型下，行为人对于涉及的重要事实可能得知，也可能因为未尽谨慎的注意义务未得知而无法告知。针对第二种情况，行为人未尽谨慎的注意义务可能来自法定、职业要求，或者该领域、行业的商业习惯，行为人此时也应当为其过失虚假陈述导致受害方遭受经济损失的行为负侵权责任。

---

[1] 武腾：《拍卖人的信息提供义务与担保责任——从居间商的法律地位出发》，载《法律科学》（西北政法大学学报）2017年第6期。

[2] 参见最高人民法院（2012）民提字第161号民事判决书。

2. 陈述与事实不符

陈述与事实不符包括3种情况：分别是真实性、完整性以及准确性不满足在商事交易活动中双方或多方信息交换的要求[1]。

真实性不符是指在信息披露或者信息交换时，捏造实际情况并不存在的重大事实，或者在信息披露文件中不实记载与投资或者交易相关的重大事实、在信息交换中做不实陈述等情况。行为人由于过失对重大性信息掌握了解有误导致输出信息真实性不符，影响受害方的准确判断。在证券虚假陈述侵权中表现为虚假记载，既包括描述性信息也包括预测性信息[2]，但是因为预测性信息本身的特质，加上市场信息的瞬息万变，还有可能存在的监管问题，都可能造成上市公司对预测性信息的误判并记载于信息披露文件中，待公开之后影响投资者的投资决策行为。所以相对而言，由于预测性信息具备的不确定以及模糊的特性，当记载于信息披露文件的信息与后续的实际情况不符甚至相反的时候，被认定为侵权则需要符合其他的构成要件。

完整性不符与过失未告知有重叠的部分，是指重大性信息完全或者部分未告知的情况，上述过失未告知的行为类型偏向于有关信息完全未告知于受害方以致其判断错误的情况。由于行为人过失陈述信息不完整可能影响受害方的决策判断，重大性信息的不完全告知更可能影响受害方对整体交易形势的掌控。在“安徽实嘉房地产开发有限公司与合肥鑫城国有资产经营有限公司股权转让纠纷上诉案”[3]中，最高人民法院对于信息披露的完整性的理解可以作为参考：原审被告鑫城公司在转让案涉股权时基本履行了信息披露义务，“但对资产评估、审计基准日之后至公开挂牌交易之前，城开公司资产的重大变化情况没有及时进行补充披露”，而这一个信息瑕疵“在一定程度上增加了竞买者产生模糊认识的可能性”，虽然最后判决认为该瑕疵不足以影响原审原告在竞买活动中的最终决策，原因是该瑕疵信息并非重大性信息，但是

---

〔1〕 陈述需要满足的三种属性为交换信息的基本属性，行为人应当确保其输出给交易方或者投资方的信息具备真实性、完整性和准确性，对于行为人履行此项义务，保护交易方或者投资方对信息的合理信赖，确定出现过失虚假陈述民事责任具有重要意义。

〔2〕 参见蒋尧明：《上市公司会计信息披露的真实性与虚假陈述研究》，载《会计研究》2004年第1期。

〔3〕 最高人民法院(2013)民二终83号“安徽实嘉房地产开发有限公司与合肥鑫城国有资产经营有限公司股权转让纠纷案”。

原审被告所忽略补充披露的行为无可厚非会对原审原告的竞买决策产生一定程度的影响,如果满足其他构成要件,则可能会被判定构成过失虚假陈述侵权。

准确性不符则具体表现为行为人陈述模糊带有歧义,可能使对方对于行为人的陈述产生不同的理解,比如将关键信息掺杂于其他不重要或者无关痛痒的信息当中,使受害方对于陈述难以有唯一的理解。在证券虚假陈述侵权的司法实践中则表现为误导性陈述的问题,例如海润光伏误导性陈述一案中,江苏证监局《行政处罚决定书》中认为,涉案公司在其披露的公开文件中存在明显的误导性陈述,具体表现为在法定业绩预告截止期前利用模糊性语言提出高比例转增的提议,由于投资者的惯性思维,认为只有当企业业绩良好才会出现高比例转增的可能情况,海润光伏作出的该误导性陈述足以对投资者产生明显的负面影响并导致投资者随后做出错误的投资判断〔1〕。江苏省高级人民法院针对海润光伏公司的二审上诉给出的判决是:"海润光伏公司……相关公告陈述的分配理由未真实描述海润光伏公司的实际经营状况,足以使广大投资者误认为海润光伏公司系在经营状况良好的情况下进行高比例转增……"〔2〕确认了海润光伏公司的《分配预告》属于虚假陈述中的误导性陈述,并判决其承担证券侵权的赔偿责任。

(四)可预见程度

具体到过失虚假陈述侵权这一商事侵权类型,可预见性规则的适用可以限制认定行为人构成侵权的行为范围。由于过失性虚假陈述侵权较多涉及第三人责任,若不加以限制,则容易出现滥诉的情况。卡多佐法官曾以审计师过失虚假陈述为例:"把审计师暴露于对公众的不确定责任中,会危及审计师职业的生存。"〔3〕实际上不仅是审计师这一职业类型,还可能是任何其他类似的专业服务机构人员,此类侵权责任一旦扩大到这些专业服务机构人员,还可能会扩大到更大范围的参与商事交易的任何交易方。在过失虚假陈述侵权中适

〔1〕 刘雯亮:《业绩变脸事出有因,误导性公告害人害己》,载《证券时报》2015年11月21日,第A004版。

〔2〕 (2017)苏民终79号"苑魁与海润光伏科技股份有限公司证券虚假陈述责任纠纷案"。

〔3〕 周学峰:《审计师对第三人过失性虚假陈述责任比较研究》,载《比较法研究》2007年第6期。

用可预见规则能够进一步明确行为人侵权的认定问题，合理减少案件数量，减轻商事主体在交易活动中的潜在风险。

在过失虚假陈述侵权中，讨论行为人可预见范围具体是指行为人能否预见受害方的范围可能扩展到合同外第三方主体，以及行为人能否预见其陈述内容对交易对方甚至交易外第三方可能造成经济损失两个方面。

1. 过失虚假陈述的传播范围

行为人能否预见其陈述的传播范围对受害方群体数量产生的影响，是可预见规则在过失虚假陈述侵权中的具体应用。首先应当讨论行为人过失虚假陈述的可能受众范围，在多大的范围内传播，因为行为人的虚假陈述得以传播是受害方能够知悉甚至信赖的前提。

例如，某房地产估价师接受委托对房屋价值进行估量，其向房屋所有人提供的估价报告可能传播至买受人应当有预见的可能性以及预见的能力，并且应当可以预见由于其过失虚假陈述导致房屋价值过高或者过低可能给房屋所有人或者买受人造成相应的经济损失。假如该房地产估价师由于过失对房屋的价格、地段、质量或者开发商的信誉等内容错误判断出具了内容不满足真实、准确、完整要求的估价报告，那么对受害方（所有人或买受人均有可能）经济损失承担过失虚假陈述侵权责任的可能性将大大提高。

当委托合同双方为住房建筑开发商及房屋买受人时，情况可能有所不同：双方直接交易，不存在第三方专业服务中介机构及其工作人员对双方交易标的的价格有所评价，和上述例子相比，开发商对买受人的直接陈述传播至合同外第三方的可能性较低，即使出现过失虚假陈述侵权，开发商可以预见的受害方范围也只有直接陈述的对象，涉及其他群体可能性也较低。如果开发商能够证明其能够预见的陈述传播范围仅止于受害方，那么对第三人侵权成立的可能性将大大降低。

2. 过失虚假陈述的负面影响

行为人对其陈述信息可能造成受害方经济损失是可预见规则具体应用的另一个方面，在过失虚假陈述侵权的认定中，不探讨行为人能预见其陈述出现不真实、不完整、不准确的情况时对受害方会造成经济损失的范围、程度以及具体的数额，但需要明确的是，行为人应当对其陈述的内容对受害方决策判断有实质性的影响，出现过失虚假陈述可能影响受害方经济收益这一事实有所认识。

过失虚假陈述出现的负面影响是可预见规则具体应用纵向的分析，行为人对其陈述可能影响受害方决策判断的前提是行为人可以预见受害方信赖，但是这一前提作推定处理更为恰当，因为在磋商、实际交易或者实际履行的过程中，信息交换本是成功交易的前提，如果行为人对受害方信赖的可预见性需要受害方自己举证证明，则不利于保障受害方的合法权益。

（五）受害方信赖

构成过失虚假陈述侵权，受害方信赖也是其中的构成要件之一，但是具体到过失虚假陈述的两种形式，受害方信赖对于行为人的意义有所不同。针对疏忽性过失虚假陈述，受害方的信赖被称为“受邀依赖”（invited reliance[1]），意指行为人对外陈述信息的时候具有明确的目标希望接受信息方能够信赖他提供的信息。相反，针对无知性的过失虚假陈述，行为人对外输出信息时并没有类似的企图或者希望。行为人是否期望受害方信赖与是否构成欺诈陈述侵权之间并没有必然关系，因为即使行为人对于受害方信赖有一定的期待，行为人本身对陈述信息的真伪也可能并无把握，无法证实行为人有欺诈或者隐瞒不披露的故意，所以行为人对受害方信赖是否具有期待只是作为区分疏忽性和无知性过失虚假陈述的其中一个要素。例如，测量师向建筑商提供建筑报告时明确表示保证调查报告的绝对准确性，这个“保证”对于建筑商而言就有“受邀依赖”的意义，使建筑商合理相信制作该调查报告的主体希望能够信赖报告，因此测量师对于其出具的调查报告负有谨慎的注意责任。应用于专业服务机构及其直接责任人员出具的文书、报告或者直接陈述，受邀依赖的概念也赋予了行为人陈述应负有谨慎注意义务的正当性。

三、制度安排的社会成本分析

（一）行为人信息真实成本 vs. 侵权事故发生的成本

1. 成本比较关系简述

针对过失虚假陈述侵权在事故成本这一角度下的分析，需要明确预防事故的成本与事故发生所产生损害的成本之间的大小关系。影响预防事故发生

---

〔1〕 Mark P. Gergen, “Negligent Misrepresentation as Contract”, *California Law Review* 101, 2013, p. 959.

的成本最重要的因素应当是行为人提供真实信息所需的成本。单从这个角度考虑预防事故的成本是确定的,但是根据过失虚假陈述产生的原因不同,行为人提供准确、完整、真实信息的成本也会不一样。针对疏忽性虚假陈述,行为人过失的根本在于其提供陈述之前未尽到完全谨慎的注意义务,导致的信息不全或不真实。例如,交易方在协商阶段提供关于市场占有率问题时信息有误是由于此前市场调查涉及的调查群体不准确,导致投资方误以为某类产品具有良好的发展潜力。实际上该类疏忽性的虚假陈述是可以通过提高谨慎注意程度来减少甚至避免的。

针对无知性虚假陈述侵权行为,行为人向外陈述信息时内心保持确信,坚信其向受害方陈述的信息是真实、准确和完整的,信息错误的原因可能是信息来源不够权威、更新不及时或者是对交易标的不够了解而作出错误的描述性陈述等。无知性虚假陈述出现的概率可能更低,但是要避免其发生需要付出的成本可能更大,行为人需要对陈述的信息作全面的调查,确保其获取的信息完全真实准确以及完整,甚至需要对信息的来源、更新的时间作十足把握,需要付出的时间成本与人力成本是不可估量的。另外,如果行为人在交易或投资的过程中只能对外陈述其十足把握的信息,将大大降低商事交易中信息交流传播的速度和范围,从而可能会抑制商事交易的发展。

盖多·卡拉布雷西在《事故的成本:法律与经济的分析》[1]一书中将事故的成本细分成3个类别:首要事故成本、次要事故成本以及三级事故成本。

首要事故成本是指事故发生时受害方所遭受的损失,而这种损失不仅仅包括受害方遭受的直接的经济损失,还包括受害方由于遭受事故发生侵害产生的无形经济损失,比如投入于交易或投资产生的机会成本等。针对首要事故成本,盖多·卡拉布雷西提出的减少成本的方法是减少事故发生的数量以及严重程度,具体到过失虚假陈述侵权中则需要行为人在商事交往过程中减少过失虚假陈述行为的发生以及当事故发生时陈述的错误程度,减少不肯定信息的传播,提高注意程度,更加谨慎陈述。

次要事故成本是指由于事故发生导致的社会效益的下降——侵权事故发生的外部负激励,社会成本的一种形式。次要事故成本主要针对受害方,由于

---

〔1〕 参见[美]盖多·卡拉布雷西:《事故的成本:法律与经济的分析》,毕竟悦等译,北京大学出版社2008年版,第24~28页。

受到事故侵害而降低再次相同行为量,比如贷款银行错误信赖会计师事务所出具的关于某上市公司的审计年报遭受相当经济损失以后,对于该上市公司提交的其他贷款申请可能需要提高贷款门槛,贷款要求更为严格;投资者遭受过失虚假陈述侵权以后可能会减少投资同类证券产品等。卡拉布雷西提出减少此类事故成本可以通过分散风险的方式,比如购买保险,投资者在初次投资某类产品也可以选择对冲降低风险。

三级事故成本是指处理事故产生的管理成本,比如当事人的诉讼成本、诉讼以后法院产生的裁判成本等,也可以理解成恢复到事故发生以前状态所需要的成本。过失虚假陈述侵权发生以后受害方所遭受的直接经济损失、间接的机会成本、社会效益的降低、受害方维权产生的社会管理成本都会随之产生,恢复到事故发生以前所需要的管理成本也是侵害事故发生带来的负效益。由于信赖过失虚假陈述对受害方交易、投资决策的干扰产生的损失也许是不可逆的,但是随着事故成本的概念逐渐深入,管理成本也可能会随之下降。

上述预防事故的成本与事故发生所产生损害的成本之间的大小关系不能一概而论。预防侵权事故发生的成本以及过失虚假陈述侵权行为发生带来的后续三级事故成本,受害方经济损失、社会成本以及管理成本都可能随着现实因素变化而同时发生变化。

2. 汉德公式的应用

比林斯·勒尼德·汉德(Billings Learned Hand,1872 ~ 1961 年)法官在美利坚合众国政府诉卡罗尔拖轮公司案(United States v. Carroll Towing Co.)[1]中提出了著名的"汉德公式",用于在侵权案件中判定行为人是否存在过失[2],特别用于对第三人侵权的认定问题。

行为人对第三人过失虚假陈述侵权案件中,两者之间不存在合同委托关系,第三人由于行为人过失虚假陈述遭受经济损失没有基于合同关系的请求权基础,但是行为人的过失虚假陈述与受害方经济损失之间存在较为紧密的因果关系,汉德公式可以成为厘清行为人过失虚假陈述构成侵权的一种分析工具。

汉德公式的主要内容是当预防事故的成本 B 小于事故发生遭受的损失

〔1〕 United States v. Carroll Towing Co. 一案判决原文参见 United States v. Carroll Towing Co., 159 F.2d 169 (2d Cir. 1947)。

〔2〕 参见冯珏:《汉德公式的解读与反思》,载《中外法学》2008 年第 4 期。

PL(事故发生的概率乘以事故发生产生的损害)时,行为人则构成过失侵权[1]。代入上述成本分析的内容来看,当行为人避免过失虚假陈述发生的成本小于受害方由于信赖虚假陈述遭受的经济损失加上社会成本和管理成本时,行为人则可能被苛以过失侵权责任,因为从整个社会的角度来说,行为人采取预防措施避免过失虚假陈述的发生是有效率的行为[2]。相比可能产生的损失,行为人避免过失虚假陈述侵权应当采取的预防措施产生的成本更少,行为人却没有实施该预防行为,导致了更大的损害,这便是认定其构成侵权的合理性之一。

(二)受害方经济损失

受害方经济损失是侵权事故发生后产生的首要事故成本,损失的大小对于上述大小关系的比较有着实质性的影响,但是由于过失虚假陈述侵权涉及对第三人侵权,所以以下分成两种情况讨论受害方由于信赖该过失虚假陈述可能遭受的经济损失。

1. 受害方范围特定

当受害方范围和数量确定时,受害方群体遭受的经济损失是特定的,事故发生造成的损害因为受害方范围确定亦变得可以预测和计算。例如,某质量监督部门出具一份质量报告,但由于该质量监督部门在评估产品时抽样基数过少、检验环境不合格或者忽略了某个检验项目的原因,该质量报告显示检验产品合格,受害方由于信赖质量报告的权威性,认为其产品已经达到可以批量生产并广泛发售的质量要求,结果发售后出现了大量因为产品质量不合格而要求退货或者赔偿的情况。

类似上述情况,行为人的过失虚假陈述面对的是特定的个体,受害方由于信赖该虚假陈述而做出的作为或不作为导致损失的范围是可控的,经营决策或者交易判断受干扰的也只存在于该特定的受害方。从这个角度来说侵权事故发生导致的损害成本也是可以预测和计量的。

---

〔1〕 参见程礼龙:《汉德公式 B、P、PL 变量的研究》,载《长江大学学报》(社会科学版)2007 年第 2 期。

〔2〕 See Posner A. Richard, "A Theory of Negligence", *The Journal of Legal Studies* 1, 1972, pp. 29 – 96.

2. 受害方范围不特定

当接受并信赖陈述的主体范围和数量都不能确定时，事故发生的成本与预防事故的成本不能简单地得出孰大孰小的结果。例如，某上市公司由于会计差错[1]出具一份信息有误的年报，导致大量投资者由于信赖该年报大量购入该公司股票，最终遭受经济损失并以此为由诉诸法院。但是信赖虚假陈述购入股票而利益受损的群体是不确定的，计量受害方群体经济损失时常常需要考虑到以下几种影响因素：

(1) 是否存在集体诉讼

集体诉讼源于美国衡平法[2]，在司法实践予以完善和发展，一般用于解决一方诉讼主体人数众多的民事诉讼，为了简化程序，同时是为了尽可能的"同案同判"，保护处在同等情况或者同等条件下当事人的合法权益。美国学者迈克尔 · D. 贝勒斯(Michael D. Bayles，1941 ~ 1990 年)更是将英美集体诉讼的主要价值归结为是为了"减少错误成本与直接成本"[3]。

我国民事诉讼中只有"代表人诉讼制度"，先不论两个制度之间程序法意义上的区别，在实体法意义上最大的区别在于集体诉讼的判决具有扩张力，在法院公告期内不明示申请加入集团，则视为加入，并适用该判决、裁定；而代表人诉讼制度则相反，只有"未参加登记的权利人在诉讼时效期间提起诉讼的，适用该判决、裁定[4]"。此外根据我国民事诉讼法关于代表人诉讼制度的规定，针对审理终结之后以同样案由起诉的"搭便车"诉讼行为，法院不予受理。如此一来针对类似证券虚假陈述侵权的侵权行为，集体诉讼下投资者经济损失的范围和数量都是不可估量的。具体到我国司法实践中，证券虚假陈述侵权案件中若采取代表人诉讼制度，一般情况下受害方群体同样数量众多，需要赔偿的经济损失也无法确定。

---

[1] 会计差错是指在会计核算时，由于计量、确认、记录等方面出现的错误，分为重大性会计差错和非重大性会计差错，区别在于是否会影响会计报表使用者对企业财务状况、经营成果和现金流量等作出正确判断。

[2] 参见杜万华主编、最高人民法院民事审判第二庭编：《最高人民法院公司法司法解释(四)理解与适用》，人民法院出版社 2017 年版，第 612 页。

[3] 王福华：《打开群体诉讼之门——由"三鹿奶粉"事件看群体诉讼优越性的衡量原则》，载《中国法学》2009 年第 5 期。

[4] 李庆民、董明慧：《试论集体诉讼》，载《法律科学》(西北政法学院学报) 1995 年第 3 期。

(2)行为人陈述的错误程度

行为人过失虚假陈述的原因不同,陈述错误的程度也可能有所不同,对受害方交易判断或投资决策造成的干扰程度也会有所不同,错误程度一般与受害方经济损失成正比关系。

例如,对某一反映公司经营状况的财务信息公开陈述,如果是数值大小存在不准确或者不真实的情况,导致投资者误以为该公司经营良好而错误加大投资,结果是扩大投资者由于信赖该虚假陈述造成的经济损失;但如果针对该财务信息的公开陈述,不仅仅是数值大小的问题,而是出现性质差异,出现"变脸"现象,投资者的经济利益将会受到更大的损害。例如,吉林光华控股集团股份有限公司同年4月、7月和10月第三季度分别预告亏损270万元、570万元和930万元,然而全年业绩预告以及最终年度报告归属于上市公司股东的净利润高达1052.52万元[1]。该案例出现了亏损和盈利完全性质相反的陈述,由于信赖该陈述受害方可能出现与原本判断决策性质完全相反的作为或不作为。行为人陈述的错误程度是相对于真实、准确、完整信息而言的,可以在侵权事故发生以后判断该过失虚假陈述的错误程度,并由此决定行为人的侵权损害赔偿范围。

(3)陈述的受信赖程度

行为人过失虚假陈述受信赖程度更多强调的是在侵权事故发生之前,受害方对行为人陈述的信赖程度。例如,在证券虚假陈述侵权案件中,某上市公司此前长期经营状况良好,后在其官方渠道发布虚假陈述,受众范围和数量会明显因此而扩大。因为行为人本身资信状况良好为其积累的投资者信任,也可能导致对该过失虚假陈述产生信赖的受害方范围和数量的扩大。在受害方群体范围和数量不确定的过失虚假陈述侵权案件中,行为人在交易中积攒的商誉、口碑反而可能成为侵权事故发生扩大的重要因素。

四、特殊抗辩规则

(一)预测信息抗辩

上市公司除了需要公开我国《证券法》中规定的证券发行相关信息、上市

---

[1] 参见赵宇鹏、赵丽生:《上市公司披露制度:预测性财务信息的问题与对策》,载《会计之友》2014年第12期。

以后的中期报告、年度报告、发生重大事件以前的临时报告以外，还可能公开发布财务性预测信息，比如季度预增公告、预计净利润、预告亏损等预测信息，但是由于这个类型的信息往往可能与现实情况存在偏差，在修正公告对外披露之后会对投资者造成很大影响。

披露的预测性财务信息与现实情况存在偏差有可能是因为公司对未来市场形势掌握不够到位，或者市场本身瞬息万变的本质特征导致披露了与现实情况偏差较大的财务性预测信息。此时有偏差的财务预测信息的披露可以作为一个抗辩事由，因为出现这种不真实的陈述并非上市公司故意虚假披露错误信息。由于上市公司披露信息的主观能动性较弱，没有付出足够的搜集信息的成本，加上经营环境、市场环境随时都在变化，财务性的预测信息是不确定的、模糊的，要提供及时、完整、完全准确的预测行财务信息成本是极高的；另外由于预测能力不足，预测假设以及预测基准可能存在不合理，也难以保证披露预测信息的质量。

但上述事由能在多大程度上为上市公司发布错误、不准确的财务性预测信息提供抗辩则是值得进一步讨论的。例如，深圳长城开发科技股份有限公司在 2010 年 7 月公开修正预测业绩同期增长为 190% ~240% ，但随后公布的正式半年度报告中显示实际净利润的增幅只为 75.85% 。[1] 对比前述吉林光华公司明显"变脸"的公开预告陈述，两个案例性质上有所差异。在深圳长城公司的案例中，虽然预测信息与最终敲定财务状况有所出入，但是性质上是同向的盈利；但在吉林光华公司的案例中则发生了"变脸"的现象，出现了亏损和盈利完全相反的预测陈述，行为人的过失导致了与现实情况完全性质相反的陈述，对信息接收方造成影响是肯定的，还能否以市场因素做抗辩值得商榷。

在证券虚假陈述侵权以外的其他商事领域中，交易活动繁多复杂，行为人对外陈述的信息种类也难以逐一列举，但是对于行为人观点、意见类型的陈述，也可以作为侵权抗辩事由，不应当被过分限制苛以过失侵权责任。这一抗辩事由在欺诈侵权中同样被囊括，观点、意见等陈述不同于对事实的陈述，没有是否满足真实性、准确性或者完整性的区分要求，法官应当适当裁量给予合

---

〔1〕 参见赵宇鹏、赵丽生：《上市公司披露制度：预测性财务信息的问题与对策》，载《会计之友》2014 年第 12 期。

理的表达空间[1]，否则会降低信息交换的激励，对于商事交易活动正常发展也会产生一定的消极影响。

（二）信息获取的难易程度

信息获取的难易程度与行为人陈述真实、完整、准确所需要付出的成本有密切联系，信息获取难度系数越高，需要为此付出的成本也就越高，当付出成本高于过失虚假陈述导致受害方经济损失的范围时，行为人的陈述不真实或者不准确、不完整也不应当被苛以过失侵权的责任。

例如，在委托行为人出具的文书或者调查报告中某一信息需要通过大范围的调研或者取证才可以得出具体的数值，但大范围的调研或取证工作耗费的时间成本、人力资源等远远超过委托合同的金额，权衡之后行为人改由线上数据整理，但由于难以保证数据更新速度导致搜集的数据与真实情况稍有出入。在这种情况下，可以看到行为人获取信息的难度系数与其为获得准确数值所需要付出成本之间的正比关系，但是具体到该商事交易而言，该数值对于受害方交易投资判断的影响也许是有限的，从整个社会的资源配置来说，行为人过失所导致的损害小于行为人避免侵权事故发生所需要付出的成本，此时是有效率的，法官在自由裁量时也可以将此因素加以考虑，才能够更好地平衡双方合法权益的保护，也能保证社会效率的最大化。

（三）投资者明知

1. 斯诈市场理论（fraud-on-the-market theory[2]）

在证券领域中，投资者遭受虚假陈述侵权寻求救济时，需要举证证明其本人由于信赖该虚假陈述并因此而做出某种投资行为，但在实践中往往非常难以举证。美国很多法院为了保护投资者的利益发展出欺诈市场理论，即投资者无须证明自己信赖了发行人或者上市公司虚假陈述的行为才做出某种投资行为，从而减轻原告的举证责任。但这一理论成立的前提在于，证券市场中确

〔1〕 参见张瀚：《商事侵权法律制度研究——法律经济学的视角》，中山大学法学院 2013 年博士学位论文，第 84 页。

〔2〕 Bradford Cornell and R. Gregory Morgan. "Using Finance Theory to Measure Damages in Fraud on the Market Cases", *UCLA Law Review* 37, 1990, pp. 883 – 924.

立的价格是由于市场自由的力量，投资者信任证券市场中形成的价格是公正的，是值得信任的。

欺诈市场理论应用于虚假陈述侵权解决的是受害方信赖的问题，当受害方信赖难以证明的时候，为了保障投资者的权益，往往淡化受害方信赖的构成要件，推定受害方的交易投资决策是由于信赖行为人的陈述而为之，行为人如果可以证明投资者明知虚假陈述的存在则可以为其过失虚假陈述侵权行为抗辩。

2. 投资者明知虚假陈述存在

在欺诈侵权中，“受害方信赖”是重要构成要件之一，但是在证券领域的过失虚假陈述侵权案件中，《关于审理证券市场因虚假陈述引发的民事赔偿案件的若干规定》中的条款对信赖要件作了推定处理，陈述主体必须举证受害方（投资者）明知虚假陈述的存在依然进行投资才能够推翻这推定，可以看到这一规定至少是受到了“欺诈市场理论”的影响或者受到该理论的推动的[1]，投资者不需要证明自己因信赖虚假陈述而做出投资的行为，只需要证明该虚假陈述对股票、证券市场的价格有重大的影响，或者证明该虚假陈述严重影响投资者的决策判断，除非陈述主体能够证明投资者本身对此是明知的。当信息接收方对行为人陈述不真实、不完整或者不准确的情况有所知悉，明知虚假陈述的存在，行为人则不应当成立侵权，在过失虚假陈述侵权中尤为如此。

五、救济制度研究

（一）赔偿范围

1. 受害方受损财产权益性质

根据受损财产权益性质可以将受害方的经济损失划分为绝对财产权与其他财产权益，针对属于绝对财产权利性质的受害方直接经济损失，行为人给予侵权损害赔偿具有合理性与正当性。例如，由于房地产估价师的过失低估了房屋的真实价值，导致房屋所有权人在房屋二手市场转让房屋所有权时，损失房屋估计价值与房屋真实的市场价值的差额，计算得出两者的差额则为行为人过失虚假陈述侵权行为导致的受害方直接经济损失。

---

〔1〕 参见于莹、潘林：《证券虚假陈述侵权责任中信赖推定之证成——欺诈市场理论局限性的克服》，载《法制与社会发展》2011 年第 2 期。

但是针对“其他财产权益”，受害方经济损失的保护范围是值得讨论的。我国《侵权责任法》第2条对民事权益的定义采取非穷尽式列举，为商事侵权保护范围的具体解释以及随着市场经济发展可能出现的新变化留出了一定的空间。在过失虚假陈述侵权中，受害方遭受的经济损失可能包括“其他财产权益”，但是对于正常商业风险造成的损失不应予以列入侵权损害赔偿的范围内。

根据受损财产权益的性质还可以将受害方的经济损失分为有形的财产权益和无形的财产权益，其中无形的财产权益主要是指受害方的商誉、信用等商事权益能否受到商事侵权保护寻求救济的问题。商事主体的商誉属于潜在的经济价值，是商事主体经营活动中整体价值的内容之一，虽无形却系十分重要的市场资源。例如，专业服务中介机构及其直接责任人对其委托人过失虚假陈述侵权的案件中，给委托人造成的经济损失不仅表现为出具的文书报告虚假陈述带来的直接经济损失，还包括对委托人商誉、交易信用的损害，降低其往后商事交易成功的可能性等。但是在过失虚假陈述侵权中，还需要考虑到行为人主观状态为疏忽性过失或者无知性过失，针对商事主体在商誉、社会信用等方面的经济损失也还需要法官在自由裁量中进行具体严重程度的判断，否则行为人将承担过大的责任风险，可能束缚了商事主体主动经营的积极性，不利于交易双方共同发展。

2. 可预见规则中的“加减法”

可预见规则在过失虚假陈述的侵权认定中的应用强调的是行为人在侵权事故发生之前，对其陈述的传播范围以及可能造成的负面影响的认识。在侵权救济中的应用不仅强调行为人对受害方因此造成经济损失范围的可预见程度，给损害赔偿“做加法”，也可以从受害方的角度考虑对其损失的可预见程度，给损害赔偿“做减法”。

(1)行为人角度

行为人本身的预期是可预见性规则应用于损害赔偿讨论中的正当性基础，之所以仅对其可预见的损害予以赔偿，正当性在于一个理性人在达成商事交易以前很可能不会把自己置于不可预见的风险中，正是基于这一个可预见风险的范围内，才愿意将自己置于某个协议中接受协议关系的约束；同时，在过失虚假陈述侵权的讨论框架中，认定行为人构成侵权行为应该遵循更加严格的归责原则，才能更好地显现公平原则，保护行为人的合法权益，促进商事交易的健康发展。

行为人对受害方可能遭受的经济损失的预见程度不需要极为具体，只需要预见侵权事故发生的现实可能则足够。因为过失责任的目的不在于保护某个特定的受害方或者某个特定的群体，而是防止当商事交易活动中出现某种不特定的危险危害到不特定范围的交易方或者投资者时，受害方仅仅因为“碰巧置身于危险之中才成为特定的请求人[1]”。所以在过失虚假陈述侵权中，当行为人能够预见其陈述信息可能对受害方经营决策或者交易判断造成重要影响时，受害方的直接经济损失应当予以赔偿，这也是理性人标准的基本要求，行为人应当对其陈述的真实性、准确性以及完整性负责，因此造成的直接经济损失属于侵权保护的范围。

(2)受害方角度

行为人可以预见的损失范围应当予以赔偿，但是当受害方对其损失风险也具有高度的可预见能力时，其主张的纯粹经济损失赔偿，“比如可得利润损失或在下一连环合同中所受损失”，应当予以限制[2]，在侵权损害赔偿中“做减法”。在最高人民法院的公报案例“香港锦程投资有限公司与山西省心血管疾病医院、第三人山西寰能科贸有限公司中外合资经营企业合同纠纷案”中提到这样的观点可作参考：关于受害方的可得利益损失，受害方应当考虑项目风险，仅以行为人出具的招商广告以及政府文件为依据来计算可得利益是不合理的，应不予支持[3]。该观点认为，当受害方具备相当风险损失预见能力时，法官在自由裁量其主张的纯经济损失数额时应该慎重考虑，适当地在侵权损害赔偿中“做减法”。具体到过失虚假陈述侵权的讨论中，行为人的过失虚假陈述一般为重大性信息，可以对受害方的经营决策或者交易判断产生实质性的重要影响，当受害方对该陈述可能产生的损失风险有高度的预见能力时，应当对非绝对财产权部分的纯经济损失慎重考虑，才能平衡双方权益，公平裁量。

---

[1] 刘文杰：《论侵权法上过失认定中的“可预见性”》，载《环球法律评论》2013 年第 3 期。

[2] 潘玮璘：《构建损害赔偿法中统一的可预见性规则》，载《法学家》2017 年第 4 期。

[3] 案例原文参见最高人民法院 2010 年 12 期公报：最高人民法院(2010)民四终字第 3 号民事判决书。

(二)竞合问题[1]

违约责任与侵权责任的竞合是学界讨论的重要问题,由于"合同法和侵权法的双向扩张[2]",违约与侵权的竞合在司法实践中经常出现,这使具体的法律适用困境重重。而本节竞合问题的讨论是在本书商事侵权具体类型范围内,行为人实施了干扰受害方经营状态、影响经营者决策判断或侵害受害方营业权的行为,可能构成两种或者多种具体商事侵权,进而形成竞合。针对行为人的商事侵权行为,受害方可以选择任意一种商事侵权的法律规范作为请求权基础维护其自身合法权益。

1. 与信义义务侵权竞合

在我国,信义义务的研究分析主要集中在公司董事高管的忠实义务和注意义务,受益人从公司股东转化成公司债权人,法理基础既有传统的信托基金理论,又有风险负担理论[3]。但是本书讨论的信义义务作为商事侵权的一种重要类型,涉及主体更为广泛,所有的商主体均负有信义义务,不仅包括公司的董事、高管、监事以及实际控股人。由于侵权人的特殊身份,其所负担的信义义务内涵更为丰富,归责原则更为严格。比如,在专业中介服务机构及其直接责任人过失虚假陈述侵权的案件中,由于中介工作人员(律师或者会计师等)的疏忽大意致使出具的文书报告中出现信息不完整或不准确的情况,就这一过失行为,该工作人员不仅可能构成违反对委托人的信义义务侵权,还可能同时构成对委托人甚至第三人过失虚假陈述侵权[4],此时委托人可以选择任一侵权事由请求行为人赔偿其因为信赖该虚假陈述而造成的经济损失。

2. 与妨害经营侵权竞合

妨害经营是商业侵权中的典型类型之一,针对妨害经营侵权行为,争议的

---

[1] 本节讨论的竞合问题不是从侵权与违约竞合的角度出发,而是讨论商事侵权具体类型中的竞合问题研究。

[2] 谢鸿飞:《违约责任与侵权责任竞合理论的再构成》,载《环球法律评论》2014 年第 6 期。

[3] 参见陈鸣:《董事信义义务转化的法律构造——以美国判例法为研究中心》,载《比较法研究》2017 年第 5 期。

[4] 当虚假陈述信息传播至委托人外的第三方,则可能出现第三人由于信赖该过失虚假陈述作出错误的经营决策判断并遭受经济损失,此时则可能构成专业服务中介机构及其直接责任人对第三人过失虚假陈述侵权。

焦点在于“营业权”权益保护问题,德国判例将《德国民法典》中关于违法行为的一般条款[1]作扩大解释,将“营业权”解释为“其他权利”,主要保护经营者尚未上升为财产权的经营利益[2],而最常见的妨害经营的方式都是物理上的妨害企业经营,比如破坏企业者经营环境、阻塞消费者往来通道的情况[3]。

但是当行为人以过失虚假陈述的形式侵害经营者“经营权”时,就存在过失虚假陈述侵权和妨害经营侵权的竞合问题。妨害经营侵权的核心在于行为人加害行为本身具有的违法性,妨碍经营者的合法经营活动并使经营者遭受经济损失。经营者出于信赖行为人的过失虚假陈述,作出了错误的经营决策判断,扰乱其本身正常的营业活动,并因此损害了经营者本身的经营利益。所以,过失虚假陈述侵权行为也可能产生扰乱经营者经营秩序并侵害经营者的营业利益的负面影响,从这个角度来说,当行为人通过过失虚假陈述的行为侵害经营者经营活动时则需要考虑这两种侵权行为的竞合问题了。

---

〔1〕《德国民法典》第 823 条第 1 款规定:“因故意或过失不法侵害他人的生命、身体、健康、自由、所有权或其他权利者,对被害人负损害赔偿的义务。”

〔2〕参见王卫东、程乾平:《德国法上的纯粹经济损失分析》,载《德国研究》2006 年第 3 期。

〔3〕参见杨立新、蔡颖雯:《论妨害经营侵权行为及其责任》,载《法学论坛》2004 年第 2 期。

第五章 妨害合同商事侵权的构成与制度[1]

一、妨害合同侵权概述

(一)妨害合同侵权的界定

在妨害合同最初诞生的时候,其就是以侵权案件的形象示人的。在标杆性的拉姆利诉盖伊案(Lumley v. Gye[2])中,被告虽然明知经营歌剧院的原告与演唱家瓦格纳(Wagner)女士之间存在邀请瓦格纳表演的合同,仍然通过引诱导致瓦格纳方没有如约进行合同的履行,甚至让瓦格纳为被告进行表演。原告于是起诉到法院,从侵权的角度要求被告承担侵权责任。

妨害合同侵权是指通过包括诱使违约等方式导致受害方与他人之间契约受到破坏的侵权行为。《民法典》侵权编是否将其纳入暂时也处在不确定中。妨害合同在大陆法中被作为侵害债权的一种形式加以适用,英美法也将其作为一种侵权行为类型。我国澳门特别行政区则充分考虑到了此类侵权行为中涉及的竞争因素,将妨害合同侵权作为不正当竞争行为进行法律适用,一定程度上体现了商事审判的思维,也为商事侵权制度的特别法调整提供了类型化法律适用思路的借鉴。

---

[1] 本章部分内容曾发表于:张瀚:《干涉合同的法律适用:侵权法与竞争法竞合的视角》,载周林彬主编:《民商法的法律适用:人格权法与商法制度的完善》,暨南大学出版社2013年版;张瀚:《妨害合同的竞争法调整——兼论〈澳门商法典〉妨害合同规则的制度启示》,载《当代港澳研究》2013年第9辑。由于理论和现行法律的变化,本书写作时进行了必要的修改、更新和完善。

[2] Lumley v. Gye, 118 E. R. 749 (1853).

妨害合同通过具有法律可归责性的方式导致合同无法按照当事人的预期履行。通过拉姆利诉盖伊案,帝国埃思柯公司诉罗西尔案(Imperial Ice Co. v. Rossier[1]),汉尼根诉西尔斯·罗巴克公司案(Hannigan v. Sears Roebuck & Co.[2])和温莎证券公司诉哈特福德人寿保险公司案(Windsor Securities, Inc. v. Hartford Life Ins. Co.[3])等一系列具有代表性的判例,妨害合同的法律制度在现代渐渐确立起来。我国也存在妨害合同救济的制度需求,《侵权责任法》第2条第2款为其救济提供了可能性,但却局限于侵权救济的思路,没有从竞争法的角度考虑可能的救济。

妨害合同是指通过引诱、妨碍等方式导致原告与他人之间的合同无法履行,或出现违约,甚至最终失去法律效力的情况,并在客观上给原告造成了经济损失。对于妨害合同的法律适用,既可以通过侵权法的一般条款,也可以把妨害合同侵权作为一种具体侵权类型进行法律适用。还可以从竞争法的角度,通过竞争法的一般条款,甚至在竞争法中进行类型化规定进行法律适用。妨害合同,一方面既可能符合侵权的一般条款,甚至存在妨害合同侵权的类型化理论,属于商事侵权的范畴[4];另一方面又可能涉及对竞争法的违反,这在竞争对手之间的干涉中尤为明显。

(二)妨害合同侵权的法律制度现状

由于《民法典》侵权编尚未确定,因此《侵权责任法》是现行制度讨论的重要依据。我国的《侵权责任法》没有将妨害合同侵权行为作为一种独立的侵权行为类型。具体而言,妨害合同侵权是故意的侵权行为,因此属于我国《侵权责任法》第6条第1款过错责任的调整范畴[5],未来我国《民法典》的侵权编如果没有对这类侵权进行类型化规定,也可以用一般条款进行法律适用。

另一种请求救济和法律适用的思路是通过《反不正当竞争法》,我国《反

---

〔1〕 Imperial Ice Co. v. Rossier, 112 P. 2d 631 (Cal. 1941).

〔2〕 Hannigan v. Sears Roebuck & Co., 410 F. 2d 285 (1969).

〔3〕 Windsor Securities, Inc. v. Hartford Life Ins. Co., 986 F. 2d 655 (3d Cir. 1993).

〔4〕 参见张瀚、楚清:《商事侵权与商事审判理念——以〈侵权责任法〉的司法适用为背景》,载《云南大学学报》(社会科学版)2012年第4期。

〔5〕《侵权责任法》第6条第1款规定,“行为人因过错侵害他人民事权益,应当承担侵权责任”。

不正当竞争法》没有对妨害合同进行类型化规定，但对于涉及违反《反不正当竞争法》一般条款的行为，可以适用我国《反不正当竞争法》第 2 条第 1 款和第 2 款的"竞争法一般条款"规定。[1] 我国的现有研究一般从"侵害债权"的角度入手对妨害合同的法律制度进行研究。有研究主张我国未来《民法典》要确立债权不可侵的独立原则[2]，但也有研究指出债权不可侵理论和债的概念存在矛盾。[3] 也有相对折中的观点认为，相对性和不可侵性可以在债权中并存，但在侵害债权的构成要件上，债权的相对性要求"善良风俗"原则对侵害债权制度加以限制。[4] 也有在诸如不动产一物二卖这样的具体法律问题中，主张出卖人与第二买受人承担侵权损害赔偿责任的观点。[5]

可以说，我国对于妨害合同这类被视为债权的特殊客体的救济问题在学理上并没有达成共识，而且主要还仅仅从民法侵权理论的角度对该问题进行分析和思考，因此存在以下值得检讨的地方：(1)用债权相对性等民法学术理论强加于生活实践，对于现实中大量存在的侵害合同债权的行为用学究的理论去禁锢和限制，缺乏对现实生活制度需求的回应。[6] (2)对于妨害合同行为往往仅通过合同法加以救济，缺乏对交易破坏者行为的归责，也缺乏保护交易的商法思维。(3)对于干涉和妨害合同债权缺乏竞争法的思考，而事实上妨害合同侵权，尤其是竞争对手之间的妨害，具有较强的竞争法因素。

---

[1] 《反不正当竞争法》第 2 条第 1 款规定，"经营者在生产经营活动中，应当遵循自愿、平等、公平、诚信的原则，遵守法律和商业道德"；第 2 款规定，"本法所称的不正当竞争行为，是指经营者在生产经营活动中，违反本法规定，扰乱市场竞争秩序，损害其他经营者或者消费者的合法权益的行为"。

[2] 参见王春梅：《对债权不可侵性独立地位的理论思考》，载《北方法学》2007 年第 5 期。

[3] 参见李锡鹤：《对债权不可侵性和债权物权化的思考——兼论物权与债权之区别》，载《华东政法学院学报》2003 年第 3 期。

[4] 参见梅夏英、邹启钊：《论债权的相对性与不可侵性的关系》，载《烟台大学学报》（哲学社会科学版）2005 年第 1 期。

[5] 参见许德风：《不动产一物二卖问题研究》，载《法学研究》2012 年第 3 期。

[6] 比如对于可能涉及传统侵害合同债权的一物二卖，有学者提问：买受人订立合同并付款，仅仅是为了购得一个请求违约损害赔偿的权利么；在不动产一物二卖这一问题上，如何实现法律制度与社会一般公平观念的有机协调。这些矛盾很大程度上就是法学家创设的法律理论和现实生活存在差距造成的。参见许德风：《不动产一物二卖问题研究》，载《法学研究》2012 年第 3 期。

二、主体:商事与竞争因素

(一)妨害合同侵权可能发生在竞争者之间

妨害合同侵权往往发生在竞争对手之间。除了具有里程碑意义的拉姆利诉盖伊案(Lumley v. Gye)外,还有福勒诉印刷厂案(Fowler v. Printers[1])这类在因果关系上更为复杂的判例,该案例涉及作为竞争对手的雇主侵害雇员与原雇主的竞业禁止合同。妨害合同侵权发生在竞争者之间包含两个方面的动因:(1)通过妨害行为获益;(2)通过妨害行为直接或间接地打击自己的竞争者。

(二)区分具有和不具有竞争性的妨害合同行为

笔者认为,对妨害合同侵权行为类型的研究,应适当考虑相应的竞争因素。因为此种侵权行为既有可能发生在具有竞争关系的主体之间,也有可能发生在非竞争者之间。一般而言,被干涉和妨害的合同可能存在不同的效力状态,比如可能存在对可撤销的合同、一方或双方具有任意解除权的合同,乃至无效合同的妨害问题。对于这些具有任意解除权或效力不同于一般合同的干涉保护,常常被认为其保护要弱于一般的合同,对于这些合同的保护更接近于对缔约机会和商业关系的保护。[2]

但是保护的强弱在很大程度上取决于原告和被告之间是否具有竞争关系,如果被告是基于获取商业机会而去干涉原告和第三人订立的具有任意解除权的合同,则在法理上可以形成一种竞争关系上的有效抗辩。根据美国《侵权法重述(二)》第 768 节的理论,竞争对手干涉非合同的契约机会和经济机会,可以基于竞争关系而免责,该竞争关系抗辩同样适用于具有任意解除权等具有不确定性的合同。[3]

---

〔1〕 Fowler v. Printers II, Inc., 89 Md. App. 448, 598 A. 2d 794 (1991).

〔2〕 See The American Law Institute, Restatement 2d of Torts §766B.

〔3〕 The American Law Institute, Restatement 2d of Torts §766.

三、特殊构成要件

(一)一般条款和四要件模式的局限性

对于妨害合同侵权的认定,我们要结合侵权的构成要件理论进行法律适用技术的探讨。在我国盛行的“四要件”的侵权构成模式和《侵权责任法》的一般条款虽然能在一般性的层面上给予法律适用的指导,但在具体案件的法律适用中实质上是无法对妨害合同这类具体侵权类型的特质进行描述的。我国《侵权责任法》第2条第1款对侵权行为作了一般性的规定,并在第2条第2款中以概括加列举的方式规定了受保护的“权益”的范围。虽然在列举的权利类型中并没有包含相对性的合同权利,但其“等人身、财产权益”的兜底性条款却在客观上给出了权利的保护空间。由于《侵权责任法》没有对妨害合同侵权进行类型化规定,因此其仍然适用我国《侵权责任法》第6条第1款过错责任原则,这也在客观上导致了妨害合同侵权法律适用可能存在不确定性。[1]

(二)侵权认定的难点与重点

1. 妨害合同的行为外观

要认定妨害合同侵权,需要存在妨害合同的行为外观,显示行为人在客观上对已经成立的合同进行了妨碍。在竞争市场中,对于干涉经济关系,有着比妨害合同更多的自由,如果交易还没有以合同的形式固化下来,则对其进行干涉也可能是市场上主体的自由。[2] 在法律适用中,对于妨害合同侵权的认定,一般要求对被干涉的交易是否以合同形式确定下来进行必要的审查,以确定行为人对合同的干涉。

2. 妨害时的主观状态

妨害合同的主观状态一般要求是故意的状态,即行为人明知受害方与他人间存在以合同形式固定的交易,仍然积极主动地通过各种方式导致交易无法实现。在认知上,行为人需要知道存在以合同固定下来的交易,并且明白自己引诱与受害方缔约的第三方会导致第三方对受害方不履行合同,从而可能

---

〔1〕 关于侵权的不确定性理论,参见张瀚:《侵权不确定性与贝叶斯法则——一种法经济学的视角》,载《法学评论》2012年第5期。

〔2〕 See The American Law Institute, Restatement 2d of Torts §768.

给受害方带来经济损失。在行为人的主观追求上,其积极主动地追求这种第三人与受害方解约的后果。另外,值得指出的是,虽然妨害合同会造成经营性质的经济损失,但其一个常见的特点是主体往往处在故意的主观状态,和过失状态造成经营损失存在区别。[1]

3. 诉讼当事方的地位和身份

原告与被告的身份、地位也影响妨害合同侵权的认定,如果行为人系商人、商主体,则在判定其是否知悉其干涉的交易性质上,要考虑其作为商人具有专业知识的特质。这种考虑在同业商人之间尤为重要,因为同业的商人在经营上具有相同性和类似性,其自然对于被干涉交易的性质有着更为准确地把握。同时,同业商人之间可能存在竞争关系,可能更容易判定其是否存在故意的主观状态。

4. 妨害与造成损害的因果关系

对于一般的因果关系,一般存在"若非"形式的测试,即如果没有事件 A 作为原因,就没有事件 B 的结果。笔者认为,"若非"测试是确立因果关系的条件之一。如果没有被告和原告交易对象的谈判和报价,就不存在被告与原告交易对象合同无法履行的事实,则进而不存在妨害合同侵权成立的可能性。但是,也存在一些特殊的因果关系构成方式,比如在竞业禁止合同的履行过程中,作为被告的新雇主虽然事前不知道存在竞业禁止合同,但在知悉该合同存在后仍然聘用与原告存在竞业禁止合同的雇员,则同样可能构成妨害合同侵权。[2]

(三)市场区分模式

我国澳门特别行政区采用了一种在商法制度下把妨害合同的行为作为竞争行为进行调整的模式,这一模式既不同于英美国家把妨害合同侵权置于以

---

〔1〕 典型的过失造成经营性经济损失是交通事故,参见周林彬、张瀚:《交通事故经营性车辆停运损失的法经济学分析》,载《中国审判》2012 年第 5 期。

〔2〕 See Fowler v. Printers II, Inc., 89 Md. App. 448, 598 A. 2d 794 (1991).

判例为主要渊源的“侵权集合”[1]模式[2]，也不同于我国以侵权法一般条款为主的调整模式[3]。具体而言，我国《澳门商法典》在第167条中对妨害合同进行了明文规定，其中第1款对引诱的对象和引诱的结果进行了明确的规定，并把符合构成要件的行为定性为“不正当竞争行为”。[4]

1. 被影响做出违约行为的主体

被影响做出违约行为的是守约方。员工、供应者和顾客3类主体可被引诱违约，法条还用“其他须遵守合同义务者”作为兜底条款。[5] 员工、供应者和顾客从市场经济角度看，代表了一个企业正常运作所依赖的劳动力、生产资料和商品市场。[6]

第一，对人力资源市场的保护。

对引诱员工违约的规制体现了法律对“劳动力市场”的保护。能够获得持续稳定的劳动供给是关乎企业发展的重要因素，而该企业与劳动者之间的劳动合同的牢固程度，也反映出其在劳动力市场获得稳定劳动力保障的强度。出于获取一定经济利益或打压竞争对手等动机，行为人很可能会对竞争对手的员工实施引诱行为，诱使其员工离职或实施损害其原雇主利益的行为。特别是对于那些具有特殊技能或者掌握企业的商业秘密的员工，行为人拥有更大的破坏其竞争对手与其员工之间的劳动合同的激励。

---

[1] 英美法中对于侵权“Torts”一般有“s”以表示其作为一个集合的复数形态，以显示“Tort”是一类行为的集合，这区别于强调一般条款和构成要件的大陆法侵权理论。

[2] 我国对于妨害合同、妨害经济关系和妨害经营这些商业领域侵权的调整，在法律实践中有时反而采取了更像英美法的“类型化”处理方式。比如，对于交通事故造成合同无法履行的妨害合同、妨害经营行为，司法解释针对“交通事故经营性车辆停运损失”这种类型进行规定。参见周林彬、张瀚：《交通事故经营性车辆停运损失的法经济学分析》，载《中国审判》2012年第5期。

[3] 我国虽然有《反不正当竞争法》，但妨害合同并非是其中的一个类型。妨害和干涉合同常常被纳入“侵害债权”的范畴。由于我国《侵权责任法》对于妨害和干涉合同同样没有进行类型化规定，因此剩下的主要法源就只有《侵权责任法》的一般条款。当然，在涉及妨害市场秩序和竞争秩序时，竞争法的一般条款似乎也是一种有益的法律渊源选择。

[4] 我国《澳门商法典》第167条第1款规定：“诱使员工、供应者、顾客及其他须遵守合同义务者违反彼等已向竞争者承担之合同义务，视为不正当竞争行为。”

[5] 参见我国《澳门商法典》第167条第1款的规定。

[6] See N. Gregory Mankiw, *Macroeconomics*, 7th ed., New York, Worth Publishers, 2009, p. 19.

第二,对“生产资料市场”的法律保护。

对于引诱供应者违约的规制体现了对“生产资料市场”的法律保护,一个持续、稳定和有保障的供给者市场是企业进行正常生产经营的前提。当然,从文义解释的角度出发,我国《澳门商法典》第 167 条第 1 款中的“供给者”甚至还包括销售商的供给者,因此该条款的适用范围还不限于运用生产资料进行生产的企业。

第三,对“产品和服务市场”的法律保护。

企业要最终实现其商品或服务的价值,创造持续的经营收益,就要在“产品和服务市场”上跟潜在的、不特定的交易对象进行交易。行为人若通过引诱等方式争夺客源、破坏竞争对手与其顾客之间的契约关系,无疑损害了竞争对手某种可得的经济利益。正是基于保护 3 类市场中的最后一环——“产品和服务市场”,保护企业的经营利益,我国《澳门商法典》在第 167 条第 1 款中将顾客作为引诱的对象之一,把引诱顾客的行为纳入妨害合同侵权的规制之中。

2. 妨害行为的影响和后果

参考我国《澳门商法典》第 167 条第 1 款的相关规定,构成“不正当竞争行为”的妨害合同行为本身须造成一定的后果。

第一,须有被影响做出违约行为的主体。我国《澳门商法典》第 167 条中规定的“须遵守合同义务者”,通常而言是指诉讼中原告的相对方,即原告被妨害的合同的对方当事人。说明只有“引诱原告相对方”的行为模式才属于该条规定的妨害合同行为的调整范围,而干涉他人对自己合同义务的履行的行为并不涵盖在内。这种情况在学理上对应美国《侵权法重述(二)》第 766 节故意妨害第三方合同履行[1],重述中第三方是指双方当事人以外的第三方。对于美国《侵权法重述(二)》第 767A 节中的干涉他人履行自己合同义务(Intentional Interference With Another's Performance of His Own Contract),我国《澳门商法典》第 167 条则没有把其纳入调整范畴。[2]

第二,违反已承担的合同义务。我国《澳门商法典》第 167 条要求被引诱方违反已承担的合同义务。该条首先要求被引诱违反的是已经订立合同中的义务,该立法特别强调义务应该是“已向竞争者承担”的,这就暗示合同已经成

---

[1] See The American Law Institute, Restatement 2d of Torts §766.

[2] See The American Law Institute, Restatement 2d of Torts §766A.

立，而不能是还在缔约谈判阶段未通过合同形式确立下来的潜在缔约机会。因此该条文的文义解释明确排除了类似于美国《侵权法重述（二）》第766B节中妨害潜在合同关系（Intentional Interference With Prospective Contractual Relation）的情况。[1]

（四）妨害合同侵权的不作为模式

妨害合同侵权原则上属于作为型的侵权类型，作为型的侵权是侵权行为人积极作为的行为，符合了妨害合同侵权的相应构成要件，因此成立侵权。在一些特定情况下，妨碍合同侵权可能体现出某种不作为侵权的特质，比如当侵权行为人接收具有竞业禁止协议合同的新员工，在事前侵权行为人虽然并不知情，但是事后知悉了该新员工具有过往应聘企业的竞业禁止协议，且在竞业禁止的时限之内。在这种情况下，当与员工签订有竞业禁止协议的企业明确主张时，侵权行为人仍然不作为，不解雇有竞业禁止的员工，则有可能构成一种不作为的妨害合同侵权。这种不作为的妨害合同侵权的产生是由于事前对于竞业禁止协议并不知悉，但已经雇用了签订有竞业禁止协议员工的情况下，事后知悉了关于竞业禁止协议的情况，并且仍然通过不作为的方式去妨害员工与原企业之间的竞业禁止协议。

在司法实践中，具体的法律适用应考虑该员工参与新企业经营的程度，比如该新员工已经深度参与了新企业的经营项目，新企业的经营行为已经和该员工的被雇用行为产生了强烈的联系，具有了很强的经营性利益。这种情况也存在于，隐瞒自己竞业禁止协议的员工已经参与经营较长时间，并且投入于新企业的重要长期项目工作中。在法律实践中，这时候考虑其是否要通过禁令的形式去进行对原企业的救济，就要非常慎重。即使要进行救济，与要求强制履行竞业禁止相比较，适当的经济损失补偿可能是一种更为合理和有效率的做法。在司法实践中要充分考虑竞业禁止协议对原雇主企业带来的利益和新企业中该员工发挥作用可能带来社会福利增长之间的平衡点。妨害合同侵权是一种具有很强社会经济属性的侵权类型，即使在考虑其不作为的侵权模式时，也可能存在关于多方当事人经济利益以及社会整体福利改进的法律适用效果的综合考虑。

---

〔1〕 See The American Law Institute, Restatement 2d of Torts §766B.

妨害合同侵权不作为模式的过错判断,和作为模式的过错判断是截然不同的。在妨害合同侵权的作为模式的过错判断当中,比如故意,是由行为人明知存在通过合同固定下来的经济利益的情况下,仍然在主观上希望对其进行破坏和妨害,或对其受到破坏采取放任的态度。而对于不作为的妨害合同侵权模式,其过错判断就需要在法庭上由受害方去证明侵权行为人具有特定作为的义务,这种作为的义务是源自其事前不知悉的协议,侵权行为人在知悉后却仍然对协议采取放任破坏的主观状态。典型的例子是新的雇主在聘任员工后知悉其存在竞业禁止协议,却仍然运用雇主身份帮助雇员继续违反竞业禁止协议,放任侵害债权的发生。

在雇员与原企业间存在竞业禁止协议的情况下,新企业在聘用雇员之后知悉了其具有竞业禁止协议,新企业可能存在某种作为义务,包括与在原企业具有竞业禁止协议的员工进行解聘的义务。这种义务,源于其对于该新员工已有竞业禁止协议知悉的新情况以及明知继续维持聘任状态会对该雇员与原企业间的竞业禁止协议造成侵害。

(五)妨害合同侵权的因果关系判断

由于不作为侵权的因果关系往往是基于当事人对于因果关系的一种特殊判断,所以妨害合同侵权的不作为形式,可能存在特殊的因果关系。对于若非(But For)测定就可能因为作为与不作为而在妨害型侵权中导致认定的差异。若非测定中的逻辑是,若非行为人做出了某种行为,某种损害结果就不会产生。但是对于不作为模式的妨害合同侵权,由于其是一种不作为侵权,若非测定就会改变为:若非行为人基于作为义务做出特定行为,就会导致维持妨害合同的状态,因此就会产生某种特定的损害结果。

(六)妨害合同侵权与缔约过失责任的区分

妨害合同侵权是一种对已然订立合同的侵害和干涉。我国《合同法》第42条规定了当事人应当承担缔约过失责任的情形[1],这意味着即使是在合同尚未成立或生效的情况下,当事人也可能因其在缔约和磋商过程中的不当行为,需要对因其行为遭受损失的缔约方承担赔偿责任。而妨害合同侵权的经

---

〔1〕 参见《合同法》第42条关于“缔约过失责任”的规定。

典模式则是谈判双方以外的第三方,通过一些不正当的手段诱使谈判双方中一方对合同违约,这和缔约过失责任的主体形式有着本质的区别。缔约过失责任本质上是一种降低交易成本的制度,为的是减少在合同订立过程中,有主体基于恶意进行谈判或者隐瞒了关于订立合同相关的一些重要情况,制度设计的目的是避免虚假的谈判和错误信息对合同订立和履行的误导,减少基于不实信息订立合同可能带来的损失,其提供了一种激励,让谈判的双方基于诚实信用原则进行谈判,否则就可能要承担相应的责任。而妨害合同侵权,其出发点和缔约过失责任制度完全不同,其保护的法益主要是对于一些为公众所知悉或者是侵害行为人所知悉的合同进行必要的保护。对于已然通过合同确立下来的法益,要保护其可能存在的一些双方当事人的预期利益,防范合同外第三方的妨害。

四、特殊抗辩:妨害合同的竞争性与公益性

当合同本身违背了公共政策,做出了诸如“限制交易”这样的不利于正常竞争的行为,妨害合同的行为可能因此而具有了正当性,而不存在承担侵权责任的问题。[1]

对于尚未通过合同形式固定下来的交易机会和缔约机会,只要行为人没有非正当的意图(Wrongful Means),而只是为了获得商业上的交易机会,以实现竞争中的营利行为,则原则上应该对这种干涉采取宽容的态度,不作为侵权认定。[2]对于通过合同确定的交易,倘若限制了竞争,违背了公共政策,即使行为人实施了妨害该合同的侵权行为,也有可能不需要承担侵权责任。因为行为人实施该妨害合同行为时的主观目的可能包含了一定的维护公共利益的目的。由于人类的动机是复杂的,行为人可能有不止一个动机,比如其既可能通过干涉在客观上获得了经济利益,又可能存在实现公共利益的行为目的。如果我们从行为外观上看,可以判断其行为具有实现维护竞争秩序等公共政策目的,则一般倾向于认定其干涉行为具有正当性。[3]

---

〔1〕 See The American Law Institute, Restatement 2d of Torts §767.

〔2〕 See The American Law Institute, Restatement 2d of Torts §768.

〔3〕 See The American Law Institute, Restatement 2d of Torts §767.

五、救济规则研究

（一）赔偿与禁令

《民法典》侵权编尚未对此部分救济进行类型化，我国《澳门商法典》的救济方式有一定的借鉴价值。

禁令上的救济。所谓禁令(injunction)，是指“法院命令执行或禁止执行某一行为”。[1] 我国《澳门商法典》第十篇“企业主之间之竞争规则”的第二章“不正当竞争”的第171条[2]规定了禁令的侵权责任承担方式。如果妨害合同的行为被认定为不正当竞争行为，可以采取禁止和命令两种禁令的救济模式。

赔偿救济。我国《澳门商法典》第十篇“企业主之间之竞争规则”的第二章“不正当竞争”的第172条[3]对赔偿进行了规定。根据该条无论是故意还是过失实施的不正当竞争行为，只要导致了损害，都需承担相应的赔偿责任。具体到妨害合同的不正当竞争行为，由于该法典第176条规定的妨害合同的行为方式是“诱使违约”，因此实施妨害合同行为的行为人的主观状态肯定是故意，于是符合不正当竞争行为赔偿责任的主观构成要件。

（二）履行合同成本的侵权救济

以妨害合同为受害方带来成本为标准计算救济的损害赔偿是一种较为传统的观点。此种观点认为，如果构成要件上成立了妨害合同侵权，其主要救济则体现在受害方为履行合同所付出的实际成本。这些成本往往体现在为履行合同所做的前期准备工作，以及实际履行合同已经付出的相关的成本，这些成本往往需要进行经济上的量化。一个典型的例子是，如果第三方侵害了这个合同，侵权受害方实际上已然做出了一些准备工作，包括但不限于与其他的主

[1] Bryan A. Garner (ed.), Black's Law Dictionary, 8th ed., Thomson Reuters, 2004.

[2] 我国《澳门商法典》第171条规定：“宣告存在不正当竞争行为之判决，应命令立即禁止继续做出该行为，并指出适当方法消除有关后果。”

[3] 我国《澳门商法典》第172条规定：“一、不正当竞争行为不论故意或过失行为，行为人均须赔偿所致之损害。二、上款所指情况下，得命令公布有关判决。三、一经证实存在不正当竞争行为，即推定有过错。”

体订立合同并支付定金，但由于第三人侵害了该合同，导致合同无法履行，进而导致受害方必须对他人承担违约责任或者是丧失定金。在这种情况下，从成本的角度考虑救济的方式，应该由行为人来赔偿定金或违约金。需要强调的是，此处的定金或者违约金指的是受害方为了履行该合同而向他人支付的特定数额的金钱，其中，“他人”往往是第三方，而不包括本案的当事人。一般来说，只要是被侵害合同的受害方为预备履行或实际履行所付出的实际成本，都可以纳入赔偿数额的计算中。

（三）可得利益损失的侵权救济

可得利益损失显然与合同的理论是分不开的，但是我们讨论的可得利益损失属于合同法和侵权法的交叉部分。[1] 一个值得探讨的问题是，在侵权案件的救济，尤其是妨害合同侵权这种具体侵权类型的救济中，是否可以获得可得利益损失的赔偿。

笔者认为，受害方是否可以获得可得利益损失的赔偿，较大程度取决于行为人在侵权法意义上是否可以合理预见到该可得利益损失，而不应当简单地套用合同制度的相关的规定。因为虽然可得利益损失的概念在很大程度上源于合同法的理论或者合同之债，但是侵权有它特有的构成要件逻辑，其特别强调可预见性。因此在行为人做出侵权行为时是否具有可预见性是可得利益损失的重要判断标准。在侵权制度中对合同的可得利益损失进行讨论，是由于妨害合同的侵权行为会破坏当事人基于合同获得利益的预期而造成的。

此类妨害合同侵权救济也涉及纯经济损失理论的问题。因为对于受害方具有营利属性的纯经济损失，作为被告的行为人在做出妨害合同的行为时，其是否可以预见，需要结合纯经济损失的理论进行探索。在美国法中的经济损失规则（Economic Loss Rule）中，一般认为如果没有直接的物质损失，则纯经济损失较难被认定。但是在美国侵权法重述关于妨害合同的规定中，也并没有完全关闭对于妨害合同的这类赔偿的大门，甚至提出了救济的可行性。[2]

---

〔1〕《合同法》第 113 条第 1 款规定了可得利益的赔偿规则：“当事人一方不履行合同义务或者履行合同义务不符合约定，给对方造成损失的，损失赔偿额应当相当于因违约所造成的损失，包括合同履行后可以获得的利益，但不得超过违反合同一方订立合同时预见到或者应当预见到的因违反合同可能造成的损失。”

〔2〕 See The American Law Institute, Restatement 2d of Torts §774A.

因此,即使妨害合同侵权具有某些纯经济损失特质,也不应该和是否具有实质物质损失损害进行绑定。因为行为人明知该合同存在,尤其是当这种合同具有某种程度上的公示性的时候[1],如果造成损失,包括买卖差价等纯经济性质的损失在内,如果对可得利益损失不予救济,会造成对具有实质公示属性合同的漠视。笔者认为,对于妨害合同利益的损失的救济应当主要结合可预见性理论进行判定,并且综合因果关系进行考虑,而不是机械地套用前述的经济损失规则(Economic Loss Rule),把物质损失作为损害赔偿的前置条件。

(四)妨害合同侵权的禁令救济

此处的禁令,实际上是指一种行为强制。笔者认为,对于这种行为强制的救济方式应当特别审慎。因为第三人侵害合同的侵权责任应当以损害赔偿的方式为主,但是在非常特殊的情况下,也可以通过行为强制的方式进行救济。

一种特殊的情况是,侵害合同的行为人在被诉讼的时间点有实际替代被侵害合同义务履行方履行的能力。比如行为人侵害了合同,导致受害方没有办法获得特定的谷物粮食的供应,但是行为人恰好是一个粮食生产商,并且其具有同样品质的粮食的大量存储。如果受害方提出由行为人进行替代履行的请求,只要其所存储的粮食上没有他物权等一些其他的权利瑕疵,在这种非常特殊的情况下,应受害方的请求,法院可以审慎地判定由行为人一方直接履行。

在另一种情况下,行为强制可以作为妨害合同救济的一种预防性的手段。典型的例子是行为人侵害了某合同,但是他的侵害并没有造成当事人之间合同关系的完全破裂或者不复存在。此时,一种可能的方式是法院通过禁令禁止行为人做出进一步妨害合同的举动,避免合同被侵害的结果发生。此种情况常见于一个合同是具有一系列的履行行为,而行为人现阶段可能仅破坏了其中的一部分合同的履行的情形。此时法院可以通过禁令的方式作出一种行为强制,要求被告行为人不能继续做出妨害合同的行为。笔者认为,与判定由

[1] 公示造成的对世性保护,不应机械地认为是以物权为代表的"特权"。不经登记的动车,与经过预告登记的合同进行比较,很难量化地论证经过交付的动车其公示带来的对世保护属性更强。此问题其实还可以引申到虚拟财产的领域的思考——部分域名、邮箱地址本身可能就具有所有人身份特质的产权标记效果,执着于传统的公示方式无疑是不妥当的。典型的例子是进行过预告登记的不动产交易合同。

行为人来替代履行一个彻底被破坏的合同相比，在使用行为强制的救济方式来避免合同被进一步破坏或影响合同的效力时，法院可以持一个更加宽松的标准。

六、法律竞合问题

（一）与竞争法竞合

妨害合同的行为，既可能符合侵权的构成要件，也可能符合竞争法的构成要件。对于妨害合同的案件，另一种法律适用的思路是通过竞争法进行法律适用的调整，其原因在于妨害合同侵权往往发生在竞争者之间，具有竞争性的法律因素。

1. 妨害合同构成不正当竞争的认定：一般条款模式

这种模式是基于竞争法的一般条款作为法律渊源的法律适用模式。典型的比如我国的《反不正当竞争法》，在没有具体类型规定的情况下，我国竞争法一般条款当然适用于妨害合同侵权这种具体的侵权类型。

我国《反不正当竞争法》第 1 条就明确了该法的立法目的包括“促进社会主义市场经济健康发展”、鼓励和保护“公平竞争”、抑制“不正当竞争”，并对经营者和消费者的权益进行维护。发生在竞争对手之间的妨害合同行为，可能同时体现为一种不正当竞争行为。《反不正当竞争法》第 2 条第 1 款[1]进一步对“一般条款”进行了规定，其关于诚实信用的法律原则和维护商业道德的立场同样可以对妨害合同侵权进行直接的适用和调整。在最高人民法院的“海带配额案”[2]中，法院对《反不正当竞争法》一般条款的法律适用进行了实践性的探讨。

因此，妨害合同侵权在适用竞争法一般条款时，要注意下述法律适用特性：第一，该妨害合同行为并没有被竞争法的具体类型化条款所涵盖，即没有一般条款以外竞争法类型化规定进行规制。第二，妨害合同的行为在客观上造成了他人，尤其是其他经营者权利和法益上的损害。第三，该妨害合同的行

---

[1] 《反不正当竞争法》第 2 条第 1 款规定：“经营者在生产经营活动中，应当遵循自愿、平等、公平、诚信的原则，遵守法律和商业道德。”

[2] 参见最高人民法院（2009）民申字第 1065 号“山东省食品进口公司、山东山孚集团有限公司等不正当竞争纠纷案”。

为在商业道德上具有可非议性和可归责性。

2. 类型化模式的竞合

另一种竞争法调整干涉侵权的法律适用模式是通过具体条款进行规定的类型化调整模式，这种模式在我国《澳门商法典》中具有典型意义。具体而言，在我国《澳门商法典》第十篇“企业主之间之竞争规则”之下的第二章“不正当竞争”中对妨害合同的不正当竞争行为进行了具体的类型化规定。

(1) 干涉对象：顾客

我国《澳门商法典》第 167 条第 1 款规定的“引诱顾客”实质是一种对产品和服务市场的保护。通过任何方式，无论是给出更优惠的交易条件，还是通过给出不真实的信息，引诱顾客导致原告失去交易，其本质就是一种对产品和服务市场的破坏。不特定的顾客实质代表着以消费者为主体的产品和服务市场，对产品和服务市场的侵害在客观上破坏了其市场交易秩序，具有不正当竞争的性质。

(2) 干涉对象：供给者

我国《澳门商法典》第 167 条第 1 款中对与“供给者”之间的交易关系同样给予保护。供给者常常体现为生产资料市场上的主体，但也可能被解释为从销售商角度来看的批发商和生产者，因此供给者实质是一个具有一定相对性的概念。但从一般角度看，这种对于供给者之间交易的保护主要是对生产资料市场的保护，对这类市场的保护可以看作对生产资料市场秩序的维护，因此具有竞争法保护上的正当性。从供应链的角度看，对与“供给者”之间交易的保护实质也是对供应链前端的保护。

(3) 干涉对象：劳动者

对于原告和劳动者之间合同的保护是对人力资本市场或是劳动力供给市场秩序的维护。值得注意的是，劳动力市场的维护虽然也属于广义市场秩序的一部分，但在制度的实施过程中一方面可能涉及与劳动法这种社会法属性法律竞合的问题，另一方面存在要兼顾劳动者劳动自由的宪法性权利。因此，对于妨害合同的这部分法律适用应当立足于更为谨慎的层面进行考察，法律适用往往涉及劳动力市场秩序与劳动自由权之间的价值权衡问题。

(二) 妨害合同与竞争法

妨害合同是具有一定历史的侵权类型，我国澳门地区把其作为不正当竞争行为,并通过企业主之间的竞争规则进行调整,对我国《反不正当竞争法》修改,和构建"竞争法——侵权法"的妨害合同法律体系,具有重要的借鉴意义。[1] 我国在运用侵权制度对妨害合同进行法律适用时,应当考虑可能忽视的竞争性因素。对于涉及竞争性的与竞争法竞合的法律制度,我国未来《民法典》侵权编可以考虑指引适用《反不正当竞争法》。

我国澳门特别行政区商法的竞争法调整模式对妨害合同的调整具有"体系解释"的优势。比如对于妨害合同的适用对象,法条并不需要作详细说明,因为该条被置于"企业主之间的竞争规则"的第十篇之下,自然适用于企业主之间;此外,也可以通过其他条文对"企业主"等概念进行解释。这些有利于节省立法资源的技术,值得学习和借鉴。

总体上,我国应该协调好《民法典》侵权编和竞争法的法律适用关系。《反不正当竞争法》于 2017 年和 2019 年进行了修订,但这两次修订的内容均尚未直接涉及妨害合同侵权。可否借鉴我国澳门特别行政区商法制度中体现的对妨害合同行为的"竞争法"和"侵权法"的商事审判思路,完善现行对于妨害合同侵权的制度安排,是值得进一步研究的问题。

(三)竞争因素的处理

对于妨害合同的行为,如果存在侵权法与竞争法的法律竞合,就需要我们在法律适用中进行法律渊源和请求权基础的选择及确认。这个过程既涉及当事人诉讼策略的选择,又涉及法官在司法过程中对当事人请求权选择的引导。笔者认为,对于妨害合同侵权的竞争法和侵权法竞合,应当从下述角度对法律竞合问题进行考虑。

1. 竞争因素的审查

妨害合同行为是否具有竞争性因素,是否涉及对正常交易秩序的破坏,是我们考虑适用竞争法还是侵权法的主要"着眼点",因为如果案件缺乏了竞争法的适用要素,就根本不存在对竞争法的法律适用可能性。

---

〔1〕 虽然澳门采取的是"民商分立"的立法模式,但我国《澳门商法典》下的竞争法部分仍然是相对独立的组成部分,并不妨碍内地的《反不正当竞争法》借鉴。我国《澳门商法典》的立法模式和特点参见肖和保、陈荣鑫:《〈澳门商法典〉概述及其借鉴意义》,载《财经理论与实践》2000 年第 4 期。

(1)主体的竞争性要素

对于妨害合同侵权是否适用竞争法,抑或适用侵权规则,要对行为主体是否具有竞争性进行审查。我国《反不正当竞争法》第 2 条第 2 款和第 3 款对"不正当竞争行为"和"经营者"进行了定义。基于这个标准,妨害合同如果适用竞争法,行为人应当具有营利性,符合该法第 2 条第 3 款"从事商品生产、经营或者提供服务"的特点,但不限于经济组织,如果个人具有经营性,同样可以作为行为主体。

(2)行为的竞争性要素

对于妨害合同是否要适用竞争法因素,一个重要的考虑因素是行为本身的性质,即行为是否涉及与对手的竞争,以及对竞争法上强行性规范的违反。开创性的拉姆利诉盖伊案实质上就涉及竞争的因素,因为做出妨害合同行为的主体是被妨害合同方的竞争对手。

这里还存在一个竞争与市场经济正常运作的问题。因为竞争本身就意味着通过给出更高品质的商品和服务,以及更低的价格,甚至包括通过商业言论扩展自己商品或服务的影响。这种过程也可能导致干涉他人的正常交易,因为顾客可能会被吸引而与原告停止交易。当然,如果交易尚未以合同的形式进行固定,则市场上的主体应该有更大的自由对其进行干涉,因为这涉及市场竞争与市场功能实现的问题。[1] 这种立场需要注意的是这种干涉一般是针对尚未以合同固定下来的商业交易,如果交易已经通过合同固定下来,则这种干涉维护市场正常运作的考虑需要更为慎重。

(3)被侵害法益的竞争性要素

被妨害合同所代表的法益同样是判断竞争性要素的重要指标。一个重要的问题在于,做出干涉行为主体所在行业,和被妨害合同交易所在行业是否具有关联性。这就意味着一种典型的模式是,被干涉的合同代表的法益是特定行业的经营利益,是原告营利性的体现,而行为人的行业也与之相同,则需要进一步讨论是否存在不正当竞争关系。

另一个值得讨论的问题是,如果被干涉的法益和行为人所在的行业不相同,则是否可能适用竞争法的规则去进行法律适用。问题的关键在于,这种客观上是跨行业的干涉是否真的对市场经营秩序造成了消极影响,且其行

〔1〕 类似的讨论参见 The American Law Institute, Restatement 2d of Torts §768。

为本身具有竞争法意义上的非正当性。典型的例子是上游的供货商由于非本行业的被告的因素,停止向原告供货,被告行为是否可以认定具有竞争性因素。这时需要结合干涉行为的性质,以及对市场经济秩序的影响进行综合判断。

2. 当事人请求权选择自由与诉讼策略

从程序法的角度看,基于怎样的法律渊源,选择怎样的请求权,是当事人重要的诉讼权利。从诉讼策略的角度出发,当事人在妨害合同行为存在竞争法和侵权法律制度竞合的时候,应该从哪个角度选取请求权,这既是当事人的权利,也是诉讼策略的选择问题。

理论上来说,当事人在民商事诉讼中,有权基于自己的立场和诉讼策略选择任何他们认为有利于自己的请求权。即使妨害合同行为存在一定的竞争性因素,作为原告的一方仍然可以只选择证明干涉行为符合侵权的构成要件。但是对于其中的竞争性因素如何进行适当的权衡,确实需要进一步讨论。一个可行的折中性的方案在于,法官仍然基于侵权角度进行法律适用,但在法律适用过程中,对竞争性因素和公共利益问题进行必要的审查。

3. 法官释明权的行使

2019 年修订的《最高人民法院关于民事诉讼证据的若干规定》第 53 条[1]完善了法官释明权的行使的相关规定。这就意味着在法律实践中,如果法官发现其根据案件事实对妨害合同诉讼的法律关系性质的认知与当事人的认知存在不同时,法官应当将法律关系性质或者民事行为效力作为焦点问题进行审理,并且应当准许当事人根据法庭审理情况变更其诉讼请求。该条中规定的两处“应当”,在某种程度上体现了法官释明权在行使上的义务性。

但是在实践当中,一方面,对于妨害合同的案件,其竞争性因素要多到什么程度,对市场经济秩序的影响要累积到什么程度,才达到法官认为第 53 条第 1 款中的“当事人主张的法律关系性质或者民事行为效力与人民法院根据

---

〔1〕《最高人民法院关于民事诉讼证据的若干规定》(2019 年修正)第 53 条规定:“诉讼过程中,当事人主张的法律关系性质或者民事行为效力与人民法院根据案件事实作出的认定不一致的,人民法院应当将法律关系性质或者民事行为效力作为焦点问题进行审理。但法律关系性质对裁判理由及结果没有影响,或者有关问题已经当事人充分辩论的除外。存在前款情形,当事人根据法庭审理情况变更诉讼请求的,人民法院应当准许并可以根据案件的具体情况重新指定举证期限。”

案件事实作出的认定不一致的"的程度,值得进一步斟酌和考虑。另一方面,如果当事人本来主张的是竞争法角度的请求,其竞争因素要少到什么程度,或是法官认为对市场经济没有消极影响达到什么程度,才决定将法律关系性质或者民事行为效力作为焦点问题进行审理并准许当事人根据庭审情况变更诉讼请求,仍然存在不明朗的裁量空间。一种参考性的解决方案是,对这类方案的释明权的行使采取更为谦抑的使用态度,因为其毕竟与合同和侵权这样的本质性的区别有所区分。

(四)法律制度的协调

1. 具有竞争性因素的妨害合同的法律适用

妨害合同侵权可能存在未来《民法典》侵权制度与竞争法的竞合。妨害合同如果直接适用侵权法,则难以避免地需要考虑案件中可能涉及的竞争法因素。比如行为人如果是受害方的竞争对手,其干涉的是具有任意解除权的合同,则可以构成有效抗辩。[1]倘若实施妨害合同行为的行为人在实施行为的同时具有一定的维护公共秩序的目的,体现某种程度上的公共利益,那么能够作为一种抗辩事由。[2]

2. 列举加兜底技术

我国《澳门商法典》采用了"列举加兜底"的立法技术,规定了几种典型性的妨害合同侵权行为。其不仅将妨害合同行为以类型化,而且也在相关的条文中具体地规定了被妨害的合同的种类。具体而言,该法的第 167 条第 1 款根据对不同对象的引诱,将劳动力市场、生产资料市场和商品市场中发生的侵害合同行为进行了列举,列举引诱违约的对象包括"员工""供应者""顾客",他们分别对应劳动力市场、生产资料市场和商品市场 3 种市场类型。

我国《民法典》侵权编和《反不正当竞争法》在进行商事侵权类型化的规定时,也可以考虑对妨害合同制度采用适当的列举加兜底的立法技术。把可能的加害方、受害方和侵权发生的场景进行必要的类型化列举和兜底的技术性处理。

---

〔1〕 See The American Law Institute, Restatement 2d of Torts §768.

〔2〕 See The American Law Institute, Restatement 2d of Torts §767.

3. 完善禁令救济制度

与我国《澳门商法典》对妨害合同侵权行为的调整模式相比，我国《反不正当竞争法》的行为强制救济存在较为明显的不足：(1) 缺乏关于私法上禁令救济的一般责任条款。因为从法律责任的角度看，我国《反不正当竞争法》第17条对于一般责任的承担方式更多还是以赔偿责任的规定为主，没有从禁令角度对行为强制进行充分的规定。(2) 民商法意义上的行为强制救济不足，主要局限于行政法的救济模式。我国《反不正当竞争法》第四章没有独立的行为强制的“禁令救济”一般条款，仅在具体不正当竞争行为类型中提到禁令的救济方式，并且这些禁令救济不是民商事意义上的，和经济赔偿平行的一般禁令救济，而常常具有浓厚的行政法色彩，且局限于特定的不正当竞争类型。这样就造成了对包括妨害合同在内的不正当竞争行为法律救济的“不平衡”，因为其一般的民商事救济中仅有经济赔偿和少数特定类型的行政法意义上的行为强制，缺乏私法意义上的法院禁令救济。[1] (3) 即使是行政法意义上的救济，“行为强制”的适用范围仅局限于少数行为类型，具体来说仅局限于五种具体类型，对其他各种类型的行强制为缺乏法律调整依据。

对于妨害合同等各种不正当竞争行为，我国《澳门商法典》则在“禁令”和“经济赔偿”两种民商事赔偿的救济中保持了平衡，值得借鉴。其既有“经济赔偿”，体现在我国《澳门商法典》第172条，又有“禁令救济”，体现在我国《澳门商法典》第171条。

我国应在《民法典》侵权编的行为强制救济中与竞争法制度进行必要的衔接，把竞争法与侵权法的行为强制进行必要的协调：(1) 适用范围不局限于某种具体的行为类型，可以普遍适用于包括妨害合同在内的行为；(2) 其救济属于私法救济，通过私人诉讼引发法院救济，而不是通过行政执法实现。(3) 由于妨害合同等行为往往给竞争秩序和正常经营产生了消极影响，可以考虑借鉴我国《澳门商法典》第171条结合“停止侵害”和法官指引“消除不良后果”的立法模式。

---

〔1〕 如大陆法中的停止侵害、排除妨碍和消除危险等具体的民商事行为强制。

第六章

妨害经营商事侵权的构成与制度

一、妨害经营侵权的界定

(一)商法中的营业与妨害经营侵权

1. 商法中的营业概念

各国的商法中多用“营业”一词,然而“营业”本身具有多重的含义。法国商法主要是在“商业营业资产”的语境下使用“营业”一词,商业营业资产是指“用于从事商业活动的,由无形财产和有形财产结合在一起的整体物”,其含义与客观意义的营业没有本质差别,德国主要是在主观意义上使用“营业”一词,正如德国商法对营业的解释:“一个营业的经营必须是一个独立的、持续的、有计划的活动,并且应在市场上为人知悉、不能违背法律和善良风俗”,这种对营业的定义是以“行为”为核心词的,是一个主观意义的营业。[1] 我国学者谢怀栻先生、王保树先生也都主张营业具有客观意义和主观意义之分[2]。另外,还有学者主张将营业的概念纯化以克服营业在解释上的困惑与冲突:使用“营业资产”来表示客观意义的营业,将“营业”这一术语的含义统一为仅代指主观意义的营业。[3]

---

〔1〕 参见徐喜荣:《营业:商法建构之脊梁——域外立法及学说对中国的启示》,载《政治与法律》2012 年第 11 期。

〔2〕 参见谢怀栻:《外国民商法精要》(增补版),法律出版社 2006 年版,第 257 页;王保树:《商法总论》,清华大学出版社 2007 年版,第 183 页。

〔3〕 参见徐喜荣:《营业:商法建构之脊梁——域外立法及学说对中国的启示》,载《政治与法律》2012 年第 11 期。

尽管营业的含义具有多重性，学者对其界定也不甚统一，但不可否认的是，营业是商主体营利性的集中体现，也是商法所要保护和调整的核心内容。

2. 营业与妨害经营侵权的关系

商人进行经营活动的根本目的在于营利，即获取经济利益。为此，商人组织自己的营业资产，开展一系列的业务。法律一方面，要对商人的经营活动进行规制，营造有序的市场交易秩序和良好的竞争环境；另一方面，也要保护商人自由经营的权利，维护商人的合法权益不受他人的侵害。但在现实中，市场主体的经营遭到他人的不法干扰和妨碍、经营利益受到侵害的现象屡见不鲜。

妨害经营侵权责任，正是为保护经营利益遭受侵害的商主体的合法权益而确立的。其所保护的法益除了商主体的物权等财产权利，也包括商主体的某些尚未被权利化的经济利益。从内涵上来说，妨害经营行为是指所有侵害商主体经营利益的行为，既包括对营业财产造成侵害的行为，也包括对经营活动本身造成妨害的行为。可以说，妨害经营侵权行为的核心是对营业的侵害。

由于对经营者财产或财产权的侵害可以寻求财产法上的救济，一般来说，妨害经营侵权更关注的是对他人持续经营活动或营利状态的侵害行为，比如采取阻挠、拦截等方式干扰、妨碍他人的正常经营活动，导致他人营业的中断，进而造成经营收益的减少；或通过损害营业财产使他人无法正常开展营业活动，导致他人正常的持续经营和获益的状态遭到破坏，并因此遭受经济损失。从这个意义上来说，妨害经营侵权中所讲的经营，更多地是指主观意义上的营业，即妨害他人的经营活动。因此，为避免混淆，笔者采用“妨害经营”的表述，将所有妨害他人营业（包括主观意义和客观意义的营业）、侵害他人经营利益的行为统称为妨害经营侵权行为。

（二）妨害经营侵权行为的界定

随着市场经济的发展，商业活动日趋频繁和活跃，与此同时，市场主体的经营活动受到干扰和妨害的情况也越来越常见。因经营活动受到妨碍而遭受经济利益损失的经营者将如何获得法律的保护，其损失以及赔偿数额如何确定，行为人的妨害行为如何认定、是否需要承担侵权责任等一系列法律问题亟待解决。我国目前的法律并没有对妨害他人经营的侵权行为进行专门的规制，但不可否认的是，妨害他人经营的侵权行为越来越常见，并且已成为一种独立的侵权行为类型。

对于妨害经营侵权行为的定义,不同学者也有不同的观点。笔者认为,妨害经营侵权行为是指行为人因故意或重大过失实施妨害他人正常的经营活动,造成他人经营利益损失,并具有违法性,行为人为此应承担侵权责任的行为。

与一般的侵害行为相比,虽然妨害经营侵权行为的行为人有时并不直接针对经营者的财产权实施侵害,但其妨害营业的行为干扰了经营者正常的经营活动和营业环境,并使其经济利益遭受损失。[1] 根据传统的侵权法规则,直接侵害财产或财产权所造成的损失能够得到救济。但对于非因直接侵害财产所造成的经营利益的损失,尚难以获得侵权法的救济。因此,需要确立妨害经营行为的侵权责任,以保护商主体的经营利益,维护其合法权益不受侵犯。

二、妨害经营侵权责任所保护的客体

(一)现行制度框架下的经营法益

商人具有自主从事商业活动不受他人不当干预的自由,而商法所要保障的却不仅是这种自由或者经营活动本身,而是商人的经营活动所能带来的经济上的价值,即保护商主体的经营利益。经营利益受到侵害的主体若要寻求侵权法上的救济,首先需要法律承认该主体享有某种经营利益并对该经营利益提供保护。

我国《侵权责任法》第 6 条第 1 款[2]作为侵权法的一般性条款,明确了行为人应当承担侵权责任的一般情形。该法的第 2 条以概括加列举的方式指明民事权益包括生命权、财产权等人身权益和财产权益,由此可见,侵权法所保护的客体除了法律明确认可的权利,还包括一系列尚未被类型化为权利的利益。妨害经营侵权责任所要保护的,正是经营者的经营利益。由于我国法律目前尚未将商主体在从事营利活动中产生的经营利益确立为一种独立的权利类型,因此也产生了是否要确立营业权以充分保护经营者的营业利益,以及如何在维护经营者的合法权益与保障人们的行为自由之间取得平衡的困惑。

---

〔1〕 参见杨立新、蔡颖雯:《论妨害经营侵权行为及其责任》,载《法学论坛》2004 年第 2 期。

〔2〕 《侵权责任法》第 6 条第 1 款规定:“行为人因过错侵害他人民事权益,应当承担侵权责任。”

(二)对经营利益进行保护的两种路径

1. 权利类型化路径:确立营业权

针对经营者有形的财产或者某种财产权的侵害,尚能通过财产法的制度寻求救济,但对于经营者基于营利动机而实施的经营活动的妨害,则需要法律确立一种更为广泛的、能够将经营者与营业相关的利益均涵盖在内的一种权利,即营业权来进行保护。

在德国的司法实践中,法院创制了“营业权”的概念。德国最高法院在一个不当的知识产权保护警告判例中,依据当时《德国民法典》的第 823 条第 1 款[1],承认“已设立且运作的营业权是一项主观权利”,并对该法益进行保护。[2] 由此可见,德国法院通过将营业权纳入“其他权利”的范畴,从而对企业的经营进行保护。但是,德国所创制的营业权并不是德国制定法上的典型权利类型,而是一种框架权。因为营业权与一般人格权一样,并非是内容清晰确定的权利,其具有模糊性[3]。它并不像民法典中明确列举的生命权、财产权等权利那样具有绝对的保护地位,因此,对于营业权的侵害行为本身并不能说明该行为的违法性。在判断侵害行为是否具有违法性时,必须经过利益衡量才能确定,进而决定是否对该被侵害的营业权进行保护。

有学者认为,应设立营业权作为基本的商事权利之一,商法应赋予商主体营业权以最大化地实现商主体的营利目的。[4] 笔者认为,我国也可以借鉴德

---

[1] 《德国民法典》第 823 条第 1 款规定:“故意或因过失不法侵害他人的生命、身体、健康、自由、所有权或者其他权利的人,对他人负有赔偿由此发生之损害的义务。”参见《德国民法典全条文注释》,杜景林、卢谌译,中国政法大学出版社 2015 年版,第 666 页。

[2] 德国营业权的产生起源于一个不当的知识产权保护警告的案件:被告依据自己已登入实用新型名册的两项实用新型,向原告纺织厂和其两名纺织匠师发出了侵权的警告,禁止原告生产仿造该实用新型的产品,原告遂停止了相关产品的生产。后原告起诉被告要求赔偿损失,并提出被告的两项使用新型在申报时已经被广泛知悉,不应当作为实用新型受到保护。后来德国最高法院认为对原告已经设立且运作的营业权是一项主观权利,被告的行为侵害了原告的经营。参见[德]马克西米利安·福克斯:《侵权行为法》,齐晓琨译,法律出版社 2006 年版,第 69~70 页。

[3] 参见于飞:《论德国侵权法中的“框架权”》,载《比较法研究》2012 年第 2 期。

[4] 参见李建华、麻锐:《论商事权利理论体系的构建》,载《吉林大学社会科学学报》2014 年第 5 期。

国关于营业权的保护模式,在未来的《民法典》侵权编中将营业权确立为一种新型的民事权利类型,为商主体的经营利益提供侵权法上的制度保障。但是在界定营业权的权利内涵和对侵犯他人营业权的行为进行认定之时,应当坚持一个较为严格的标准。毕竟营业权在某种程度上并不具有典型的社会公开性,也不像生命权、自由权、财产权等传统的权利那样具有绝对权的属性,因此在保护的强度上应对它们进行区分。

此外,即使我国确立了营业权,也要对一些值得保护的经营利益进行保护。营业权本身具有较为严格的限定,要构成一个受到法律保护的营业,需要满足诸如公开性、持续性等要求,因而并不是所有的经营性利益都能涵盖在营业权的保护范围之内。而且对于经营利益进行保护,本质上是维护商事主体在商事活动中获取经济利益的自由和权利。除了营业权所涵盖的经营利益,其实还有未涵盖在内却值得保护的某些经营性利益,对于这些利益,法院在司法审判中应当裁量该利益是否值得保护。

2. 为“经营利益”法益提供法律保护

并不是所有的利益都能够类型化并上升为权利,受到法律更强程度的保护。自营业权的概念产生以来,就有许多人对于设立营业权持反对意见。即使在德国,关于营业权的争议也一直未断,一部分学者否认设立营业权的必要性,认为营业权“不具有绝对权的分配效能和排除功能的特征”,并且根据审判实践中的各类案例,没有必要再设立一项营业权。[1] 学者王泽鉴也从营业权自身的性质出发,认为侵权行为法不宜创设营业权;并指出营业权所涉及的问题可以依公平交易法、信用权等制度加以解决,不需要再创设营业权。[2] 显然,此类观点对于营业权作为一种类型化和法定化之权利,持有一种相对消极的态度。

由于营业权本身并不像财产权、生命权那样具有绝对权的属性,如果将商主体的经营利益上升为权利并提供较高标准的保护,可能会对公众的行为自由造成过多的限制。现代的商业模式变化十分迅速,行为人有时可能并不知晓经营者的经营模式,也不清楚自己的行为是否将会对潜在的市场主体的经

---

〔1〕 参见[德]马克西米利安·福克斯:《侵权行为法》,齐晓琨译,法律出版社2006年版,第70页。

〔2〕 参见王泽鉴:《侵权行为》(第3版),北京大学出版社2016年版,第388~389页。

营活动造成妨害。若要求行为人事前进行调查，确保不会侵害他人的经营利益再实施某种行为，将会大大限缩行为的活动空间，进而限制行为人的行为自由。因此，为了平衡商主体的经营利益和社会中其他人的行为自由之间的关系，法律尚可不专门设立营业权这一民事权益客体，而是对其作为一种经营利益进行保护。具体的实现方式是法院在个案的司法裁判中，考察受害方的经营利益是否受到不合理的侵害和遭受不必要的经济损失，进而裁量决定是否应对受害方的经营利益给予保护以及保护的程度。

另外，即使在经营法益没有被固化为一项法定权利，成为侵权法所明确保护的客体的情形下，仍然可以通过作为民法的基本原则之一的公序良俗原则对该法益进行保护，即对于以违反公序良俗的方式侵害他人经营利益的行为进行制裁〔1〕，从而实现对经营利益的保护。例如，即使不承认营业权，但仍然可以基于不得故意以悖于善良风俗的方法损害他人的规定对经营利益遭受侵害的受害方提供法律保护。〔2〕 此种制度理解具有一定程度的制度变通特质，可以规避营业权权利化之问题，但也存在法律原则运用解释空间较大之可能性。

总而言之，上述两种区分其实是对经营利益应当提供何种程度的保护的分歧：将经营利益上升为一种民事权利进行保护，抑或是仅作为法律上的利益提供较弱程度的保护。无论采取上述的哪一种方式，其实都是对商主体的营业和经营利益进行保护，只是保护的程度有所不同。若将经营利益上升为权利，则对该权利的侵害即可表明侵害行为的违法性；而将经营利益仅视为一种值得保护的利益，在违法性的判断上则需要进行利益衡量才能确定，不能仅依据行为对经营利益造成妨害的客观状态就认定该行为的违法性。

三、特殊构成要件

（一）受害方须是商主体

妨害经营是发生在商事领域的侵权行为，其针对的对象是他人的营业财产或者经营活动，并且往往会造成他人经营利益的损失。然而能够以自己的

---

〔1〕 参见白飞鹏、李红：《私法原则、规则的二元结构与法益的侵权法保护》，载《现代法学》2002年第2期。

〔2〕 参见王泽鉴：《侵权行为》（第3版），北京大学出版社2016年版，第442页。

名义独立、持续稳定地从事营利活动的主体，只能是商主体。故妨害经营侵权行为的受害者，应具有商主体的主体身份，而不包括那些偶然从事营利活动的人或组织。至于侵害人的主体身份，则不具有限制，侵权行为人既可以是商主体，也可以是非商主体；既可以是私权利主体，也可以是公权力主体。只要行为人实施了妨害他人经营的行为，且该行为符合妨害经营侵权的构成要件并不具备违法阻却事由，则需要承担相应的侵权责任。

（二）妨害的故意与重大过失

此处所谓的妨害是客观意义上的，即行为在客观上确实给他人的经营活动造成了某种妨害。一般来说，除却产品责任、高度危险活动等适用严格责任的侵权领域不考虑行为人是否具有过错，侵权责任的构成均要求行为人具有过错。妨害经营侵权行为也要求行为人具有过错，即在故意的心理状态下实施妨害他人经营的侵害行为。但对于出于过失实施的侵害行为是否应当承担责任，则需要商榷。对此，笔者认为，基于一般过失实施的妨害行为，不宜认定构成侵权，但由于重大过失而实施的妨害行为，行为人应当承担侵权责任。

虽然经营者的经营利益并不具有像人身权、财产权等权利那样的公示性和绝对保护的法律地位，但是作为侵权法所保护的对象，被侵害的营业本身在某种程度上就应当具有一定的公开性，即处于公开经营并为公众所知的状态。对于某个公开经营的企业，行为人或多或少能感知其存在，特别是对于那些同是市场交易主体的经营者或者是对于市场经营者具有某种管理职责的主体，他们对该公开经营的经营者的经营状态、营业模式、经营利润以及自身的行为可能对经营者的经营带来的影响应有一定程度的了解。如果行为人由于自己的过失，实施了对他人的经营造成妨害的行为，且该妨害行为又满足其他构成要件，那么该行为人在某种程度上具有一定的可归责性。但由于经营利益本身所涵盖的范围十分广泛且不明确，极易受到侵害，为保障社会公众的行为自由，有必要将行为人的过错程度限制为重大过失。

有人可能会认为基于重大过失妨害他人经营也需承担侵权责任，对于行为人来说未免过于严苛。但是，行为人的过分疏忽本来就具有一定的可责性，而且行为人是否具有重大过失仅是妨害经营侵权责任的构成要件之一，行为人承担侵权责任除了满足过错的主观构成要件，还需符合具备违法性、损害结果和因果关系等其他构成要件的要求；在责任的承担方面，损害赔偿范围的确定也需考虑预见性等因素。因此,将重大过失纳入过错要件中,并不会过分加大行为人的责任。相反,它能够激励潜在的侵权行为人谨慎行事,从而避免不必要的损害发生。

(三)违法性与具体违法行为类型

究竟什么样的侵害行为才满足妨害经营侵权行为违法性的要求,从而构成妨害经营侵权呢?是否侵害行为侵害了他人的营业权益即具有违法性,抑或是侵害行为须具有相当程度的不法性才满足违法性的构成要件?这些问题都需要进行探讨。

德国的民法典明确区分了过错与违法性[1],并且根据违法性的不同将侵权行为分为3种类型[2]。我国立法上并没有明确区分违法性与过错,在《侵权责任法》中也没有“不法”或“违法”的表述,仅有过错与否的区分。[3] 但是对于妨害经营侵权行为,有必要区分违法性与过错。若不讨论行为本身的违法性,对所有客观上给他人的经营利益造成妨害的行为都需承担赔偿责任,那么妨害经营侵权行为的责任会难以避免地扩大,进而限制人们的自由活动空间。因为营业权本身具有模糊性,其所涵盖的利益范围也具有相当的不确定性。为避免侵权行为的责任范围过于宽泛化,保障个人的活动自由,有必要对行为人的行为本身是否具有违法性进行判断,在确定妨害经营行为的责任时,要把握其特殊的构成要件,而不仅仅因为该行为在客观上造成了妨害他人经营的结果就对其课以侵权责任。

按照德国的通说,对法益的侵害即指示出该侵害的违法性。“但在营业权中,和一般人格权一样,侵害行为并不指示出其非法性。”[4] 营业权作为一种框架权,其权利内容是模糊而不确定的,且容易与他人的行为、言论自由等其

---

〔1〕 参见程啸:《侵权责任法》,法律出版社2015年版,第251～254页。

〔2〕 即故意或过失不法侵害他人权利(第823条第1项),违反以保护他人之法律(第823条第2项),以及故意以悖于善良风俗方法损害于他人(第826条)。参见王泽鉴:《民法学说与判例研究》(第7册),北京大学出版社2009年版,第60页。

〔3〕 参见程啸:《侵权责任法》,法律出版社2015年版,第262页。

〔4〕 [德]马克西米利安·福克斯:《侵权行为法》,齐晓琨译,法律出版社2006年版,第74页。德国的营业权虽然被解释为“其他权利”的一种,但是对营业权的侵害不适用结果不法说,亦即对营业权的侵害不代表违法性必然存在。

他权利相冲突,其权利的效力相对于其他绝对权更弱。由此,法院在分析案件以确定行为人的行为是否构成妨害经营侵权时,要积极的对案件中是否存在利益冲突和违法性等问题进行权衡。假如一家媒体在某个新闻报道中对某个企业经销的产品提出批评,因此影响这些产品的销售,导致该企业面临破产的危机。虽然客观上来说媒体的批评行为确实对企业的经营造成了不利影响,但是该行为是否具有违法性,仍需要结合具体案情进行利益衡量之后才能确定。现代的新闻媒体是公众获取社会信息的渠道之一,公众可以从新闻媒体的报道中知悉关于某事的真实情况。因此新闻媒体的报道、评论甚至是批评行为,可能因其中揭露的真实信息而蕴含某种公共利益的价值。从而,我们在判断该案中媒体行为的违法性时,应将相关的利益冲突和衡量纳入考量范围。

可以看到,在前述的案例中,媒体的批评行为虽然在客观上给企业造成了某种妨害,影响了该企业的声誉和产品的销量,但是其行为具有一定的公共价值。如果仅依据该行为对企业造成损害的客观事实就对媒体课以侵权责任,而不考虑该行为是否具有相当程度的不法性,此种做法无疑是极不公正的。因此笔者认为,是否构成妨害经营侵权,不能仅通过侵害行为本身的外在表现来判定,即经营利益遭受侵害这一客观结果并不能决定行为的违法性。虽然行为具有违法性是妨害经营侵权责任成立的必备要件,但妨害经营侵权行为违法性的认定关键不在于行为侵害他人经营利益的结果,而在于给他人经营造成妨害的行为本身具有相当程度的不法性。

对于妨害经营侵权行为的违法性,笔者认为可以区分以下情形进行讨论:一是需要积极进行利益衡量进而才能判断是否具有违法性的妨害行为;二是出于恶意或者故意以违背善良风俗的方式妨害他人经营的行为;三是行为本身违法且同时又对他人的经营造成某种妨害的行为。

1. 妨害行为与营业利益冲突的衡平

妨害经营侵权行为的违法性,在很大程度上是一个酌定的、裁量的因素。大部分故意或过失妨害他人经营的侵权行为,其不法性并不明显,至少不能仅凭客观的损害结果就认定行为具有违法性。假设法律肯定了营业权,并明文规定侵害他人营业权的行为应承担赔偿责任,妨害经营侵权行为的违法性也并不宜以违反法律的规定为唯一标准。即妨害行为的违法性不能单纯根据该行为违反了保护受害方的某种经营利益的某项法律规定的特点来判定,而是应当采用"行为不法"的判断标准。法律往往滞后于社会的发展,可能存在一些尚未被法律确认为权利的经营利益,值得法律提供制度保障以促进经济的发展。如果仅以“权利遭到侵害”这一标准作为判定行为具有违法性的标准,可能导致一些侵权行为发生时尚不在营业权的保护范围内,但确实与营业相关的利益无法受到保护。

在妨害经营侵权案件中,常常会出现两种权利或利益相互冲突的情况。一种典型的冲突是行为人与受害方营业利益之间的冲突。行为人出于营利的目的实施了某种行为,该行为侵害了他人的经营利益,此时行为人的行为动机与受害方所受到损害均体现为一种营利性的利益。比如当事人双方间具有某种竞争关系,此时会产生行为人的经营自由与受害方的经营利益间的权衡问题。[1] 对于经营者之间因竞争引发的妨害经营行为,要考察行为人的行为是否不合理地妨害了他人的正常经营、削弱他人的竞争能力,并通过行为的外在表现来判断其是否遵守了商业道德,进而判断该行为是属于正当竞争行为还是恶意竞争行为。如果行为人的行为属于恶意竞争,那么该行为往往具有违法性,其营业利益不值得为法律所保护。如果行为人的行为属于正当竞争,则其经营利益也同样应受到法律的保护,即使该行为造成了他人的经营利益的损害,也不具有违法性。

另一种常见的冲突是,行为人的行为中蕴含某种自由权利或者公共利益,并与受害方的经营利益产生冲突。比如在行为人发表对经营者提供的商品、服务或者对经营者本身的评论的案例中,行为人的评论行为确实给他人造成了经营利益的损失,但其评论行为是其行使言论自由权利的体现,并且其行为也可能因揭露了作为受害方的企业的产品质量存在缺陷、进行虚假宣传等的事实而具有某种公共利益的价值。此时便会产生言论自由或者公共利益等法律利益与经营者的经营利益之间的冲突与权衡问题。在因评论而对他人的经营造成损害的案件中,需要考察行为人进行评论的方式和评论的内容是否具有妥当性,判断此种评论是否是在合理限度内,进而在营业权和公众表达意见的权利之间进行权衡。总之,虽然批评行为和正当竞争行为可能会对他人的营业造成损害,但是适当的批评和正当竞争行为是公众自由表达意见和商主体从商自由的体现,即使造成他人的市场竞争力下降、营业利润减少,也并不

---

〔1〕 在涉及竞争的妨害侵权案件中,经营利益往往体现为市场竞争的冲突,但这种冲突实际上也是行为人与受害方各自的营业利益之间的冲突。

具有违法性，被妨害的经营者需容忍这些“损害”。

妨害经营侵权案件中当事人利益冲突的常态化和复杂化，往往使立法者无法事先对这些冲突进行类型化的模式处理，这便使法院应在个案中对这些利益冲突进行衡量和取舍，从而决定哪一方的利益更值得保护。[1] 因此，在判断因故意或重大过失实施的妨害他人经营的行为的违法性时，应该积极地对是否存在权利冲突进行考察，如果涉及营业权益与行为人可能享有的权利相冲突的情形，则需要通过利益衡量的方式，在保护不同的权利或利益之间进行取舍。具体而言，在行为客观上已对他人的经营造成妨害的前提下，法院判断行为是否具有违法性，需要结合被侵害的利益，行为人实施行为时所依据的权利或追求的利益，行为人实施该侵害行为的性质、动机、方式以及是否具有恶意等因素进行综合判断，在行为人的行为自由与他人的经营利益之间进行利益衡量，进而决定应受优先保护的权利或者利益。而对于不涉及权利冲突或者权利冲突不那么明显的情形，则要考虑行为人实施行为的方式、动机，是否具有恶意以及被侵害者所遭受的损失等因素，从而确定该行为是否具有相当程度的“不法性”，应当受到惩罚。

2. 故意违背公序良俗在商业市场环境中的适用

公序良俗是民法的基本原则之一，在市场环境中，从事商业活动的市场主体也应当遵守社会所公认的公序良俗，遵守商业道德。在一些国家的民法制度中，故意以悖于善良风俗的方式损害他人是一种典型的违法行为类型[2]。行为违背公序良俗，是从社会的道德观念层面对行为进行价值判断，该法律原则实际上一定程度上是在寻求个人利益与社会公共利益之间的，但其在商业社会和商业法律适用当中应当与传统纯粹民事的法律适用有一定差异。

对于行为人故意违背公序良俗并对他人的经营利益造成损害的行为，行为人不仅具有实施妨害他人经营的故意，并且其采取的行为方式同样也违背了公序良俗。比起其他形式的侵害行为，此种行为不仅具有法律上的可非难性，也具有道德上的不正当性。明确此种行为的违法性，有利于保障经营者的合法权益。特别是对于一些处于权利保护外围的经营性利益，当其受到恶意的妨害时，由于通过民法的“公序良俗”原则可以直接认定该侵害行为的违法

---

〔1〕 参见于飞：《论德国侵权法中的“框架权”》，载《比较法研究》2012 年第 2 期。

〔2〕 参见王泽鉴：《民法学说与判例研究》（第 7 册），北京大学出版社 2009 年版，第 60 ~ 61 页。

性,因此更加容易受到侵权法的保护。此外,此型侵权行为,还要求行为人具有侵害的故意。虽然行为人主观上是否具有故意和行为是否违背公序良俗应该分别认定,但悖于公序良俗的行为常可以证明故意的存在。一般而言,以违背公序良俗的方式实施的侵害,行为人都具有故意甚至是某种程度上的"恶意",即明知其行为不甚妥当且会对他人的经营活动造成损害,仍然实施该行为。因此,通常根据行为违背公序良俗的外观即可认定侵害行为构成实质违法,若满足其他构成要件,则成立侵权责任。

公序良俗原则在妨害经营侵权中的适用要考虑商主体本身所固有的营利性特点,权衡行为人的行为是否超出了正当经营的范畴从而破坏了某种公共秩序或善良风俗,需要课以侵权责任。这本质上是一种民事范畴的公序良俗原则,在具有商事因素案件处理中的一种制度解释上的平衡艺术。

公序良俗原则在商业环境中的适用,可能更多地体现为要求市场交易主体自觉遵守正常的市场交易秩序和商业道德,并公平竞争、合法开展营利活动。商人具有从事营利活动的自由,但同时也应当遵守市场秩序,遵守法律和商业道德的约束。如果行为人的营利模式是建立在不正当竞争基础上,包括但不限于故意捏造或散播损害他人商誉的虚假信息、恶意破坏他人交易并据为己有,由于上述行为违背商业道德、破坏市场秩序,对他人的正常经营造成妨害,因此行为人的营业利益不值得为法律所保护。在市场经济迅速发展、科技日新月异的时代,商主体的商业模式和营利方式不断推陈出新,给法院适用法律带来了新的挑战。法院在处理妨害经营侵权行为过程中对公序良俗原则进行解释和适用的时候,应当结合该妨害经营行为所发生的商业市场环境进行综合判断,在认定行为人的行为方式是否违背公序良俗时,也应考虑该行为的违法性和法律适用对未来相关商业模式的影响,进而在行为自由和受害方经营利益的保护之间取得平衡。

3. 行为本身违法与对他人经营的妨害

一个值得讨论的问题是,当加害行为本身违反了某项法律或法规,并且又对他人的正常经营造成妨害时,行为本身所具有的违法属性是否可以促进法院对该行为违法的认定。

有学者从公法与私法间关系的视角进行思考,认为公法与私法是一种相互支援的关系,二者在保护个人利益不受他人侵害的问题上具有一致的目标,且防止侵害型的管制规范在侵权行为法的适用过程中是作为私法规范的一种补充,在一定条件下侵权法上的过错或违法性要件甚至可以从违反防止侵害型管制的加害行为中推断出。[1]该学者的观点具有一定的合理性,但其所谓的“防止侵害型规范”[2]具有丰富性和多样性,而且不同的管制规范在具体的规范目的、规范内容和保护对象上各有区别。如果不考虑规范的类型,在侵权案件的审判中对于侵犯任意的公法上的管制规范的行为,都认可其在侵权法意义上的违法性,可能会导致公法规范和作为私法规范的侵权法之间的界限过于模糊。

这又牵扯另一个问题,即侵权行为人的行为所违反的法律规范的内容要在多大程度上和保护经营利益的法律规范相关联。对此,应该考虑该行为所违反的法律规范的类型。只有当这些法律规范和维护营业的法律利益或者维护市场的法律秩序具有一定的相关性,才能肯定其对行为满足妨害经营侵权的违法性构成要件的要求的促进作用。比如,市政管理方面的法律本身可能含有维护市场环境和营业环境的考虑,因此行为对相关市政管理法律的违反,会有利于促进行为构成妨害经营侵权的认定。具体而言,行为人违反市政管理乱放商业标识,造成市场秩序的混乱无序;行为人违法施工且制造噪声、灰尘等污染物,堵塞了交通,使营业环境恶化……在类似这些情形中,行为人的行为本身可能因为违反了政府关于市政管理的相关规定而构成行政违法,与此同时其行为也扰乱了正常的市场环境,妨害了他人的经营,造成他人营业利益的损失。

(四)被妨害营业的公开性与持续性

1. 对该被妨害营业的公开性的要求

被妨害的营业或者经营活动本身,需满足一定的要求,才具有保护的优先性。一个受到法律保护的营业本身也应具有一定的公示性,其存在要能够被外界所感知,并且其所进行的经营活动是对社会、对消费者公开的。

---

〔1〕 该学者指出,“如果一个违反防止侵害型管制的加害行为给他人造成了损害,且加害行为与损害结果之间存在事实上的因果关系,就大致可以推断过错要件以及(或者)违法性要件的充足”。参见解亘:《论管制规范在侵权行为法上的意义》,载《中国法学》2009年第2期。

〔2〕 参见解亘:《论管制规范在侵权行为法上的意义》,载《中国法学》2009年第2期。以防止目的抑或预防目的为基准可以将取缔法规分为防止侵害型规范和预防危险性规范,该观点有一定参考价值。

众所周知，所有权等绝对权具有社会典型的公开性，“其使得他人能够从相关客体的可感知性推导出对相关权利或法益的保护，并由此发展出对潜在侵权人的警告功能，由此考虑到对潜在侵权人的行为自由的尊重”〔1〕。但对于市场中的经营者而言，若其营业不公开进行，则行为人可能无从得知该经营者的存在，更不可能会预见自己的行为会给该经营者的营业带来某种损害，进而规范自己的行为或者采取预防措施避免可能发生的损害。因此，营业需具备一定程度上的公示性，才能产生对抗其他人的效力，使权利人之外的人负有不得侵害该权利的义务，从而起到行为规则的作用；也有利于保护他人的行为自由。当然这里的公开并不是说要求所有人都知道，而是强调经营者的营业活动应当向社会所公开，以使社会公众有知晓其存在的可能。

2. 对该被妨害营业的运营状态的要求

只有当妨害行为发生时被妨害者处在正常经营的状态中，其经营利益才有可能受到侵害。这也暗示着被妨害的营业应是处于长期、持续、稳定的运行状态，且经营者也须是一个专门从事营利活动的商主体，而不是偶然从事营利活动的人或组织。

德国的营业权是在审判实践中发展起来的，根据德国最高法院的裁判观点，一个已经存在并且自主经营的企业可以构成一种主观权利——营业权，进而受到法律的保护。〔2〕 1998 年的《德国商法典》这样写道：“一个营业的经营必须是一个独立的、持续的、有计划的活动，并且应在市场上为人知悉、不能违背法律和善良风俗。”〔3〕可以看出，德国法中营业权所保护的对象是已经设立并具有独立性、持续性的营业，而且要求该营业在被妨害之时是处于正常的运营状态。显然，只有当行为人实施妨害行为时，受害方是处于正常的运营和营

〔1〕 Vgl. Larenz/Canaris (Fn. 9), S. 373 ff.; Fabricius, Zur Dogmatik des “sonstigen Rechts” gemäss § 823 Abs. I BGB, AcP 160, S. 291 f. 转引自朱虎：《侵权法中的法益区分保护：思想与技术》，载《比较法研究》2015 年第 5 期。

〔2〕 德国最高法院在一起侵害企业经营案件的裁判中认为：“对于已存在的自主经营的企业来说，不仅仅涉及企业主按自己的意思行事，并且这些意思都具有了具体的表现形式，这就构成了营业权这一主观权利的基础。所以，直接对企业经营的干扰和侵害可以看作违反了第 823 条第 1 款的规定。”参见［德］马克西米利安·福克斯：《侵权行为法》，齐晓琨译，法律出版社 2006 年版，第 69～70 页。

〔3〕 参见徐喜荣：《营业：商法建构之脊梁——域外立法及学说对中国的启示》，载《政治与法律》2012 年第 11 期。

利状态，而不是处于歇业、停业或者根本没有进行经营活动时，受害方的营业利益才有被侵害的可能。

此外，被妨害的营业通常也需满足持续性的要求，即该营业应是一个长期性、持续性的稳定经营的营业。《法律词典》对营业所下的定义是：营业指以营利为目的、独立的、持续的、不间断的职业性经济活动。[1] 显然，这种定义是从主观的层面界定营业，它揭示出作为商人的营利活动作为一种职业性的经济活动所具有的特点。也有学者认为，"一般意义上的营业行为应具备三要素：一是以营利为目的，二是活动具有连续性，三是外在表现为一定的经营行为"[2]。总之，被妨害的营业应满足持续性经营的要求。这其实是基于商主体本身所具有的营利性和其营业活动所展现出来的特点。如果被妨害的只是受害方偶然为之的营利性活动，并不是一个完整、持续的营业，该受害方并非是专门从事营利性的活动的商主体，其受到损害的利益也并非是妨害经营侵权所要保护的客体，而是可能由其他法律制度进行调整。

（五）妨害行为的直接性

妨害经营侵权中，受害方的经营利益所受到的损害须是由妨害行为所导致，而不是由于商业周期或者其他市场因素所致。即受害方的损害与行为人的妨害行为之间应具有因果关系，否则不能将损害的后果归责于行为人。对于是否具有因果关系的问题，则依据一般侵权行为的因果关系判断规则进行判断。除了损害结果与妨害行为间应具有因果关系外，妨害经营的行为还需满足直接性的标准，即妨害行为须是直接针对被妨害者的营业。这里有两层含义，即妨害行为针对的对象须是他人的营业，且妨害行为具有直接性，而不是间接对营业造成侵害。

德国在审判实践中确立了"侵害的直接性"的标准，对于直接侵害经营的要求，德国联邦最高普通法院曾在一起经典的挖断电缆案件的审判中作出如下定义："对于业已存在的营业的侵害……必须与是以某种方式针对该项营业本身的，也就是说与经营有关的，而不是仅仅针对可以与经营相分离的其他权

[1] 参见中国社会科学院法学研究所法律辞典编委会编：《法律词典》，法律出版社 2004 年版，第 814 页。

[2] 童列春：《营业的性质与商法构造》，载《武汉理工大学学报》（社会科学版）2009 年第 1 期。

利和法益"[1]。在该案中,被告方挖掘机的司机挖断了通往原告企业的电缆,原告因停电而不能营业,从而遭受经济上的损失。[2] 对于被告方挖断电缆的行为是否侵害了原告的营业权,德国联邦最高普通法院认为因破坏电缆导致原告停工的事实并不属于与经营有关的侵害不构成对原告的营业权的侵害。其指出,本案中被告方挖掘机司机挖断电缆导致原告不能营业,与伤害原告企业的员工、毁损企业的车辆一样,与原告的经营并没有直接的联系,而且供电关系并非属于原告企业所特有,这条电缆完全有可能为其他企业供电,因停电而遭受不利益的除了企业以外,也包括家庭用户等消费者。因此该类行为并不足以构成对原告企业的侵害,纵使原告企业因该行为遭受了经济上的损失,也不能以营业权遭受侵害为由请求赔偿。[3]

可以看出,德国联邦最高普通法院在侵害营业权案件的裁判中,坚持了一个较为严格的构成标准,以防止过分扩展对营业权的保护。在上述案件中,被告方司机是否具有过错暂且不论,其在施工中挖断电缆,虽然确实造成了原告因停电不能继续开展生产经营活动,带来一定的经济损失,但这种行为仅是间接地侵害了原告的营业。而且,侵害行为的直接性要求,也意味着可以从行为人的行为中探知其对于他人的营业进行侵害的意图。显然在电缆案中,被告方司机不具有这样的意图。

同样,在我国也发生过类似的案例。在重庆的一起财产损害赔偿纠纷中,某建筑公司在施工中不慎损坏某供电公司的电缆,导致供电中断,造成某医院停电 26 小时,于是医院起诉要求建筑公司赔偿营业损失。[4] 针对

---

[1] [德]马克西米利安·福克斯:《侵权行为法》,齐晓琨译,法律出版社 2006 年版,第 72 页。关于侵害行为的直接和间接的区分的理解,可以以经典的"挖断电缆案"加以阐释,德国联邦最高普通法院正是在该案的裁判中对侵害的直接性作了前述定义。

[2] 该著名的挖断电缆案的案情见德国《联邦最高普通法院民事判例集》第 29 卷第 65 页(BGHZ 29,65):被告地下工程公司的挖掘机司机在 M 公司的地基上施工时,损坏了下面的地下电缆,这条电缆通过 M 公司的地下通往另一家属于原告的工厂,该工厂因长时间断电而停工。参见[德]马克西米利安·福克斯:《侵权行为法》,齐晓琨译,法律出版社 2006 年版,第 36 页。

[3] 参见[德]马克西米利安·福克斯:《侵权行为法》,齐晓琨译,法律出版社 2006 年版,第71~72 页;王泽鉴:《民法学说与判例研究》(第 7 册),北京大学出版社 2009 年版,第 61 页。

[4] 参见重庆市高级人民法院编:《重庆审判案例精选》(第 2 集),法律出版社 2007 年版,第 191~196 页。

本案的法律适用,一审、二审法院持不同的立场,前者判定被告构成侵权并要求其赔偿原告的经济损失,然而后者却推翻前者的判决结果并作出了完全相反的裁判。[1] 细看二审法院的判决理由,不难发现其对该案中对被告的行为是否构成妨害经营侵权的裁判思路和判决结果,显然与前述电缆案中德国法院根据"侵害的直接性"所作出的裁判别无二致。当然,该案中一审、二审法院不同的裁判也体现了不同的思考维度。一审法院注意到建筑公司的侵害行为与医院的损害结果之间所具有的因果关系;而二审法院则进一步思考建筑公司的侵害行为是否是直接针对该医院的营业所做出的,以及侵权法所保护的权益的层次,最终认定建筑公司的行为不属于妨害经营侵权行为,不需要对原告医院的损失承担赔偿责任。

(六)可预见性的判定

行为人预见行为可能给他人的经营活动造成妨害,是妨害经营行为的构成要件之一。只有行为人对于行为可能导致的损害结果具有合理的预见,才能要求其负有预防和避免该损害发生的义务。

1. 预见的内容

预见性包括是否会对他人的经营造成妨害的预见,以及对于损害的大小、程度的预见。行为人只需要预见其行为可能会对他人的经营利益造成妨害即可,并不要求其预见具体的损害结果。其是否能预见其行为可能带来的经济损失的大小,只影响赔偿责任的存在与否和责任大小,不影响侵权责任的构成。

---

〔1〕 具体而言,一审法院认为,建筑公司在施工过程中损坏电力设施进而导致停电,影响了原告医院的正常运行,造成原告可得收入的减少,该行为符合侵权行为的构成要件,因此判定该建筑公司对医院承担损害赔偿责任。然而,二审法院从被告侵害行为和原告所受损失的性质出发,对案件进行综合考量,最终作出被告不需赔付原告停电期间的营业损失的裁判。对于被告侵害行为的性质,二审法院认为供电关系非属企业所特有,涉案建筑公司挖断电缆、导致电力中断的行为不能认为是对医院的营业权的侵害,因此原告不能以其企业营业权受到侵害为由请求损害赔偿。对于原告因停电而不能营业所遭受的经济上的损失,二审法院认为该损失系纯粹经济上损失,而侵权法不能对一切权益作同样的保护,必须有所区别;纯粹经济上损失是否应赔偿需要考量多方面的因素,除经济损失系因用户的人身或所有权遭受侵害而发生外,原则上不予赔偿。参见重庆市高级人民法院编:《重庆审判案例精选》(第2集),法律出版社2007年版,第191~194页。

需要讨论的是,行为人对于侵害对象的预见,是否要具体到对特定的某个或者某些经营者,还是说只要预见可能会对市场中的潜在经营者产生某种损害即可。一般而言,过失责任是对不特定的受害人提供保护,惩罚因为没有尽到合理注意义务而给潜在的他人招致损害的行为人。一方面,在预见内容的要求上,侵害对象的不特定化,具有一定的益处,即能给行为人提供更为谨慎的注意和积极采取预防措施避免损害发生的激励。另一方面,不特定化也会加重行为人的责任,扩大妨害经营侵权责任。

对于妨害经营侵权行为,其构成要件要比一般侵权责任较为严格,以限制妨害经营侵权责任的扩大。因为在现实生活中,对他人的正常经营造成妨害的行为十分普遍且容易发生。如若把对企业主活动的损害均视为对营业权的侵犯,那么整个经济活动将处于持续不断的权利侵害之中。[1] 施工队在作业中不小心挖断了电缆,造成停电,使附近的企业无法进行生产,由此带来损失;驾驶者在繁华的街道违章驾驶,发生车祸导致交通堵塞,使出租车无法正常载客、运送紧急物资的车辆无法到达等,由此带来受害方某些经济利益的损失。在这些例子中,行为人显然能够预见其行为具有妨害他人经营的风险,实际上也发生了经营利益受损的结果。但是这些行为并不一定都构成妨害经营侵权行为,否则对经营利益的保护将会过于广泛没有限制。

笔者认为,为避免妨害经营侵权责任的扩大化,应当坚持可预见性的标准,并特定化受害人的范围。即行为人在实施侵害行为时,需能够预见其行为将会对某个或某些市场主体的经营利益造成侵害,若行为人在预见其行为可能会对某个或某些市场主体的经营造成妨害的基础上,仍故意实施或者在重大过失的心理状态下实施妨害行为,则需要承担妨害经营的侵权责任。

2. 是否具有可预见性的判断

(1)可预见性的判断标准

一般而言,行为人在故意的心理状态下实施某种侵害行为时,内心即存在对造成某种妨害的预知。问题在于,当行为人是否具有实施侵害行为的故意难以判断时,如何认定行为人是否可以预见以及是否可以避免损害的发生。

---

〔1〕 比如,A 经营了一家饭店,这家饭店吸引了此前已经存在的 B 饭店的客人,从而对 B 造成不利,如果仅凭这样即认为 A 侵害了 B 的营业权,无疑这样的结论在市场经济中将是十分荒谬的。参见樊涛:《我国营业权制度的评析与重构》,载《甘肃社会科学》2008 年第 4 期。

前文已述,行为人基于重大过失实施侵害他人经营的行为也可能构成妨害经营侵权。对于重大过失的场合,行为人更需要满足预见性和可避免性的要求,因为可预见性是行为人承担过失责任的前提。

对于妨害经营侵权行为中预见性的判断,笔者认为应以一个抽象的“理性人”的预见可能性为判断标准。侵权法上的过失认定原则上不考虑当事人的个体情况,而是看当事人的行为是否达到了“理性人”标准,在判断可预见性是否得到满足时,同样适用此标准。[1] 即在行为人当时所处的情况下,一个理性人能否对行为的损害后果具有预见可能。可预见性实际上是要求当事人在行为前要勤勉地对其行为可能产生的风险和后果加以调查,然后再实施行为。如果以一般的理性人的预见能力,能够预见行为会给经营者的经营利益造成损害,则可以推断行为人应当具有预见的可能。此时如果因为行为人没有采取足够的预防措施,最终导致损害结果的发生,则行为人未尽到合理的注意义务。若该损害的发生并不具有不可避免性,则行为人应当承担侵权责任。

(2)公开、持续的营业与行为人预见的可能

前文已述,营业本身需具有一定程度的公开性和持续性,才能受到侵权法的保护。市场主体往往基于营利的动机开展长期、持续的经营活动,并且其业务是对社会、对消费者公开开放的,其营业的存续或多或少能为外界所感知,当然也能为侵权行为人所感知。在此意义上,一个处于公开、持续状态的营业实际上为行为人提供了预见其行为可能损害的主体和利益范围的可能性。因此,被妨害的受害方本身的营业范围、公开性和社会影响力等因素,会对行为人预见被妨害对象的可能性的大小产生影响。一般来说,业务范围越广、公开性越强,在社会上影响力越大的企业,其更容易被公众所知晓,潜在的侵权行为人在实施妨害经营行为时的预见可能性也越大,而这应当是法院在判定行为人是否具有预见可能性时应当予以考虑的因素。

四、特殊抗辩规则

之前我们着重分析了妨害经营侵权责任的特殊的构成要件,从正面的角度描述哪些侵害行为才符合侵权行为的要求,接下来我们将探讨其消极构成要件,也即妨害经营侵权责任的抗辩事由。

---

[1] 参见刘文杰:《论侵权法上过失认定中的“可预见性”》,载《环球法律评论》2013 年第 3 期。

如果说构成要件是从加害行为的角度积极地证明侵权行为人的可责性，那么抗辩事由则是从保障加害人的利益角度出发，考虑能够让加害人减轻甚至免于承担侵权责任的特定事实，从而缓和行为自由与权益保护之间的冲突。我国《侵权责任法》规定了受害人故意、不可抗力、正当防卫、紧急避险等一系列抗辩事由，赋予其减轻或者免除侵权责任的法律效果。[1] 对于这些侵权法上一般的抗辩事由，妨害经营侵权行为当然也适用，但妨害经营作为一种具体的侵权行为类型，自然有其特殊的构成要件和抗辩事由。从类型化的角度出发，笔者认为，行为人可以主张的其行为不构成妨害经营侵权或者即使行为造成损害也得以减轻或免除妨害经营侵权责任的抗辩，主要有正当竞争行为、正当商业言论、市场因素和公共利益等事由。

（一）正当市场竞争行为

商主体享有经营的自主权利，可以在符合法律规定的范围内自由开展营业活动，决定自己的经营内容、范围和方式。但其在从事经营活动的过程中，应当遵循自愿、平等、公平、诚信的原则，遵守法律和商业道德；合法经营，各自开展业务，彼此互不干涉。[2] 市场中商主体间的自由竞争，可以推动产品和服务质量的提高，促进经济的发展。但竞争同时也意味着优胜劣汰，在竞争中具有优势的经营者往往会挤压处于劣势的经营者的生存空间，二者相互争夺客户资源、市场份额等，占据优势的经营者必然会影响处于劣势的经营者的经

---

〔1〕 具体内容见《侵权责任法》第三章“不承担责任和减轻责任的情形”。这是侵权法关于抗辩事由的一般性规定，当然也适用于妨害经营侵权等的特殊侵权行为类型。

〔2〕 我国许多的法律法规中都有关于规范经营者的市场经营活动的规定，比如《民法总则》第86条规定：“营利法人从事经营活动，应当遵守商业道德，维护交易安全，接受政府和社会的监督，承担社会责任”；《反不正当竞争法》第2条第1款规定：“经营者在生产经营活动中，应当遵循自愿、平等、公平、诚信的原则，遵守法律和商业道德”；《公司法》第5条规定：“公司从事经营活动，必须遵守法律、行政法规，遵守社会公德、商业道德，诚实守信，接受政府和社会公众的监督，承担社会责任”；《个体工商户条例》第5条第2款规定：“个体工商户从事经营活动，应当遵守法律、法规，遵守社会公德、商业道德，诚实守信，接受政府及其有关部门依法实施的监督”；2018年8月底通过的《电子商务法》第5条也规定：“电子商务经营者从事经营活动，应当遵循自愿、平等、公平、诚信的原则，遵守法律和商业道德，公平参与市场竞争，履行消费者权益保护、环境保护、知识产权保护、网络安全与个人信息保护等方面的义务，承担产品和服务质量责任，接受政府和社会的监督”。

营收益。在相互竞争的经营者中,双方的行为难免会给对方造成影响。如果其中的一方故意采取不正当的方式干扰对方开展经营活动,或捏造、传播虚假事实诋毁对方,试图以此等方式削弱对方的市场竞争能力,损害对方的经济利益以谋求自己的不正当利益,则该种行为属于侵害对方的合法权益的妨害经营侵权行为,应承担相应的侵权责任。

倘若行为人使用合法方式进行商业竞争,则该行为人可以主张正当竞争的抗辩。一旦法院采纳该抗辩主张,即使该竞争行为在客观上损害了他人的经营利益,也不需承担妨害经营的侵权责任。但要行使正当竞争的抗辩,需要符合两个条件:第一,实施侵害者同是经营者,并且其与受害者之间具有竞争关系;第二,侵害人实施的侵害行为是属于正当竞争行为,并未采取任何不当的方式妨害他人的经营。只有满足这两个条件,才构成正当的竞争行为,从而阻却该侵害行为的违法性。

被告的正当竞争抗辩是否能够成立,关键在于认定该侵害行为是否是竞争行为以及该竞争行为是否正当。对此,笔者认为可以从以下几方面加以考察:

(1)原被告须是市场中的商主体,具有经营者的主体资格。正当竞争抗辩系为在市场中从事正当经营行为的经营者提供的抗辩事由,具有阻却其侵害行为违法性的作用。对于经营者的认定应采取严格的标准,即只有经过工商行政机构的工商登记、取得相应的经营资格的主体才符合经营者的标准。由于市场竞争行为的主体是从事市场交易活动的经营者,因此只有在取得经营资格的市场主体之间才能适用正当竞争抗辩,以避免正当竞争抗辩的滥用。[1] 由于市场中的经营者及其商业活动须接受政府的监管,并且只有进行

〔1〕 在以往的《反不正当竞争法》的审判实践中,法院曾有不同的审判思路,一种思路是对《反不正当竞争法》的适用主体作宽泛、广义上的理解,认为除了依法取得经营资格、以获取营利为目的的市场主体之外,某些传统意义上的非经营者也可以受到该法调整;另一种思路是严格按照法条的规定,适用主体只能是经营者,而且对经营者的认定应采用严格标准,即只有取得相应经营资格的主体才能被认定为经营者。对此,有学者认为,不能以主体判断作为法律适用的前提,否则会限缩反不正当竞争法保护的范围,反不正当竞争法的适用应该以是否具有竞争关系作为判断标准。参见宋旭东:《论竞争关系在审理不正当竞争案件中的地位和作用》,载《知识产权》2011 年第 8 期。这种观点具有一定的合理性,但《反不正当竞争法》与妨害经营侵权责任在保护对象、价值目标等方面并不完全相同,而且在妨害经营侵权中,正当竞争主要是为市场中从事正当经营行为的行为人提供的抗辩事由,因此行为人的行为要构成正当竞争的有效抗辩,则其首先必须具有经营者的主体资格。

工商登记之后才能开展经营活动,因此,可以从原被告有无进行工商登记来初步判断其主体资格和是否可能存在竞争关系。如果被告根本不具有经营者的主体资格,那么其无从主张正当竞争的抗辩。

(2)原告受到妨害的经营活动与被告所实施的妨害行为之间存在竞争关系,是被告主张正当竞争抗辩的前提。比较原被告的工商登记中的经营范围和内容,只是初步判断二者之间是否可能存在竞争关系。被告要证明自己的侵害行为是一种正当竞争行为,首先要证明其造成妨害的经营行为与原告受到妨害的经营活动间存在某种直接或间接的竞争。实践中,判断原被告之间是否存在竞争关系,一般来说主要考虑双方所从事的业务是否相同,但并不以此为限,从事不同业务的市场主体也有可能存在竞争关系[1]。比如相邻的餐饮店和文具店,虽然二者在经营的内容上没有重合,但是也有可能因为在招牌的摆放、广告位的争夺问题上产生竞争。德国法院对竞争关系的认定非常宽泛,经营者所提供的商品或服务存在可替代性,或者招揽的是相同的顾客群,都可以认定存在竞争关系。[2] 因此,为了加强对市场经营者合法权益的保护,应该对竞争关系的内涵采取更广泛的理解,而不应限定为原被告之间"所提供的商品或服务相同"的直接竞争关系。只要被告所实施的行为在事实上对原告在市场中的竞争性地位或者优势产生威胁,即可认定具有竞争关系。

(3)被告实施该竞争行为的目的和采取的手段正当,没有针对原告采取不合理的方式展开经营。具体而言,被告竞争行为的正当与否,应当综合判断被告实施该行为的目的、行为的性质和所采取的手段。我国《反不正当竞争法》具有保护经营者、消费者和公众利益的多重目标,但妨害经营侵权责任主要对经营者提供保护,因此,此处所讨论的竞争行为的后果以及该竞争行为是否正当的评判,应当以对经营者的损害为中心。若被告是出于损害原告的竞争性地位、妨害原告的正常经营为目的实施竞争行为,而不是出于开展经营活动以获取经济利益的目的,则其主观上具有侵害他人经营的意图,即使其所采取的手段不具有明显的非法性,也有可能被认定为不正当竞争行为。再者,被告的

---

〔1〕 参见宋旭东:《论竞争关系在审理不正当竞争案件中的地位和作用》,载《知识产权》2011 年第 8 期。

〔2〕 参见郑友德、杨国云:《现代反不正当竞争法中"竞争关系"之界定》,载《法商研究》2002 年第 6 期。

竞争行为不能是以明显不合理的方式进行的,更不能违反法律的规定。若该竞争行为的手段本身违法,或者采用了违背公序良俗的方式,则不能认定该行为系正当竞争行为。

(二)行为人的正当商业言论

商业言论(commercial speech)是伴随市场经济的发展而出现的,同时也是市场主体参与竞争、促进市场信息流通的重要手段。"广告牌的摆放、商铺对商品的展示、对客户的正常邀请,都可以通过语言或行为等方式构成不同意义上的商业言论。这些商业言论在法律适用中要充分考虑到其可能发挥的社会功能,比如通过展示商业信息的方式降低市场的交易成本,催进市场经济发展的功能。"[1]商业言论自由意味着市场主体可以自由进行商业言论、参与市场交易和竞争,其本质上是为维护市场主体的营业利益。

在妨害经营侵权中,行为人可能会主张其行为属于正当的商业言论,并不构成对原告的经营利益的侵犯。因此,可能存在两种营业法益的冲突。行为人基于营利目的实施某种商业言论,此种商业言论背后蕴含着行为人的某些营业法益;而行为人进行的商业言论给受害方造成的经济损失,同样也体现为受害方的营业法益遭受损害。因此,法院在案件审理中需要判断行为人的商业言论是否属于正当合法的范畴,权衡行为人与受害方二者的营业法益,进而判断保护哪一方的利益。行为人正当的商业言论,比如对自己商品进行的广告宣传、对客户的邀请等,都可能构成对妨害经营侵权的有效抗辩。但出于营利的动机,某些市场主体可能会发布含有诱导、诋毁等内容的商业言论,并给其他经营者的合法权益造成损害。因此,商业言论自由需在合理的限度内行使,如果行为人的商业言论超出了合法的界限,则不能受到法律的保护,也不能构成有效的抗辩。

(三)市场因素:从宏观到微观

在妨害经营侵权中,市场因素是另一个主要的抗辩事由。在里夫托海事公司诉华盛顿钢铁厂案(Rivtow Marine v. Washington Iron Work)中,加拿大最

---

〔1〕张瀚:《商事侵权法律制度研究——法律经济学的视角》,中山大学法学院2013年博士学位论文,第180~181页。

高法院虽然认定被告吊车生产商的行为导致了原告承受利润损失,但对于市场处于淡季(slack season)的利润损失不予支持,对于处于旺季(busy season)时因被告没有及时提醒原告而导致吊车无法正常使用所造成的额外利润损失,法院则要求被告进行赔偿。[1] 这一案例充分说明了市场因素在一定程度上可以构成被告方不承担侵权责任或者应减轻侵权责任的抗辩。因此法院在妨害经营侵权案件的审判中,应当将妨害行为以及损害结果发生时的市场状况纳入考量的范围,考虑市场因素可能给受害方损害的发生产生的影响。

由于经营者的经营处于一直持续的状态,给经营者造成妨害的行为或者妨害行为造成的侵害也更多地展现出一种持续性。而在经营者遭受他人不合理的侵害过程中,供求关系、经济环境等市场因素本身也会影响经营者的营业状况,因此很难判断究竟哪一部分的经营利益的损失是由侵害人的行为所导致的,哪一部分损失是由市场因素所导致的。

认定侵害行为与经营者所受损失之间具有因果关系,是行为人承担妨害经营侵权责任的关键。如果行为人能够举证证明经营者所遭受的部分或者全部的经济损失,是由于市场因素而不是侵害行为本身所导致,比如经营者的损失完全或者绝大部分是由于市场不景气、该时段处于淡季所导致的客源减少、经营利润下降,与行为人的妨害没有多大的关系,则行为人可以主张市场因素的抗辩,从而减轻赔偿责任或者不承担赔偿责任。根据市场因素抗辩的具体事由,我们可以将其分为宏观的市场因素抗辩和微观的市场因素抗辩。

1. 宏观的市场因素抗辩

宏观的市场因素抗辩,是指行为人提出造成受害者损失的宏观市场环境方面的因素,据此不承担侵权责任的抗辩主张。比如,行为人提出受害方的损害是由于经济下行、市场不景气、政策引导等较为宏观不可控的市场因素所造成的。

外部的经济环境对于企业的生存和发展具有深刻的影响,国家政策、当前的经济形势等多方面的因素会对企业的经营环境产生作用,并影响企业的经营收益。当妨害经营的侵权行为发生时,受害方可能会向法院提出损害赔偿的诉讼请求,此时法院需要判断受害方所遭受的经济损失是否是由于行为人的侵权行为造成的。我们知道,一项损害结果的发生可能是多种因素共同导

---

[1] See Rivtow Marine v. Washington Iron Work [1974] S. C. R. 1189(1973).

致的。特别是在瞬息万变的市场环境中,市场主体的经营状况往往受到多种因素的影响,因此妨害经营行为受害方的经济损失很有可能并不单是或甚至完全不是由于行为人的妨害行为所致,而可能纯粹是因为经济的不景气或者其他宏观的市场因素。因此,行为人可以提出这类抗辩主张,从而不承担侵权责任。但针对行为人提出的该类抗辩,可能需要专家提供关于侵权行为发生前后市场的宏观环境情况的证据,以便于法院判定行为人的抗辩主张与受害者的经济损失之间是否具有因果关系、在多大程度上具有因果关系。

2. 微观的市场因素抗辩

除了宏观的市场因素,众多的微观市场环境也会影响市场主体的经营和收益状况,具体体现在市场中其他竞争者、企业自身的状况、公众的消费需求等对企业运营的影响。

市场中的其他竞争者的数量、规模、实力以及企业自身的软、硬件实力,会影响企业的竞争力,进而影响企业的销售额和营业利润,并且这种影响往往是长期性的。当妨害经营侵权行为发生时,如果行为人能够举证证明受害方的损失是由于其他竞争者的竞争行为导致,或者是由于企业本身的经营不善所致,受害方营业利润的下降与其妨害行为之间并不存在因果关系,则行为人可以主张该抗辩。此外,公众的消费需求往往也是影响企业经营收益的重要因素,由此可能影响行为人侵权责任的承担或者赔偿数额的范围。例如,在消费需求并不旺盛的淡季,经营者本身的客源和利润会比正常时期或旺季的要少,此时行为人的妨害行为可能并不是导致受害方经营利润减少的唯一因素。即使证明了该妨害行为与受害方损失之间的因果关系,行为人也可以主张将侵权行为发生时受害方恰好处于生意不景气的淡季纳入考虑的范围,依照往常处于淡季时受害者通常的营业利润计算损害赔偿的数额,以减轻自己的赔偿责任。

(四)公共利益:审慎的抗辩

一般而言,没有正当理由而故意实施侵害他人合法权益的行为,给他人造成某种损害时,行为人都应当受到惩罚。然而,出于某些公共政策、公共利益的考虑,对受害方的利益的保护可能会让位于对社会公众整体利益的维护。比如,在新闻媒体侵权的案件中,公共利益普遍被认为是媒体侵权的一种抗辩事由,以便在报道或评论关系到不特定多数人的利益时,对涉及公共利益的报道或评论给予优先保护。[1] 在妨害经营侵权行为中，也会存在妨害行为涉及公共利益的情形。因此在符合一定条件时，公共利益也能够成为妨害经营侵权的有效抗辩，但需要审慎的标准，以避免抗辩的滥用并充分考虑利益的衡平。

当出于促进社会公共福利的目的实施的行为，在客观上对经营者的经营活动造成损害时，会引发公共利益与经营利益之间的冲突。此时需要权衡该侵害行为是否为促进公共利益所必须，以及该公共利益的增进与经营者经营利益保护之间的价值高低。比如政府修建地铁必然会对施工工地周围的经营者的生意造成影响，但是地铁修建工程有可能促进群体的公共利益。因此，从公众福利提升的角度考虑，在地铁方对其行为能够代表公共利益充分举证，并进行必要补偿的前提下，经营者的利益可能要一定程度让位于公共利益，经营利益受损的经营者须在合理限度内忍受此种妨害。[2]

在判断行为是否属于公共利益的范畴时，应当综合行为的主体、目的、内容进行审慎的判断。其一，要看实施行为的主体。若实施该行为的主体是政府等公权力机构或是具有公益性的非营利性组织，则该行为很有可能具有公共利益的属性。但是，不能仅看主体就推定行为具有公共利益属性，主体在很大程度上是成立公共利益抗辩的必要不充分条件。其二，要看实施行为的目的，是否出于维护、提升公共利益的目的。其三，还应看行为的内容，判断行为是否有助于维护或者促进公众的利益。因为即使是政府等公权力机关出于公共利益的考虑所实施的某些行为，也可能并不会产生预期的效果，甚至会造成对他人权利的不当侵害。当妨害行为确实是为维护公共利益而实施，并且是为促进公共利益所必须时，此时行为人可以据此提出抗辩，但应当承担对具有公共利益属性的举证责任。如行为人举证失败，则不得成立公共利益抗辩。

---

〔1〕 参见刘凯湘：《在私权保障与新闻自由之间——以媒体侵权的类型为视角》，载《法律适用》2013 年第 9 期。

〔2〕 一个在理论和实务中值得审慎考察的问题是，地铁等名义上公共工程行为本质上是不是一种基于公共利益的行为。如果地铁经营缺乏财务公开，在定价上缺乏民意基础，在施工建设时缺乏程序和实体上的正当性，则其没有资格作为公共利益的载体。此时不能适用公共利益抗辩。同时，地铁方应当对财务公开、合理定价和施工建设中的实体与程序的正当性承担举证责任，并对受害方充分补偿也承担举证责任，如果无法证明则排除其行为具有公共利益。

五、救济制度研究

我国《侵权责任法》第15条规定,侵权行为人承担侵权责任的方式有停止侵害、排除妨碍、消除危险、返还财产、恢复原状、赔偿损失等多种方式。妨害经营侵权行为在侵权法上的救济则主要体现在对受害者的损害赔偿上。因为在妨害经营侵权中,行为人的妨害经营行为通常导致被妨害的经营者经营活动面临困难甚至被中断,被妨害的经营者由于不能正常营业,经营利润减少。对于处于持续状态的妨害行为,若诉讼中作为被告的行为人的妨害行为仍在进行中,受害方可以请求法院判令侵权行为人立即停止实施侵权行为,避免损失的扩大。但对于妨害经营行为给受害者造成的经济损失,特别是受害者经营利益在内的纯经济损失,损害赔偿是最主要的救济方式。对于损害赔偿的范围,可以区分物质损失与包含营业利益等在内的纯经济损失这两大方面进行讨论。因为妨害经营行为给受害方造成的损害结果通常是多方面的,不仅包括因侵害行为导致毁损、灭失的受害方有形营业财产的物质损失,更体现在客源减少、经营利润下降等无形的营业利益的损失。但实际上,这两种经济损失在认定和赔偿标准上存在一定的差别。

(一)损害赔偿范围

1. 实际的物质损失

完全赔偿原则,即侵权损害赔偿以赔偿当事人实际遭受的全部损害为原则。对于受害者所遭受的全部财产损失,行为人都应当予以赔偿,但不能超过实际损失。我国《侵权责任法》实际上采纳了完全赔偿的原则〔1〕,此外,《反不正当竞争法》第17条也确立了不正当竞争行为给经营者造成损害时行为人的赔偿责任、范围和计算标准。〔2〕

在妨害经营侵权中,行为人实施的妨害经营行为可能会导致受害方遭受某些财产方面的损害。而这些财产损害,正是"可以用金钱的具体数额加以计

---

〔1〕 参见王利明:《侵权责任法研究》(上卷),中国人民大学出版社2011年版,第618页。

〔2〕 《反不正当竞争法》第17条第3款规定,因不正当竞争行为受到损害的经营者的赔偿数额,按照其因被侵权所受到的实际损失确定;实际损失难以计算的,按照侵权人因侵权所获得的利益确定。赔偿数额还应当包括经营者为制止侵权行为所支付的合理开支。

算的实际物质财富的损失”。[1] 具体而言,妨害行为所造成的实际物质损失,除了行为人在干扰、妨碍他人经营过程中所造成的直接物质损失,比如受害方所有的生产设备、机器等营业财产由于被损坏所产生的维修费用或重置费用;还包括受害方为防止损害扩大、恢复经营等采取措施时所实际支出的费用。这些经济损失,是因直接或间接地侵害受害方财产权所导致的损失,也是可以明确计算数额的损失。针对这部分损失,可以适用物权保护制度进行救济,责令被告恢复原状或赔偿相应的损失。

2. 包含经营利益在内的纯经济损失

侵权行为人的行为往往会损坏经营者的营业财产,扰乱经营者的经营秩序,使营业环境恶化,导致营业额和利润下降。在妨害经营的场合,除了营业财产被行为人毁损等所导致的直接物质损失之外,被妨害者因不能正常营业所受的营业利益的损失,属于纯经济损失的范畴。笔者认为,对于妨害经营侵权行为中的纯经济损失,在符合构成要件的情况下存在赔偿的必要,并且需要具体确定纯经济损失的赔偿范围和计算标准,以防侵权人行为人承担过重的责任。

除了上述营业利益损失,妨害行为还有可能使被妨害者的消极财产增加。这部分经济损失也可能属于纯经济损失,并且需要赔偿。由于行为人的妨害行为可能是一次性的,也可能是在较长的一段时间内一直处于持续状态,因此行为给经营者带来的损害也可能是一次性的或者持续性的损害。持续的干扰行为导致的损失,更多体现为营业利润在一段时间内的下降;一次性的妨害行为,除导致营业利润损失之外,还可能会破坏经营者的特定交易行为,造成经营者可得利益的丧失。比如,行为人明确针对经营者的某笔交易或履行合同的行为进行干扰,因行为人的故意阻碍使被妨害者对他人违约。此时,被妨害者因受到妨害无法对合同的相对方履行义务,除了履约利益的丧失外,还需要承担违约责任,支付对方违约金。由于被妨害者的违约行为是行为人的妨害行为所直接导致的,具有很强的因果性,若满足其他要件,行为人需要对被妨害者的损失承担赔偿责任,即赔偿被妨害人丧失的履约利益和所支付的违约金。这部分损失并不是侵害经营者的财产所致,而是因妨害行为使被妨害者丧失某个确定的交易机会,由此导致的积极财产的减少(体现为履约收益的可

---

〔1〕 张新宝:《侵权责任构成要件研究》,法律出版社 2007 年版,第 150 页。

得营业利益的丧失)和消极财产的增加(须向对方支付一笔违约金),而这一系列损失也属于纯经济损失。

(二)含经营利益的纯经济损失赔偿

在侵权法中,对纯粹经济损失原则上不予赔偿。[1] 主张纯经济损失不予赔偿的观点主要是:一是对"诉讼闸门"的疑虑,担心开放赔偿纯经济损失会带来过多的诉讼,使法院不堪重负;二是纯经济损失具有不确定性,其损失范围没有明确的边界,难以确定具体的损失数额。因此,多数国家将纯经济损失置于可赔偿的范围之外,以免导致侵权责任的过于扩展。[2]

但是,这种担心是没有必要的,因为完全可以通过严格把握侵权行为的构成要件,以及明确纯经济损失的赔偿范围和计算标准,来防止妨害经营侵权责任的滥用。法律不能因为潜在的诉讼数量可能增多就拒绝对该类受到侵害的权利或利益提供保护,而且现实中万事万物都存在普遍的联系,客观上可能对市场中经营者的营业活动及营业利益带来某种妨害的行为数不胜数,不能因为潜在的受害者和损失的范围的广泛性就否认对纯经济损失提供保护的必要。比如司机因疏忽导致车祸的发生从而堵塞了交通,导致该路段中运行的其他经营者所属的车辆不能通行,并给经营者带来某种损失。从因果关系的角度来讲,司机的疏忽行为确实给某些经营者带来了损害,但是根据前文所述,该行为并不符合妨害经营侵权行为的构成要件,不需要承担侵权责任,因此也不会带来纯经济损失赔偿的滥用问题。而在行为构成妨害经营侵权,并给经营者带来营业利益等经济损失的场合,若不对受妨害者所遭受的损失进行赔偿,有失公平正义。由于商主体本身固有的营利性和其从事经营活动的特点,其损失主要表现在由于营业活动受到妨碍、营业环境恶化导致客源减少、经营利润等下降从而丧失的经济利益,该部分经济利益即属于纯经济损失。

经营者的营业财产因妨害行为所遭受的直接物质损失相对来说没有纯经济损失的范围那么广,而且尚可以通过财产法制度加以救济。但经营者因侵权行为所遭受的纯经济损失,却得不到赔偿。长此以往,必将打击市场主体的

〔1〕 参见朱虎:《侵权法中的法益区分保护:思想与技术》,载《比较法研究》2015年第5期。

〔2〕 参见张新宝:《侵权责任构成要件研究》,法律出版社2007年版,第171页。

积极性,不利于经济的发展。因此妨害经营侵权的赔偿范围,不应把纯经济损失排除在外。而是应该合理确定纯经济损失的可赔偿范围,在保护商主体的经营利益与防止侵权责任过分扩大之间取得平衡。至于哪部分纯经济损失应予赔偿,笔者认为需满足以下几个条件:

1. 导致纯经济损失的行为性质

只有行为构成妨害经营侵权,才需承担妨害经营侵权的责任,并需要进行相应的赔偿。在前文所述的重庆电缆案中[1],建筑公司挖断电缆的行为确实对医院的经营造成了妨害,但是该行为不是直接针对医院的营业的侵害,不构成妨害经营侵权,因此不需要赔偿该行为给医院带来的营业损失。二审法院在审理该案中,最终没有支持医院的纯经济损失赔偿请求,但主要原因在于法院持"纯经济损失不予赔偿"的观点。行为构成妨害经营侵权是行为人需承担赔偿责任的前提条件,因此需要先确定案件中的妨害行为是否满足妨害经营侵权的构成要件。行为妨害经营的客观状态和行为构成妨害经营侵权行为,是两个不同的问题,只有确定了该行为在性质上属于妨害经营侵权行为,才能进一步讨论该行为导致的经济损失是否应赔偿、该如何赔偿。

2. 直接性要求

前文已述,行为人的妨害行为需满足直接性的要求,即妨害行为须是直接针对被妨害者的营业。这是对妨害经营侵权行为的属性的要求。在损害赔偿方面,可被纳入赔偿范围的纯经济损失也应当满足直接性要求,即该部分纯经济损失须是因营业直接受到侵害而导致的损失,间接损失或是直接性不明显的经济损失不在赔偿之列。在法国,在满足过失要件之前提下,法院在决定是否对纯粹经济上损失给予保护时,通常要考虑损害的两个重要属性:确定性(dommage certain)与直接性(dommage direct)。[2] 法院一般是根据《法国民法典》第1151条所确立的契约性规则,来理解侵权行为法上的直接性的。[3]

---

〔1〕 参见重庆市高级人民法院编:《重庆审判案例精选》(第2集),法律出版社2007年版,第191~196页。

〔2〕 参见朱广新:《论纯粹经济上损失的规范模式——我国侵权行为法对纯粹经济上损失的规范样式》,载《当代法学》2006年第5期。

〔3〕 根据该规定,致害人仅对致害行为所造成的最接近的、最直接的后果负责。参见朱广新:《论纯粹经济上损失的规范模式——我国侵权行为法对纯粹经济上损失的规范样式》,载《当代法学》2006年第5期。

3. 损失的确定性

在因营业活动受妨害导致营业利益减少的情形，需要有充分的证据证明该部分损失确实已经发生或是必将会发生，才可能得到赔偿。对于一些只是可能发生但并不具有确定性的利益损失，则不应赔偿。法国目前已将损害的确定性拓宽，只要具备足够的可能性，就可以认为损害具有确定性。[1]但足够的可能性标准本身也并不明确，仅是一个裁量性因素，需要法院在具体的个案中综合案件的具体情况加以判断。

4. 损失与预见范围

根据可预见性规则，被告仅对其可预见的损害结果承担赔偿责任。预见的范围包括对损害范围、事件发生过程、受害人等的预见；对于不可预见的被害人，以被告不负赔偿责任为原则。[2] 妨害经营侵权行为的损害赔偿，尤其是其中涉及的纯经济损失的赔偿范围及数额问题，也应当引入可预见性规则，即行为人只需赔偿在其预见范围内的纯经济损失。

在市场活动中，对他人的经营造成直接或间接的妨害、干扰的行为的发生具有普遍性，因妨害行为给被妨害的主体造成的经营利润下降等纯粹经济损失的发生也具有很强的偶然性，若行为人对其行为导致的纯粹经济损失都需要承担赔偿责任，则过于严苛。而且营业利益可能遭受损害的经营者以及其具体的经济损失数额在多数情况下是行为人在实施行为时所不可预见的，若要求其承担预见范围之外的损失，未免有失公平。因此，对于不在行为人预见范围内的营业利益损失，行为人原则上不需承担赔偿责任。

假设 A 公司是轮胎生产厂家，与 B 签订了供货合同，为 B 提供某种特殊规格的轮胎。而在此时，C 和 A 公司之间产生了某种纠纷，遂经常纠集多人到 A 公司的工厂捣乱，砸坏 A 的机器设备并阻挠工人的生产。A 公司的正常生产活动因受到 C 的妨碍，从而来不及向 B 公司交付该批轮胎，B 也因未及时收到该批轮胎而对 D 违约。在这种情形下，A 除了遭受机器设备因被损毁带来的修复、重置费用损失，也丧失该批轮胎的预期销售利益，并且将要对 B 支付

---

〔1〕 参见朱广新：《论纯粹经济上损失的规范模式——我国侵权行为法对纯粹经济上损失的规范样式》，载《当代法学》2006 年第 5 期。

〔2〕 张新宝、李倩：《纯粹经济损失赔偿规则：理论、实践及立法选择》，载《法学论坛》2009 年第 1 期。

一笔违约金。假设 C 知晓 A 长期对 B 供货,那么其应当预见到其妨碍 A 生产经营的行为将使 A 无法及时向 B 供货,进而需要向 B 承担支付违约金等违约责任。在此种情形下,虽然在违约金的具体数额上 C 可能缺乏预见能力,但违约金是必然会产生的损失,C 对于该违约金损失具有预见的可能性。此时,C 需要赔偿该笔违约金。该笔违约金即是在 C 的预见范围内的 A 因 C 的妨害行为所直接遭受的纯经济损失。

前文在构成要件部分已论及,妨害经营侵权行为应满足可预见性的要求,且在判断时应以一个抽象的"理性人"的预见可能性为标准。对于行为人是否能预见其妨害行为可能造成纯经济损失也应当坚持理性人的标准。至于可预见性的程度要求,由于在妨害经营侵权的场合中,营业利益等纯经济损失的性质本就决定了其损失的范围及具体数额较之直接物质损失来说更难以预见,因此在预见程度上应有所区分。具体而言,对行为人其妨害行为造成纯经济损失的可能性大小、损失范围大小、损失数额多少的预知程度的要求,应持一个较高的标准。只有针对行为人的预见程度较高的这部分纯经济损失,才要求行为人为此承担赔偿责任。

第七章

违反信义义务商事侵权的构成与制度

下文将从信义义务理论的发展历史出发,对违反信义义务侵权的基本理论进行概括性论述;并结合基本理论,就信义义务侵权的构成要件进行分析;同时,亦从规制违反信义义务侵权的现行制度困局入手,借助我国立法现状与司法实践,尝试分析探究违反信义义务侵权的抗辩事由与有效救济途径。

一、违反信义义务侵权概述

(一)信义义务:诚实信用与商事审判

1. 信义义务的类型与界定

虽然信义义务的历史可追溯至古罗马时期,[1]且该制度在英美法系国家已有几百年的发展时间,学术与实践成果辈出,但是对信义义务概念的界定,却不尽相同。有学者指出,"信义义务是英美法中最难以定义的概念"。[2] 也正因如此,围绕信义义务所展开的研究始终缺乏足够的体系化。

鉴于英美法系为判例法国家,因此,对其有关信义义务的研究,也离不开

---

〔1〕 参见范世乾:《信义义务的概念》,载《湖北大学学报》(哲学社会科学版)2012 年第 1 期。该文提及:追根溯源,在罗马社会中的特定关系——丈夫和妻子、医师和病人、监护人和被监护人等各主体之间的关系受信义类型的规则的约束。其他类似信义关系也受到规制。参见倪受彬、张艳蓉:《证券投资咨询机构的信义义务研究》,载《社会科学》2014 年第 10 期。该文提及:信义关系及信义义务是英美法系中的重要概念。它可追溯至罗马法中的"信托遗嘱"制度。参见王继远:《合伙人信义义务问题探讨》,载《理论探索》2009 年第 2 期。

〔2〕 See Deborah A. DeMott,"Beyond Metaphor: An Analysis of Fiduciary Obligation", *Duke Law Journal* 1988,1988,p. 879.

对各项判例的研读。在莫顿·H.迈因哈德诉沃尔特·J.萨蒙案(Morton H. Meinhard v. Walter J. Salmon)中,首席法官本杰明·内森·卡多佐(Benjamin Cardozo,1870～1938年)对信义义务的表述为:在一般世界里,诸多彼此独立的行为方式都是被允许的,但对于那些受缚于信义之结的人而言,这种行为的彼此独立是被禁止的。"受托人需要坚守比市场道德更为严格的东西。那不仅仅是诚实本身,更是严格遵守礼节的、最体贴的尊重,是一项行为准则。"[1] 根据这一案例,有学者将信义义务的概念提炼为,信义义务即在某些关系中,向对方履行"最好的忠诚"的义务。[2] 在基奇诉桑德福德案(Keech v. Sandford)中,法官确立了信义义务的基本原则,即除非委托人明示同意,受托人不得利用其地位谋利。[3] 在布里斯托尔与西方建筑协会诉莫修案(Bristol and West Building Society v. Mothew)中,上诉法院常任高级法官米勒特勋爵(Lord Millett)对于信义义务的阐述为:"受托人是指在特定情况下,负有以彼方名义、代彼方作为,在该情况下,对信任和令人具有信心的关系中起作用的人。"[4] 观察上述判例可发现,英美法系的法院并不十分注重于直接对信义义务的内涵进行阐述,往往更侧重于以负有信义义务的一方的应负义务为角度,对信义义务进行侧面解读。尽管上述对信义义务的描述皆是从受托方入手,但也有从委托方的角度出发,对信义义务进行描述的情况。在医院用品有限公司诉美国外科公司案(Hospital Products Ltd. v. United States Surgical Corporation)中,对信义关系的表述为:"在受托关系中,一方在脆弱的情况下,有理由向另一方寻求信任、善意和信赖,在某件事上寻求帮助、劝告或保护。"[5]

将视线转向学术界,对于信义义务的表述也具有多样性:"信义义务要求

---

[1] Meinhard v. Salmon, 249 N. Y. 458, 463 - 64, 164 N. E. 545, 546 (1928).

[2] See John C. Carter, "The Fiduciary Rights of Shareholders", *William & Mary Law Review* 29, 1988, p. 824.

[3] 参见张开平:《英美公司董事法律制度研究》,法律出版社1998年版,第265页。

[4] Mothew (t/a Stapley & Co.) v. Bristol & West Building Society [1996] EWCA Civ 533, [1998] Ch 1 (24 July 1996), Court of Appeal (England and Wales).

[5] Hospital Products Ltd. v. United States Surgical Corporation [1984] HCA 64, (1984) 156 CLR 41 (25 October 1984), High Court (Australia). at p. 68.

一方具备更高的义务准则,以真诚、信任、关怀和坦诚的态度为他人着想”。[1]“信义义务是指受益人对受信人施加信任和信赖,使其怀有最大真诚、正直、公正和忠诚的态度,为了前者最大利益行事;同时,受信人有义务为了受益人的利益无私地行为,并不得不公平地利用对受益人的优势损害后者的利益。”[2]法律上的信义义务是一种基于对人性和人类既往行为的研究而设置的,用以防止受托人侵害委托人财产的,具有强制性的制度。[3] 因表述各不相同,但又具有一定的相似性,在此不一而足。

值得一提的是,除了对于信义义务概念本身的界定,也有学者选取特定领域,类型化表述不同主体的信义义务。譬如,“首席财务官的信义义务为保公司财务报表的完整性和准确性;交易人的信义义务为实际长期提高公司收益,而非仅仅是通过快速的纸面利润;审计员的信义义务为保证公司财务账目真实、公正地反映公司经营”。[4] 对于信义义务的概念界定是必要的,但这种类型化各信义义务的方式同样不可或缺。类型化各信义义务,不仅有助于确定负担信义义务的主体,更重要的是,这种方法有助于建立信义义务的体系并对其进行深入研究。

针对信义义务的研究,虽然已在英美法系国家形成一定体系,但于国内却缺乏深入且系统化的学术成果。我国学者对于信义义务的理论研究,较为倾向于对某具体方面的探讨,譬如对董事的信义义务、合伙人的信义义务、证券投资咨询机构的信义义务等的研究。但由于各项研究内容过于零散,缺乏宏观层面的总结与提炼,致使对于信义义务的界定不明,类型化不足,更不用说建立以信义义务为中心的理论体系。

根据我国学者现有的研究成果,对于信义义务的界定大致有以下几种:有学者认为,对信义义务的理解,应以分析一系列受信人——“董事、高管、控制

---

[1] Angela A. Hung et al., *Investor and Industry Perspectives on Investment Advisers and Broker-Dealers*, RAND Corporation, 2008, pp. 7 – 22.

[2] Lennar I. Rotman, “Fiduciary Doctrine: A Concept in Need of Understanding”, *Alberta Law Review* 34, 1996, pp. 837 – 839.

[3] See Tamar Frankel, *Fiduciary Law*, New York, Oxford University Press, 2010, p. 101.

[4] Edward Spence, “Conflicts of Interest in Auditing: Are They Conducive to Corruption?”, in Tom Campbell and Keith Houghton, eds., Ethics and Auditing, Canberra, ANU Press, 2005, pp. 111 – 128.

股东、合伙人、代理人、信托受托人、监护人、律师、注册会计师等义务"[1]为出发点。这种以列举受信人为方法,从主体出发提炼总结的方式,具有一定的可借鉴性。也有观点是从信义义务的概念本身出发进行的界定,认为信义义务通常主要包括两个方面,分别为忠实义务与注意义务。"前者要求义务人应当把委托人利益置于个人利益之上,个人利益不得与委托人利益相冲突,强调忠实;后者要求受托人应当以应有的勤勉、技能与谨慎去处理受托事务,强调称职"[2]。其他对于信义义务概念的界定还有很多,譬如"信义义务为一方基于彼方的特定信赖与授权,而代彼方做出的特定行为"[3]。与英美法系国家一样,我国学术界对于信义义务的表述也不相一致,数不胜数。

研读国内外研究成果,可以发现虽然对于信义义务的表述多样,但却具有一定共通之处。有学者将对信义义务本质的不同表述进行了一定梳理,分为了"财产理论、信赖理论、不平等理论、合同理论、不当得利理论、脆弱性理论、权力和自由裁量理论、重要资源理论等诸多的观点"[4]。我国将"fiduciary duty"译为"信义义务",而"信"、"义"二字本身即代表了信义义务的核心所指。可对信义义务定义如下:信义义务即一方恪守的予对方以充分尊重与关怀的道义,使对方在交往中具有信任感与信心的行为准则。

对于一方主体是否负有信义义务,应当按序加诸如下判断:第一,当事方之间是否具有信义意义上的委托关系;第二,该信义意义上的委托关系是否符合规范目的的保护范围。至于受托方负担何种程度的信义义务,应综合委托方给付的报酬,被委托管理的财产,双方之间有无特殊关系等因素综合考虑。

2. 信义义务与诚实信用原则的关系

诚实信用原则是由我国《民法通则》确立,[5]《民法总则》承继的一项法律原则。[6] 诚实信用原则适用于所有民事主体中的所有民事关系,因此被称为"帝王条款"。但是信义义务必须依附于委托关系才能产生。信义义务对受

---

[1] 范世乾:《信义义务的概念》,载《湖北大学学报》(哲学社会科学版)2012年第1期。

[2] 赵树文:《董事信义义务的立法与修正》,载《理论探索》2012年第1期。

[3] 倪受彬、张艳蓉:《证券投资咨询机构的信义义务研究》,载《社会科学》2014年第10期。

[4] 范世乾:《信义义务的概念》,载《湖北大学学报》(哲学社会科学版)2012年第1期。

[5] 《民法通则》第4条规定:"民事活动应当遵循自愿、公平、等价有偿、诚实信用的原则。"

[6] 《民法总则》第7条规定:"民事主体从事民事活动,应当遵循诚信原则,秉持诚实,恪守承诺。"

托方谨慎为他人计算的要求,是诚实信用原则在委托代理关系中的具体体现之一。信义义务可以被认为是诚实信用原则在商事侵权中的发展。

(二)违反信义义务侵权的类型划分:以主体为核心

讨论信义义务的类型,是因为对于建立违反信义义务侵权的类型化具有基础性意义。区别列明负有信义义务的主体,是划分信义义务类型的重要标准。事实上,从信义义务的发端来看,通过主体进行类型化划分符合信义义务及信义关系的性质。从比较法的角度出发,负担信义义务的主体主要有以下几个类型:第一,公司的董事、监事和高管;第二,公司的控制股东;第三,合伙企业的合伙人;第四,代理关系中的代理人;第五,信托受托人;第六,未成年人或无、限制完全民事行为能力人的监护人;第七,律师;第八,审计人员,譬如注册会计师;第九,中介机构;第十,负有看护保管义务的保管人;第十一,证券机构人员等。[1] 以上受托主体的重要特征在于:第一,均为私法领域的主体;第二,都是受人委托,进而负担义务的主体;第三,相较于委托方,受托方往往具备特殊的知识、技能或社会地位。在比较法中,对信义关系的描述往往涉及受托方(trustee)与委托方(truster)这两个概念,但鉴于信义关系中强调受托方所负担的义务,因此尤以前者为重。

根据负担信义义务主体身份的划分,信义义务的侵权包括但不限于:第一,董事、监事、高管和控股股东对公司、债权人,其他利益相关的公司成员的侵权;第二,合伙人对于合伙企业、债权人,其他合伙人的侵权;[2] 第三,代理人对被代理人的侵权;第四,信托关系中,受托人对信托人的侵权;第五,监护人对被监护人的侵权;第六,律师、审计人员、证券投资咨询机构工作人员等具有专业知识或技能的人对委托方的侵权;[3] 第七,中介人员、居间人、行纪人员等人员对于买卖双方的侵权;第八,其他负有信义义务的人对于违反信义义务实施的侵权行为,例如仓储保管人对托管人的侵权。

从比较法的角度来讲,信义义务本身的所指十分广泛,甚至有将朋友关系

---

〔1〕 参见范世乾:《信义义务的概念》,载《湖北大学学报》(哲学社会科学版)2012 年第 1 期。

〔2〕 同上。

〔3〕 参见倪受彬、张艳蓉:《证券投资咨询机构的信义义务研究》,载《社会科学》2014 年第 10 期。

纳入信义义务调整范围的观点。[1] 但回归到我国的立法,信义义务本身专注于商法领域,且对此的明文规定仅见于董事、监事和高管对公司的信义义务,诸如我国《公司法》第 147 条第 1 款与第 149 条。

但是我国其他法律中,也散见涉及信义义务的规定。譬如我国《合伙企业法》第 7 条规定的合伙人须遵守社会公德、商业道德;第 32 条规定的普通合伙人的竞业禁止,第 70 条至第 72 条规定的有限合伙人有条件的自我交易禁止、竞业禁止以及财产份额出质禁止;第 49 条第 1 款、第 97 条至第 99 条规定的合伙人违反相应义务应承担的后果等。以及我国《证券法》第 53 条规定的禁止内幕交易;[2] 第 57 条规定的禁止"证券公司及其从业人员"从事的损害客户利益之行为;[3] 第 124 条规定的"证券公司的董事、监事、高级管理人员",应当"正直诚实、品行良好"等要求[4],均部分或全部为信义义务在我国法律规定中的体现。

但因为缺乏对信义义务及信义关系宏观层面的提炼总结,因此,不仅相关立法较为散乱,用语不一;而且学术研究也欠缺完整体系,研究成果虽然不少,但较为分散。因此,整合现行立法中所有涉及信义义务及信义关系的类型,是确定违反信义义务侵权类型的当务之急。前述的 8 个负担信义义务的主体,同样存在于我国的现行法中。因此,可参考以主体作为类型化信义义务及其

---

〔1〕 See Ethan J. Leib, "Friends as Fiduciaries", *Washington University Law Review* 86, 2009, pp. 665, 691 –692. 转引自朱圆:《论信义法的基本范畴及其在我国民法典中的引入》,载《环球法律评论》2016 年第 2 期。

〔2〕《证券法》第 53 条规定:"证券交易内幕信息的知情人和非法获取内幕信息的人,在内幕信息公开前,不得买卖该公司的证券,或者泄露该信息,或者建议他人买卖该证券。持有或者通过协议、其他安排与他人共同持有公司百分之五以上股份的自然人、法人、非法人组织收购上市公司的股份,本法另有规定的,适用其规定。内幕交易行为给投资者造成损失的,应当依法承担赔偿责任。"

〔3〕《证券法》第 57 条第 1 款规定:"禁止证券公司及其从业人员从事下列损害客户利益的行为:(一)违背客户的委托为其买卖证券;(二)不在规定时间内向客户提供交易的确认文件;(三)未经客户的委托,擅自为客户买卖证券,或者假借客户的名义买卖证券;(四)为牟取佣金收入,诱使客户进行不必要的证券买卖;(五)其他违背客户真实意思表示,损害客户利益的行为。"

〔4〕《证券法》第 124 条第 1 款规定:"证券公司的董事、监事、高级管理人员,应当正直诚实、品行良好,熟悉证券法律、行政法规,具有履行职责所需的经营管理能力。证券公司任免董事、监事、高级管理人员,应当报国务院证券监督管理机构备案。"

侵权的方式,以此来完善相关立法,填补学术研究空白。

(三)违反信义义务侵权的特征

英国法律委员会认为,不能孤立地理解信义义务。相反,他们最好被视作“法律界的多毛纲”,在其他法律结构中灵活地塑造自己,有时则填补空白。[1]虽然对信义义务概念的界定至今没有定论,但毋庸置疑的是,无论是否运用信义义务这一名词,也无论对其表述如何,信义义务本身的实际存在与广泛运用是不受其外在包装之影响的。

第一,违反信义义务侵权具有单向性。如前所述,根据负担信义义务的主体类型化违反信义义务侵权,是一种较为有效且尊重其历史发展的方式。信义义务本身产生于交往关系,在这种交往关系中,一方因相较于彼方更拥有特殊的知识、技能、社会地位或更为充足的时间等优势条件,而受彼方之托,依彼方利益行事。因此,虽然信义关系是双方的,但是违反信义义务侵权是单向的,是由负担信义义务的一方违反信义义务造成的。

第二,违反信义义务侵权的行为方式具有抽象的共通性,但表现方式具有多样性。一方面,因为违反信义义务侵权的实质都是对信义义务的违反,因此可以据此抽象提炼出违反信义义务侵权的一般构成要件。另一方面,又因为承担信义义务关系的主体具有多样性,而且其各自所负担的信义义务又各有不同,这就导致了即便违反的义务内核是一致的——对信义关系的损害,但是侵权行为的表现方式却各有不同。是故亦可总结出某些特殊的违反信义义务侵权行为其构成要件的特殊性。

第三,违反信义义务侵权的损害赔偿标准是多层次的。其一,违反信义义务侵权的损害对象抽象而言是信义关系,具体视之,则为对委托事项的损害,譬如董事对公司权益的损害等。因此,在计算违反信义义务侵权的判赔时,有形的财产性损害数额具有较高的参考价值。针对违反信义义务侵权未造成有形财产损害的情况,判赔时应当综合考虑侵权人的主观恶性,可能会造成的财产损害额,发生实际损害的概率等因素,再行决定判赔数额。其二,违反信义义务侵权的因果关系往往较为直接,违反信义义务侵权造成的后果,因果关系

---

[1] See Law Commission (England and Wales) Fiduciary Duties of Investment Intermediaries Law Com 350, para 3.11.

链条较短,直接性强;但也依然存在出现间接损失或纯粹经济损失等问题的可能性,所以必须结合案件具体情形,判断违反信义义务侵权的损害赔偿责任。

第四,违反信义义务侵权的主观因素较为多样,但以故意为主,重大过失次之,一般过失造成违反信义义务侵权的可能性较小。负有信义义务的主体,往往在入职前至迟在正式工作前,通过对专业知识、技能等的学习,了解了所在行业要求遵守的信义义务。因此可推定,每一位负有信义义务的主体都充分了解自身所应履行的义务。在这一前提下,对信义义务的违反,往往就具有了明知而为的故意性,或至少存在重大过失。而无论在我国,或其他具有成熟法律体系的法域,故意与重大过失往往都应当承担相应的法律后果。

第五,违反信义义务侵权可能涉及惩罚性赔偿。惩罚性赔偿"能更加全面和充分地赔偿受害人所受损失,使受害人真正获得完整的赔偿和恢复"[1]。"在美国侵权法中,当行为人恶意地、邪恶地或者毫不顾及他人的权利而恣意妄为地侵害他人时,法官有权决定对行为人科以惩罚性赔偿"[2]。将这一理论适用于违反信义义务侵权中,即如果受托方恶意违反信义义务,给委托方造成损失或较为严重的损失时,委托方即拥有诉请惩罚性赔偿的权利。

综上所述,违反信义义务侵权具有多种特征,把握好这些特征,有助于理解违反信义义务侵权的内在性质。

二、特殊构成要件

(一)构成概述:与一般构成理论相较

1. 违反信义义务侵权:内部体系

违反信义义务侵权的内部体系与信义义务内部体系具有一致性。纵向观察,不同主体负担的信义义务不尽相同,但也具有抽象意义上的共性,其总体特征如本章第一节所述。横向来看,各主体所负担的信义义务并无优劣之分,地位平等;但部分主体所负担的信义义务又具有高度的相似性或关联性,因此可以被归为一个大类,譬如我国《公司法》对董事、监事与高级管理人员义务内容的规定具有高度相似性,而控股股东与实际控制人又和上述主体之间具有

---

〔1〕 白江:《我国应扩大惩罚性赔偿在侵权责任法中的适用范围》,载《清华法学》2015 年第 3 期。

〔2〕 同上。

密切联系,因此可将这五类主体归为一个大类,先分析其共性,再探讨各自特性。不同部门法可作为划分大类的依据。因此,信义义务内部总体上是一种总分的层次,宏观总分为信义义务上位概念与下分的数大类;微观上,各大类又可继续细分为不同小类,以研究其特性。

对应的,违反信义义务侵权也具有同样的内部体系,除了抽象的基本构成要件,随着义务主体的变化,可能会加入不同的其他要素。本章与下一章将对此进行展开论述。

2. 构成要件的两种设定路径

前文已探讨了信义义务的内涵,并对违反信义义务侵权的类型以及特征进行了论述,但并未就违反信义义务侵权本身是什么进行展开讨论。原因在于违反信义义务侵权本身与其构成要件具有不可分割的联系,脱离对构成要件的分析,就违反信义义务侵权而作的任何论述都只是概念性的阐述,缺乏具象的可识别性。

对违反信义义务侵权的理解可分为两种:第一,违反了信义义务本身,即构成违反信义义务侵权;第二,违反了信义义务的行为,造成了侵权法上的后果,才构成违反信义义务侵权。相应的,构成要件方式也分为下述两种。就第一种理解方式而言,其构成要件相较于一般侵权行为的更为简单,只要侵权人负有信义义务,并违反了这一信义义务,则构成侵权。较少考虑过错与损害结果。

就后者而言,必须从一般侵权构成要件出发进行判断:一是侵权人有无对信义义务的违反,即损害行为的实施。二是是否存在损害结果,此多表现为财产性损失,但是间接损失与纯粹经济损失是否属于损害结果,尚需探讨。三是对信义义务的违反是否为造成损害结果的原因。四是侵权人的主观状态。问题在于,侵权人的主观状态在这种理解方式中占据着什么样的位置。鉴于信义义务是行业内部人员在正式入职前必然或应当了解的内容,因此该义务的违反就难谓无过失。也即在这一理解中,对信义义务的违反本身就是过错的反映,侵权人对这一过错的主观状态是故意还是过失,对认定违反信义义务侵权并不重要。因此,违反信义义务侵权实质是一种无过错责任。但是,鉴于没有法律明文规定,不能认定具有无过错责任,因此,必须在立法中明确确立该类侵权。

对比两种理解方式,主要区别在于前者不要求违反信义义务侵权必须造成损害结果,是一种更为严格的责任形式。这种责任形式较为少见,是否对侵权人苛以了更重的义务,还是更有利于建立健康具有信赖关系的商业模式,对此可以借助经济学分析的内容。后者的责任形式则较为宽松,在现行立法中也较为多见。类似于产品缺陷致人损害,高度危险作业致人损害,环境污染致人损害,饲养的动物致人损害等。事实上,这两种方式对于商事交往主体都赋予了更高的义务。这是由信义义务本身的特质所决定的,如果使违反信义义务侵权的构成要件与一般侵权行为的无所分别,则会模糊了信义义务作为更高的注意义务标准的定位。

前者更为严厉的归责方式是否真的能够促使商事交往主体具备诚实、可信等品格,是否更有利于健康有序的市场环境的建立,是否更加具备提高营利的可能性,能够创造更多的社会财富,还是后者更容易达到上述目标?如何在这两种方式中进行选择,立法者应当坚守公平的底线,同时综合考虑经济学研究成果,将效益纳入立法考量,在充分尊重商事营利目的的基础上进行决定。

3. 违反信义义务侵权与一般侵权构成要件的关系

侵权的一般构成要件有 4 个。在违反信义义务侵权中,同样要求:第一,对信义义务的违反,即损害行为的实施;第二,造成损害结果,此多表现为财产性损失,但是间接损失与纯粹经济损失是否属于损害结果尚需探讨;第三,对信义义务的违反是造成损害结果的原因;第四,鉴于信义义务是行业内部人员在正式入职前应当了解的内容,则对信义义务的违反就难谓无过失。又鉴于信义义务是受托人必然了解的内容,因此一般过失也应当承担责任。也即对信义义务的违反本身就是一种过错的反映,对这一过错有无过错,则无须考虑。因此,违反信义义务侵权实质是一种过错责任,且这种过错不仅无须受害方证明,侵权行为人甚至不能证明其无过错,即其过错不证自明。下文将就各构成要件展开论述。

(二)违反信义义务侵权的行为模式

1. 行为模式

信义义务与违反信义义务侵权的作为与不作为模式是相对的。负担信义义务的主体既可能要履行包括注意义务、勤勉义务等在内的作为义务,也须履行包括不欺诈、不滥用权利等在内的不作为义务。因此,违反信义义务侵权的行为模式也分作为与不作为。特定信义义务的行为模式是作为抑或是不作为,应该根据信义义务的具体类型进行判断。

区分违反信义义务侵权的作为模式和不作为模式的意义在于,在法律适用中这两种行为模式的认定标准存在差异。对于作为模式的违反信义义务侵权,在判断行为是否构成侵权时,应考虑具体的作为行为是否违反了特定信义义务的标准;对于不作为的违反信义义务侵权,判断行为侵权的重点在于主体具有作为的信义义务,但却没有作为。因此,在判断是否具有违反信义义务侵权的行为时,两种行为方式的侧重点有所不同。

2. 模式区分

(1)作为的侵权模式

负有信义义务的主体的行为是否达到信义义务对其所要求的标准,是认定该主体是否具有违反信义义务行为的决定性要素。前述判断的重点在于如何设定这一标准,下文将重点论述3种设定路径。

第一,采取主观说的方式来认定负担信义义务的主体是否具有违反信义义务的行为。即对特定负担信义义务的主体,其应当负担的信义义务,根据其自身能力所决定。技术能力越强,专业知识水平越高的主体,相较于能力稍弱的主体,应当负担更重的信义义务。另外,是否认为过错系违反信义义务侵权的构成要件,在判决具体赔偿数额时,都应考虑侵权人的过错程度。因此,主观说同样适用于对作为专业人士的信义义务主体的过错水平的判断。

第二,采取客观说的方式来认定负担信义义务的主体是否具有违反信义义务的行为。也即"一般社会人"标准:将同等条件下,社会一般人所能履行的信义义务水平,作为判断行为人是否具有违反信义义务行为的标准。

第三,采取主、客观相结合的方式来认定负担信义义务的主体是否具有违反信义义务的行为。譬如从《公司法》出发,判断违反信义义务侵权时,应当在主观方面引入经营判断规则作为判断标准。[1] 美国法学研究所曾就经营判断原则下了权威性定义,"如果做出经营判断的董事或职员符合下列3项条件,他就被认为诚实地履行了其义务:①他与该项交易无利害关系;②他有正当理由相信其所掌握的有关经营判断的信息在当时情况下是妥当的;③他有理由认为他的经营判断符合公司的最佳利益"[2]。有观点进一步认为,"在客

[1] 参见赵树文:《董事信义义务的立法与修正》,载《理论探索》2012年第1期。

[2] 曾怡:《关于董事善管义务的立法思考》,载《法学》1998年第10期。

观方面则应当以普通谨慎的董事在同类公司、同类职务、同类相关情形中所应具有的注意、知识和经验程度作为衡量标准,但若有某一董事的经验知识和资格明显高于此种标准的证明时,应当以该董事是否诚实地贡献了其实际拥有的全部能力作为衡量标准"[1]。笔者认为,从主观和客观两方面对裁判标准进行综合,可以更全面地反映行为的法律性质。但在实践中也需要考虑到,任何主观之标准也需要一定的外在证据在司法过程中进行证明。无论采取主观还是客观的方式,都需要结合证据法和程序法对裁判规则进行优化设计。

(2)不作为的侵权模式

就不作为的违反信义义务侵权而言,其判断重点在于,一旦确认主体具有某一信义义务,未履行这一义务的不作为就构成了违反信义义务侵权的行为方式。虽然作为的行为方式也应当先行确认主体具有某特定信义义务,但相较而言,其更侧重于对于每一特定信义义务应当设立什么样的行为标准,因此引入了主、客观的判断标准。

在不作为侵权模式中,确认某主体所负有的特定信义义务,应当结合该主体所从事的商事交往领域以及其是否为专业人士,是否具有特定身份综合认定。

(三)违反信义义务侵权的主体要件

商主体在一定的条件下往往负有信义义务,也即商主体有构成违反信义义务侵权的可能。根据不同部门法,又可划分为违反对公司、各类企业、证券市场、票据关系、保险关系、海上运输关系和船舶关系等的信义义务侵权。根据主体的不同,可划分为管理人员对公司、企业,债务人对特殊债权债务关系的违反信义义务侵权等。

对违反信义义务侵权的认定,还应结合侵权人的特殊身份进行规定。譬如,公司内部的董事、高管、监事与实际控股人,其所负担的信义义务内涵本身即丰富于一般员工,对其违反信义义务侵权的归责方式也应更为严格。鉴于前述主体的特殊身份,适用第一种构成要件方式,即责任的违反本身就构成违反信义义务侵权。即便选择第二种构成要件方式,在虽然没有造成现实损害,但如果损害发生的可能性极高,公司因此面临极高危险的情况下,也应对该类

---

[1] 参见赵树文:《董事信义义务的立法与修正》,载《理论探索》2012年第1期。

主体追究相应责任。

就特殊债权债务关系中的债务人,相较于一般债务关系中债务人所负担的履行义务,其负有更高的注意义务,其必然负担附随义务,对附随义务的违反也是构成违约与侵权的充分条件。一般债务人不履约,违反合同义务,但不一定构成侵权,而负有信义义务的债务人,其不仅构成违约,也会构成违反信义义务侵权。

(四)违反信义义务侵权的因果关系

因果关系是一般侵权的构成要件之一。但其在违反信义义务侵权之中所扮演的角色,值得商榷。负有信义义务的主体违反信义义务,一般会导致损害结果的发生,也即行为与结果之间具有因果关系。但也存在下述情况,即负有信义义务的主体虽然具有违反信义义务的行为,然而股东所受到的损害与此违反义务行为并无关联,此时,该主体是否构成违反信义义务侵权?

对这一问题的解答正是两种不同的构成要件模式:其一,如果违反了信义义务本身,即构成违反信义义务侵权,则因果关系不是必要的构成要件要素。此种构成要件模式,前述情形构成违反信义义务侵权。其二,如果只有违反了信义义务的行为,造成了侵权法上的后果,才构成违反信义义务侵权,则因果关系是必要的构成要件要素。在此种模式下,前述情形不构成违反信义义务侵权。

与此相类似地,还存在另一问题,即对信义义务的违反,是否必然会带来损害结果?就前一问题而言,观察“上海兴盛实业发展(集团)有限公司诉王某、黄某及第三人上海新梅置业股份有限公司证券欺诈责任纠纷案”即可得出结论。在该案中,被告诉称,其违规超比例购买新梅公司股票的行为仅违反了信息披露义务,但是并未损害原告诉称的各项权利,亦不构成对公共利益和国家利益的侵害。法院最终认定,原告诉请的权利内容,属于大股东的控制权,因此不受法律强制保护,而法律保护的各项权益内容,并未因被告违反信息披露义务而遭受损害。[1] 因此,违反信义义务的行为,不必然造成侵权法上的损害后果,也即不必然存在因果关系。就个案的审判而言,应当具体

---

〔1〕 (2015)沪一中民六(商)初字第66号“上海兴盛实业发展(集团)有限公司诉王斌忠、黄长印及第三人上海新梅置业股份有限公司证券欺诈责任纠纷案”。

分析。

此外,虽然有时行为与结果之间存在事实上的因果关系,但如果损害结果属于纯粹经济损失,鉴于该项损失判赔可能性的不确定,不能简单认为存在损失,就意味着行为与结果之间存在法律上的因果关系。事实上,如何对因果关系进行认定也是一个复杂的问题。直接导致的损害自然满足因果关系的要求。但因果关系链条是否能延伸至间接致损,造成纯粹经济损失的情形?一般情况下,鉴于商事交易活动频繁的特点,侵权人的侵权行为很可能会给直接受损人之外的主体造成影响,为了避免侵权人的责任范围与责任数额的不确定,宜将因果关系链条止于直接损害。

(五)损害结果的逻辑必要性探讨

一般情况下,违反信义义务的行为会给委托人带来损害;但也存在这样的情况,即负有信义义务的主体虽然具有违反信义义务的行为,然而该行为却并未造成任何损害,此时,该主体是否构成违反信义义务侵权?这一问题不仅与因果关系联系紧密,更与损害结果问题息息相关。

对这一问题的解答类似于对因果关系问题中的两种构成要件模式。如果违反了信义义务本身,即构成违反信义义务侵权,则损害结果不是必要的构成要件要素。前述情形构成违反信义义务侵权。但如果只有违反了信义义务的行为,造成了侵权法上的后果,才构成违反信义义务侵权,则损害结果是必要的构成要件要素。前述情形不构成违反信义义务侵权。

另外,应当考虑在商事语境下的违反信义义务侵权的损害结果,是否必须造成对经营的妨害。如果从商行为的特征出发,鉴于商事活动的目的在于营利,商行为是以营利为目的的法律行为,是一种营业性行为,[1]因此,对商事活动的调整必须尊重其自身特征。也即应当将对违反信义义务侵权的认定与妨害经营相结合。简言之,依照该思路,损害结果不但是必要的构成要件,而且这一结果必然是对经营的损害,否则即便具有违反信义义务的行为,也不构成违反信义义务侵权。但是,信义义务的制度设计目的,就是为了营造一个健康、积极、加强信任感、保护依赖性的民商事交往环境,如果采纳前述思路,将

---

〔1〕 参见王建文:《论我国〈民法典〉立法背景下商行为的立法定位》,载《南京大学学报》(哲学·人文科学·社会科学)2016 年第 1 期。

有违这一初衷。因此,笔者认为,在商事领域,不应将是否存在对经营的损害,作为判断是否造成违反信义义务侵权的标准。

三、不同法律渊源对信义义务的规定

我国现行立法中,暂无明确运用“信义义务”或“信义关系”的条文。最接近这一内涵的即为我国《公司法》与《证券法》中涉及董事、监事、高级管理人员的“忠实义务和勤勉义务”。虽然其他法律对类似内容有所提及,但缺乏体系性。在立法中确立信义义务,并在相关法条中直接运用这一概念,利于法律的整合与体系建构。下文将集中梳理与信义义务内涵联系较为紧密的相关法条。

(一)公司法律制度对信义义务的规定

1. 董事、监事和高级管理人员

董事之注意义务既是制定法规定的一项义务,也是普通法上长久以来即已确立的一项法律规则。[1] 《加拿大新商业公司法立法建议》(Proposals for a New Business Corporations Law for Canada,1971)改变了传统普通法上的主观性注意标准,改采客观标准。[2]

我国《公司法》第六章集中列明了董事、监事、高级管理人员所应负担的信义义务。该法第 147 条第 1 款明确指出该类主体对公司负有忠实勤勉义务;第 2 款与该法第 21 条明确了此三者不得利用其关联关系损害公司利益,也不得利用职权收受贿赂或其他非法收入、侵占公司财产。[3] 但第 148 条第 1 款

---

〔1〕 参见房绍坤、王洪平:《公司董事对公司债权人之信义义务与注意义务——加拿大最高法院“Peoples Department Stores Inc. (Trustee of) v. Wise”案述评》,载《环球法律评论》2005 年第 4 期。

〔2〕 同上。

〔3〕 《公司法》第 147 条第 2 款规定:“董事、监事、高级管理人员不得利用职权收受贿赂或者其他非法收入,不得侵占公司的财产。”

仅具体规定了董事、高级管理人员的禁为事项,[1]并未提及监事。

因此,该法还存在以下问题需要商榷:第一,如果采用负面清单模式来明确各主体所负担的信义义务,则监事的信义义务也应当被规定,这不仅是出于立法技术的考虑,毕竟监事的信义义务并非局限于《公司法》第21条与第147条第2款的寥寥数语。第二,该法仅对违反忠实义务的行为进行了列举,却未进一步对勤勉义务进行说明。有观点认为,市场的多变性,风险的难以预测,致使法律无法对"勤勉义务"作出更加具体的表述。而"勤勉义务"对董事或经理人员所要求的勤勉和注意标准应当以相同或类似情形下的普通人为参照。[2] 但正是因为董事、经理人员等担负公司重要职位的人员对公司的经营具有举足轻重的影响,才对其赋以与其他职工不同的注意义务;如果对于这类专业人士只提出"普通人"的注意标准,很可能会违背该注意义务设定的初衷。第三,未明确监事应负的忠实勤勉义务。第四,我国《公司法》第147条第1款仅规定了须对公司履行忠实勤勉义务,但上述主体是否只对公司负有信义义务;最重要的问题是,忠实勤勉义务是否能够涵盖董事、监事及高级管理人员所有的信义义务,忠实勤勉义务的内涵与外延是否完全与信义义务重合,实值探究。

综上所述,《公司法》立法存在概念不明、立法零散、体系性欠缺的问题。比照信义义务,明确忠实勤勉义务的内涵与外延,填补立法空白,修正立法不严谨之处,是当务之急。此外,对于董事、监事与高级管理人员的勤勉义务,也在《证券法》中有所要求[3],但规定大同小异,仍然缺乏对忠实勤勉义务的细

---

[1] 《公司法》第148条第1款规定:"董事、高级管理人员不得有下列行为:(一)挪用公司资金;(二)将公司资金以其个人名义或者以其他个人名义开立账户存储;(三)违反公司章程的规定,未经股东会、股东大会或者董事会同意,将公司资金借贷给他人或者以公司财产为他人提供担保;(四)违反公司章程的规定或者未经股东会、股东大会同意,与本公司订立合同或者进行交易;(五)未经股东会或者股东大会同意,利用职务便利为自己或者他人谋取属于公司的商业机会,自营或者为他人经营与所任职公司同类的业务;(六)接受他人与公司交易的佣金归为己有;(七)擅自披露公司秘密;(八)违反对公司忠实义务的其他行为。"

[2] 参见最高人民法院民事审判第二庭编:《最高人民法院关于公司法司法解释(一)、(二)理解与适用》,人民法院出版社2015年版,第86~87页。

[3] 《证券法》第142条规定:"证券公司的董事、监事、高级管理人员未能勤勉尽责,致使证券公司存在重大违法违规行为或者重大风险的,国务院证券监督管理机构可以责令证券公司予以更换。"

节性界定。

2. 控制股东与实际控制人

公司的控股股东、实际控制人不得利用其关联关系损害公司利益[1]。之所以对此二者进行专门规定,并于附则明确其意指,是因为他们对公司的经营有着重大影响。然而,对于这两类主体应负的信义义务却存在立法缺失。

3. 其他股东

依据我国《公司法》第35条和第199条,上述主体之外的其他股东对公司、债权人以及对其以外的股东也负有在约定期限内,真实完全履行出资的信义义务。[2] 另外,在履行公司管理等事宜时,该类股东也负担着诸如在股东大会时基于有利公司发展的考虑而投票的信义义务。法律对于一些特定主体,其信义义务可能基于成文法提出了更高的要求。比如对于证券公司股东,其法律规制已不限于私法,可以从法条中解构出涉及违反保护他人法律的违法性构成要件特质。[3]

综上所述,董事、监事、高级管理人员、控股股东、实际控制人与其他股东对公司、债权人、其他利益相关主体都负有内容不尽相同的信义义务。立法应当整合这6类主体所应负担的信义义务专门列为一章,作为对信义义务在《公司法》领域的具体规定。宜先总结提炼其共同的信义义务,若沿用忠实勤勉义务,则可同时在章节开篇明确其概念;之后再行分述各类主体所应负担的具体信义义务,相同内容亦可整合。

(二)合伙企业法律制度对信义义务的规定

我国《合伙企业法》第5条、第7条有关诚实信用原则与商业道德的规定,

---

[1] 《公司法》第21条规定:“公司的控股股东、实际控制人、董事、监事、高级管理人员不得利用其关联关系损害公司利益。违反前款规定,给公司造成损失的,应当承担赔偿责任。”

[2] 《公司法》第35条规定:“公司成立后,股东不得抽逃出资”;第199条规定:“公司的发起人、股东虚假出资,未交付或者未按期交付作为出资的货币或者非货币财产的,由公司登记机关责令改正,处以虚假出资金额百分之五以上百分之十五以下的罚款”。

[3] 《证券法》第141条规定:“证券公司的股东有虚假出资、抽逃出资行为的,国务院证券监督管理机构应当责令其限期改正,并可责令其转让所持证券公司的股权。在前款规定的股东按照要求改正违法行为、转让所持证券公司的股权前,国务院证券监督管理机构可以限制其股东权利。”

可以理解为信义义务在合伙企业法的原则性基础。[1] 关于普通合伙人(第17条、第22条、第25条)和有限合伙人(第70条至第73条)义务的规定,即合伙人所应负担的信义义务。[2] 但对于合伙人应当负担的信义义务及违反义务所应承担的责任,依然缺乏明确且系统化的规范。

(三)合同法律制度对信义义务的规定

大陆法系与英美法系就合同法规则与信义义务规则之间的关系持有不同立场。前者大多使用合同法来取代信义法,但后者的学界共识为信义法与合同法存在差别。[3]

支持信义法规则异于合同法规则的主要论据有以下6点:第一,信义义务及救济制度的规则设计是基于当事双方实力不对等所做出的选择;合同法的基础在于当事人地位的平等。第二,在信义法律关系里,对受托人是否违反义务的判断是一种事后模式;合同关系中的交易双方遵照约定履行彼此的权利义务,属于事前模式。第三,受托人承担为相对方利益行事的义务;合同当事人则不然。第四,信义义务的"利他主义"行为标准超出了合同法对合同当事

---

〔1〕《合伙企业法》第5条规定:"订立合伙协议、设立合伙企业,应当遵循自愿、平等、公平、诚实信用原则";第7条规定:"合伙企业及其合伙人必须遵守法律、行政法规,遵守社会公德、商业道德,承担社会责任"。

〔2〕《合伙企业法》第17条规定:"合伙人应当按照合伙协议约定的出资方式、数额和缴付期限,履行出资义务。以非货币财产出资的,依照法律、行政法规的规定,需要办理财产权转移手续的,应当依法办理";第22条规定:"除合伙协议另有约定外,合伙人向合伙人以外的人转让其在合伙企业中的全部或者部分财产份额时,须经其他合伙人一致同意。合伙人之间转让在合伙企业中的全部或者部分财产份额时,应当通知其他合伙人";第25条规定:"合伙人以其在合伙企业中的财产份额出质的,须经其他合伙人一致同意;未经其他合伙人一致同意,其行为无效,由此给善意第三人造成损失的,由行为人依法承担赔偿责任";第70条规定:"有限合伙人可以同本有限合伙企业进行交易;但是,合伙协议另有约定的除外";第71条规定:"有限合伙人可以自营或者同他人合作经营与本有限合伙企业相竞争的业务;但是,合伙协议另有约定的除外";第72条规定:"有限合伙人可以将其在有限合伙企业中的财产份额出质;但是,合伙协议另有约定的除外";第73条规定:"有限合伙人可以按照合伙协议的约定向合伙人以外的人转让其在有限合伙企业中的财产份额,但应当提前三十日通知其他合伙人"。

〔3〕参见朱圆:《论信义法的基本范畴及其在我国民法典中的引入》,载《环球法律评论》2016年第2期。

人履行合同义务的道德标准。第五,对违反信义义务的救济多为实际履行,运用货币救济时,不仅有权要求赔偿损失,且有权要求受托人在自利交易中获得的所有收益;违反合同义务的救济方式通常体现为金钱赔偿,且仅可要求恢复原状的损失赔偿。第六,信义法调整的是人与人之间的"关系";合同法调整的是人与人之间的"交易"。但是,合同关系并不意味着与信义法律关系相斥,相反,许多合同关系的创设可能同时引发信义法律关系,例如代理合同。[1]

但在《合同法》中对信义义务进行基础与总括性规定是可取的。第一,虽然该法并无对信义义务的规定,但第 6 条规定了诚实信用原则。[2] 而信义义务源于诚实信用原则,有鉴于合同法在民商事法领域的基础性地位,在此确立信义义务的基础性规定必要且适宜。第二,信义义务源于信义关系,而信义关系本身是一种委托关系,委托关系受合同法直接规制。因此,相较于在民法总则确立关于信义义务的基础性规定,不如在合同法中对此进行初步概念界定以及总括性规定。

至于有学者所指出的信义关系与合同关系的区别问题。第一,负担信义义务的主体仅仅是在其专业知识、技能、社会地位等因素中优于委托人,但双方在民事主体的视角下,是平等的,与合同法主体并无不同。第二,信义关系的最终目的是委托事项的完成,合同关系所追求的结果是约定事项的实现,其实质并无不同。第三,受托人为他人行事也是为了获取一定的对价,而非无偿,只是其逐利的方式与应履行的义务合为一体,所以其本质也是为自己利益行事,与合同主体的核心并无不同。第四,随着合同法的发展,由主给付义务慢慢延伸至附随义务,对当事人的道义性要求也在随着社会经济的发展不断提高,在诚实守信原则的大背景下,信义义务的纳入符合合同法未来的发展方向,值得注意的是,合同有主给付义务、从给付义务、附随义务之分,而在这 3 个阶段,其所要求的信义义务内涵各不相同,全面适当履行是所有给付义务的要求,就附随义务而言,根据该法第 60 条的规定,更加具有信义义务的特征。[3] 第五,合同法救济方式多样,具体赔偿方式也在不断变化,而对信义义

---

[1] 参见朱圆:《论信义法的基本范畴及其在我国民法典中的引入》,载《环球法律评论》2016 年第 2 期。

[2] 《合同法》第 6 条规定:"当事人行使权利、履行义务应当遵循诚实信用原则。"

[3] 《合同法》第 60 条规定:"当事人应当按照约定全面履行自己的义务。当事人应当遵循诚实信用原则,根据合同的性质、目的和交易习惯履行通知、协助、保密等义务。"

务的救济方式并没有超出现有的合同法规定。第六,合同调整的并非交易行为本身,而是更重于为了完成交易所牵扯的各类主体之间的关系,其对债权人与债务人权利义务的详细规定就证明了合同并不仅仅是“交易法”,而是一部“交易关系法”,而信义义务系加诸在主体上的一种关系调整。我国《合同法》第 8 条也可被视为信义义务的依据来源[1]。

四、特殊抗辩规则

(一)违反信义义务侵权抗辩裁判文书实证分析[2]

全文精确搜索“信义义务侵权”,共搜得案例与裁判文书 46 项,其中与信义义务直接相关的文书共计 44 项,均为民事类判决文书。除一项管辖权异议案件,司法实践中涉及违反信义义务侵权的案件共有以下 3 类:大股东、控股股东等滥用股东权利类案件,[3]董事、实际控制人等违反信息披露义务,[4]虚假陈述(此案由下共有 36 项判决书,均涉及北京无线天利移动信息技术股份有限公司的证券虚假陈述责任),[5]控股股东兼实际控制人拒不移交清算材料而导致案件无法全面清算。[6] 存在违反信义义务侵权的主体主要集中为董事、监事、高级管理人、控股股东、实际控制人与大股东。

---

[1] 《合同法》第 8 条规定:“依法成立的合同,对当事人具有法律约束力。当事人应当按照约定履行自己的义务,不得擅自变更或者解除合同。依法成立的合同,受法律保护。”

[2] 案例来源:北大法宝,www. pkulaw. cn,2018 年 5 月 28 日。

[3] (2008)沪二中民三(商)字第 238 号“董力诉上海致达建设发展有限公司等滥用股东权侵权赔偿纠纷案”;(2015)浙金商终字第 2590 号“金国忠与义乌市国有资本运营中心等公司决议效力确认纠纷上诉案”;(2014)鲁民提字第 262 号“日照发达实业有限公司诉山东重工集团有限公司等损害股东利益责任纠纷案”;(2013)柳市民二终字第 200 号“陈宗涛与融水县国能矿产有限公司等损害股东利益责任纠纷上诉案”。

[4] (2015)沪一中民六(商)初字第 66 号“上海兴盛实业发展(集团)有限公司诉王斌忠、黄长印及第三人上海新梅置业股份有限公司证券欺诈责任纠纷案”。

[5] (2017)京民终 501、509、510、512、558、567、573、575、576、659、662、664、665、666、669、674、747、748、749、751、752、754、793 号“北京无线天利移动信息技术股份有限公司诉宋琼、王羽、粟立志等证券虚假陈述责任纠纷案”;(2017)京 01 民初 23、28、38、41、66、104、107、113、116、416、421、433、435 号“李玮、解利伟、张志勇、王立乾等诉北京无线天利移动信息技术股份有限公司等证券虚假陈述责任纠纷案”。

[6] (2016)浙 0225 民初 4082 号“卢晓云诉宁波兴泰管业制造有限公司等损害股东利益责任纠纷案”;(2017)浙 02 民终 1621 号“周旭光诉卢晓云等损害股东利益责任纠纷案”。

由此可以看出,在司法实践中,往往只对公司法所涉及的自然人主体才认定具有信义义务。即便在证券虚假陈述系列案中,也是对该上市公司董事,即实际控制人追究信义义务责任。法院认为,该主体对无线天利公司及其股东,与其投资者均负有信义义务,对维护上市公司信息披露秩序承担重要责任。因此该主体应对原告的经济损失承担连带赔偿责任。

在这44份法律文书中,负担信义义务主体提出的抗辩有:被告并未违反信义义务,[1]做出行为的程序符合法律和公司章程的规定,[2]被告无法履行法定或约定义务的原因在于原告的不配合;[3]被告违反信义义务的行为不会损害原告诉请的权利。[4] 法院仅对其中一则案例的抗辩予以了支持。在该案中,被告的抗辩事由为违规超比例购买某公司股票的行为仅违反了信息披露义务,并未损害原告诉称的各项权利,亦不构成对公共利益和国家利益的侵害。但法院意见则为,原告诉称的是大股东的控制权,而大股东的控制权并不受法律强制保护。[5]

值得注意的是,在"陈宗涛与融水县国能矿产有限公司等损害股东利益责任纠纷上诉案"与北京无线天利移动信息技术股份有限公司证券虚假陈述责任纠纷系列案中,被告提出的抗辩之一在于没有主观故意。在前案中,因程序性问题,二审并未对大股东滥用权利损害小股东的行为展开论述。在后案中,法院则没有对其是否具有故意多加论述,而是引用了《最高人民法院关于审理证券市场因虚假陈述引发的民事赔偿案件的若干规定》第21条的规定:"发起

---

[1] (2013)柳市民二终字第200号"陈宗涛与融水县国能矿产有限公司等损害股东利益责任纠纷上诉案";(2015)浙金商终字第2590号"金国忠与义乌市国有资本运营中心等公司决议效力确认纠纷上诉案"。

[2] (2008)沪二中民三(商)字第238号"董力诉上海致达建设发展有限公司等滥用股东权侵权赔偿纠纷案";(2014)鲁民提字第262号"日照发达实业有限公司诉山东重工集团有限公司等损害股东利益责任纠纷案"。

[3] (2016)浙0225民初4082号"卢晓云诉宁波兴泰管业制造有限公司等损害股东利益责任纠纷案";(2017)浙02民终1621号"周旭光诉卢晓云等损害股东利益责任纠纷案"。

[4] (2015)沪一中民六(商)初字第66号"上海兴盛实业发展(集团)有限公司诉王斌忠、黄长印及第三人上海新梅置业股份有限公司证券欺诈责任纠纷案";"北京无线天利移动信息技术股份有限公司"系列案。

[5] (2015)沪一中民六(商)初字第66号"上海兴盛实业发展(集团)有限公司诉王斌忠、黄长印及第三人上海新梅置业股份有限公司证券欺诈责任纠纷案";(2014)鲁民提字第262号"日照发达实业有限公司诉山东重工集团有限公司等损害股东利益责任纠纷案"。

人、发行人或者上市公司对其虚假陈述给投资人造成的损失承担民事赔偿责任。发行人、上市公司负有责任的董事、监事和经理等高级管理人员对前款的损失承担连带赔偿责任。但有证据证明无过错的,应予免责。”因此,于法院而言,至少对该类信义义务违反的认定,适用过错推定责任。

(二)司法实践中的抗辩事由与抗辩技术[1]

1.通用性抗辩事由

违反信义义务侵权本质是一种侵权行为,因此,适用于过错推定的抗辩事由理论上均可适用于违反信义义务侵权。从一般侵权制度出发,违反信义义务侵权可主张的抗辩事由有被侵权人过错、第三人致损、情势变更和不可抗力。

值得探讨的是,上述抗辩事由能否成为侵权人的免责事由。违反信义义务侵权是负有信义义务的一方未能履行其所负义务而造成的结果,而这种义务是一种为他人考虑的体贴与照顾,即便被侵权人有过错,或损害最终是由第三人造成的,但只要侵权人未能尽到该项义务,其实质就是违反信义义务侵权,因此,上述事由不能成为免责事由。斟酌个案,可考虑适当减责。

(1)信义义务与情势变更

情势变更与下文中的商业风险具有一定联系。但是情势变更的以下特征使其有别于商业风险,而具有了没有争议的免责性,情事变更原则的法律目的,就在于救济并非属于商业风险所引起的交易上显失公平的结果。[2] 因此,负担信义义务的主体,如果遇到情势变更,则在情势发生变更的那一刻起,该主体不再负担信义义务。

(2)信义义务与不可抗力

负担信义义务的主体,如果遇到不可抗力,则在不可抗力发生时暂时不再负有信义义务。违反信义义务侵权中对不可抗力抗辩的运用只可能存在于不作为的违反信义义务侵权中,即义务主体由于不可抗力的缘故未能履行作为的信义义务。

适用不可抗力作为免责事由,应满足其“必须是债务履行受阻的最近、唯

---

〔1〕 既是抗辩事由,也是一种抗辩技术,不只是立法构成要件的抗辩。

〔2〕 参见张庆东:《情事变更与商业风险的法律界定》,载《法学》1994年第8期。

一和关键原因"[1]。因此,不可抗力只有在其是造成违反信义义务侵权的唯一原因,且不可抗力的出现不能归因于受托人时,受托人才能以不可抗力作为免责事由。

损害发生后,如果行为人本可以通过采取补救措施减少损害后果,但是却并未采取,则其对损害的扩大不能免责。[2] 因此,负有信义义务的主体在不可抗力发生后,必须及时采取措施,继续负担起信义义务,也即不可抗力只能是信义义务中断的事由,而不能免除受托方的信义义务,受托方在不可抗力发生之后,必须及时履行义务,否则之后的不作为将会构成违反信义义务侵权。

2. 商事视角的抗辩事由

违反信义义务侵权是商事领域的侵权,因此,商事领域的抗辩是否适用于违反信义义务侵权,值得探讨。

(1)信义义务与商业风险

"商业风险"在不同场合所指代的内容不尽相同:其既可能指某种外在的、客观的危险,即"客观意义上的商业风险";也可能指经过评价的并归结为特定主体的不利益,又可称为"主观意义上的商业风险"[3]。

商业风险可区分为"可预见的风险"与"不可预见的风险";前者指风险在特定当事人的承受范围之内;后者指风险由一方当事人承担,会过于艰难,或使之在经济上遭受毁灭性重创,或依社会一般观念认为有违公平。[4]

信义义务实质是一种对受托人道德所提出的更高程度的要求,因此它是一项法律化的道德义务,而非一项合同义务。因此,该义务不应当包括对不可预见的商业风险的预见,即便这一商业风险最终造成信托人的损害,也不能因此认定受托人构成违反信义义务侵权。对于可预见的风险,则构成违反信义义务侵权。同理,如果风险对于受托人来说过于巨大,即便对受托人的损害远小于对公司、股东或其他债权人等的损害,也不应当认定受托人负有这类信义义务。因此,即便信托人因此遭受损害,也不能认定受托人构成违反信义义务侵权。对于可承受的风险,亦构成违反信义义务侵权。

---

[1] 叶林:《论不可抗力制度》,载《北方法学》2007 年第 5 期。

[2] 参见袁文全:《不可抗力作为侵权免责事由规定的理解与适用——兼释〈中华人民共和国侵权责任法〉第 29 条》,载《法商研究》2015 年第 1 期。

[3] 参见韩世远:《情事变更若干问题研究》,载《中外法学》2014 年第 3 期。

[4] 同上。

(2)实质未妨害经营

从公司法视角出发,董事、监事与高管的信义义务有时与利益冲突相挂钩。英美公司法学者通常把利益冲突的事项分为以下4类:自我交易,经营者报酬的决定,滥用公司财产,动机不纯的公司行为。[1] 上述行为虽会造成个人利益与公司利益的冲突,但不必然会给公司带来损害。

一方面,因为意识到了自我交易并不必然损害公司利益,英美公司法经历了从严格禁止到有条件允许的转变;但自我交易本身存在着损害公司利益的可能性,因此必须用适当的法律程序对自我交易进行筛选,以最大限度地过滤自我交易存在的道德风险。[2] 另一方面,如果关联交易本身并未真正损害公司或股东利益,则负有相应信义义务的主体并不当然构成违反信义义务侵权。

3. 已尽善良注意义务

美国法院在长期司法实践中提出了经营判断准则——一项关于董事的注意义务的判例法规则,特拉华州最高法院认为,经营判断准则假定"董事在做出经营决策时是以熟悉情况为基础、怀有善意、并且真诚相信所采取的行动符合公司的最佳利益……在不存在自决权滥用的情况下,法院将尊重董事们的经营判断,以事实推翻这一假定的举证责任在原告"。[3] 虽然这是一项举证责任规则,但也是一项抗辩事由。如果董事们不能被证明他们有相反的行为,就认定他们本着善意尽了注意义务。因此,虽然信义义务本身具有其标准,但负担信义义务的主体仍然可以在个案中就其已尽善良、忠诚等信义义务来进行抗辩。也即信义义务的初始标准在个案判决中并不是一成不变的,即便不采取上述举证责任规则,负担信义义务的主体依然可以通过举证证明自己在当时的情况下已经尽到了同等水平的同行在当时情况下所能尽到的最大限度地信义义务来进行抗辩。而这与对信义义务设定行为标准并不冲突。后者是基本原则,前者则反映了原则在个案中的可变通性。

4. 不存在信义义务

结合已有司法判决文书,违反信义义务侵权的抗辩尚有:不存在该项信义

---

〔1〕 See Robert C. Clark, *Corporate Law*, Little Brown and Company, 1986, pp. 141 – 142; Robert W. Hamilton, *The law of corporations in a nutshell*, St. Paul, Minn.: West Pub. Co., 1991, p. 319. 转引自张开平:《英美公司董事法律制度研究》,法律出版社1998年版,第238页。

〔2〕 参见张开平:《英美公司董事法律制度研究》,法律出版社1998年版,第241~242页。

〔3〕 同上。

义务。“表见代理更容易发生于商事领域,据统计,68%的表见代理纠纷发生在商事代理领域,发生在民事代理领域的表见代理纠纷仅占32%。”[1]在商事表见代理中,存在这样一种情况:虽然公司的董事、监事或高级管理人员等负有信义义务的主体已经离职,但是这一信息却没有得到充分公示。此时,该主体已不担任原有职务,那是否应当对其追究违反信义义务的责任?鉴于此时该主体已不是负有信义义务的主体,且公司的损失可以借助无权代理制度进行弥补,因此,不宜认为该主体应当担负违反信义义务的责任。如果公司提起该类诉讼,当事人可以以不存在信义义务为由进行抗辩。

同理可类推于其他表见代理的领域,譬如律师在与当事人解约后,依然以当事人名义所进行的诉讼行为,如果对当事人造成了损失,当事人仅可以通过无权代理制度来维护自身权益,而不应提出违反信义义务的相关诉讼,否则律师可以“不存在信义义务”进行抗辩。

5. 基于因果关系的抗辩

就因果关系的抗辩事由,有以下两种。

第一,虽然存在违反信义义务的行为,但该行为与损害结果之间不存在因果关系。这一抗辩事由是否成立主要取决于对信义义务构成要件的确定。如果认为违反信义义务行为本身即构成违反信义义务侵权,则不应适用该因果关系的抗辩事由。如果认为只有造成了损害结果,才构成违反信义义务侵权,则当事人可以以“不存在因果关系”为由进行抗辩。

第二,在商事侵权案件中,可能存在下述情形:虽然被告存在违反信义义务的行为,且该行为的确造成了损害结果;但该损害结果并非原告提出赔偿请求的损害结果,原告诉请赔偿的受损权益并非由被告的该特定违反信义义务的行为造成,也即该违反信义义务的行为并没有造成诉讼所涉及的特定损害结果。

五、救济制度研究

(一)返还得益

有观点对于救济采取一种收益归入的态度,“在信义救济制度下,受托

---

[1] 周林彬、文雅靖:《表见代理实务问题分析:商事代理的视角》,载《人民司法》2012年第9期。

人被要求将其在违反信义义务过程中获得的所有收益归于委托人或受益人;这种救济方式的特性突出表现在它的适用不受任何限制:无论受益人的利益是否因受托人违反信义义务而蒙受实质性损失,无论受托人是否在此中表现出明显的窃取个人利益的故意,受托人所获得的利益均需全部剥离;即便受托人的行为以维护受益人的核心利益为目的,只要受托人在此过程中获得了除薪酬外的个人利益,受托人便不能保留此利益"[1]。这种观点在学理上存在一定的道理,盖因行为人之收益实质是以信义关系的背景而言的,这和一般的信托关系具有很强的可类比性,并可能在救济制度上值得探索制度共性。

违反信义义务侵权救济也因此与合同法救济存在联系和区别,其之间的关系需要厘清。合同法中违约方对相对方的赔偿责任总体而言是填补相对方所受到的损失,也即给予相对方相当于合同实际履行同样的价值;同时,如果违约行为为违约方带来比实际履行合同更大的利益,则违约方可以保留该利益,这种责任承担方式事实上鼓励了违约行为,并被法经济学家称为"有效益的"违约行为。"有效益的"违约行为并不违反合同主体的善意义务,因为合同当事人本就享有合同赋予的利用其中的违约赔偿条款的权利。相反,合同主体如坚持要求相对方实际履行合同义务,而不接受合同所约定的违约赔偿金的替代履行方式,则被视为恶意,因为其被认为试图获得在订立合同时没有期待得到,且从未支付对价的不直接来自于交易之利益。事实上,合同法对合同当事人"善意"履行合同义务的要求从未禁止合同当事人寻求合同之外能带来更大经济利益的机会。此外,违反合同义务的救济方式通常体现为金钱赔偿,且仅要求违约方向另一方赔偿损失致其恢复原状。而违反信义义务的救济方式更多体现为实际履行;在运用货币救济方式时,委托人不仅有权要求受托人赔偿其损失,且有权要求受托人在自利交易中获得的所有收益均应归于委托人或受益人。这种严苛的惩罚方式能够有力地抑制受托人违反信义义务。可见,就救济制度规则的设计而言,涉及信义义务的法律对受益人提供了

---

〔1〕 Paul B. Miller, "Justifying Fiduciary Remedies", *University of Toronto Law Journal* 63, 2013, pp. 570 – 571. 转引自朱圆:《论信义法的基本范畴及其在我国民法典中的引入》,载《环球法律评论》2016 年第 2 期。

更强的保护力度。[1] 一个核心性的、值得讨论的问题是,在侵权救济之中,如果涉及得益返还的计算标准,如果存在契约作为相关证据,其标准是否可以进行参照。因为从诉权角度看,提起违反信义义务的侵权之诉,还是考虑从合同角度进行救济,系当事人之诉权选择自由。但是,在当事人已然确定选择侵权救济的情况下,相关契约及契约带来的合理预期能否成为侵权救济之适当参照,则是救济制度构建进一步需要解答之问题。笔者认为,违反信义义务的侵权责任范围和大小,不能直接用合同理论来进行分析,但是如果存在相关合同,可以作为参照性的证据进行展示,以便进行违反信义义务侵权责任返还得益的参照计算标准。

从救济方式的类似性和关联性看,这种侵权救济和公司制度中的归入权也存在一定的共性。我国《公司法》第 148 条规定了董事和高管在违反对商主体忠实义务的情况下,其得益应当归于公司。[2] 对于这种救济与违反信义义务侵权救济之间的关系,可以从两种角度进行理解。一种角度是,公司法中的归入权制度与违反信义义务侵权救济制度存在竞合,此时把公司法律制度作为一种特别法制度进行优先适用。另一种角度是,公司制度中的董事和高管其违反忠实义务之行为具有违法性,系广义侵权之诉框架下的一种子类型,其救济固然是根据特别法的规定,但是其在诉讼的分类上属于商事侵权的一种特殊的子类型。笔者认为,后者更具有体系化的大局观,故归入权可以理解为一种基于特别法的返还得益。

---

〔1〕 See Daniel Markovits, "Sharing Ex Ante and Ex Post: The Non-Contractual Basis of Fiduciary Relations", in Andrew S. Gold and Paul B. Miller eds., *Philosophical Foundation of Fiduciary Law*, Oxford University Press, 2014, p. 213. 转引自朱圆:《论信义法的基本范畴及其在我国民法典中的引入》,载《环球法律评论》2016 年第 2 期。

〔2〕 《公司法》第 148 条规定:"董事、高级管理人员不得有下列行为:(一)挪用公司资金;(二)将公司资金以其个人名义或者以其他个人名义开立账户存储;(三)违反公司章程的规定,未经股东会、股东大会或者董事会同意,将公司资金借贷给他人或者以公司财产为他人提供担保;(四)违反公司章程的规定或者未经股东会、股东大会同意,与本公司订立合同或者进行交易;(五)未经股东会或者股东大会同意,利用职务便利为自己或者他人谋取属于公司的商业机会,自营或者为他人经营与所任职公司同类的业务;(六)接受他人与公司交易的佣金归为己有;(七)擅自披露公司秘密;(八)违反对公司忠实义务的其他行为。董事、高级管理人员违反前款规定所得的收入应当归公司所有。"

（二）损害赔偿的计算

违反信义义务的损害赔偿的标准应当遵循侵权法的“填平原则”，将赔偿数额限定为补足被侵权人因为侵权行为所受到的财产性损害。违反信义义务的救济手段是在侵权法语境下进行探讨的，就必然要遵循侵权法的一般赔偿原则。如果当事人在事前已就该特定争议事项约定了赔偿计算的方式或数额，但一方反悔，这一事前约定是否能够适用。因侵权行为而生的损害赔偿责任，只要不违反公共秩序或善良风俗，也不违反法律强行性规定，原则上可以通过当事人之间预先达成的合意进行排除或限制，明示、默示均可。[1] 虽然违反信义义务侵权是一种侵权行为，但鉴于营利与协商在商事领域中的重要地位，在诉讼双方均为商主体的情形下，应当允许按照当事人之间的约定确定赔偿方式与数额。其根源在于，信义义务关系之存在，往往可能基于合同关系或者是准合同关系，不排除当事人之间对于信义义务之违反本身可能存在一些救济制度上的安排。

在难以量化被侵权人所受损失的案件中，如何合理确定赔偿数额。被侵权人所受损失可分为易于量化与难以量化两种。前者的计算方式较为清晰，也较容易得出结果。譬如，在违反信义义务的自我交易中，对比自我交易数额与正常市场交易价格，差额与利息即为被侵权人所受的财产性损失。问题在于，在难以量化财产损失的情形下，如何合理确定赔偿数额。譬如，公司的董事泄露商业秘密所造成的公司损失，或者股东协助竞争对手挖自己公司的核心员工而给公司带来的损失，因为后续损害难以量化，如何确定侵权人的赔偿范围与具体数额，都是值得商榷的问题。同时，对于违反信义义务侵害商业秘密等行为，存在法律规则和救济规则竞合的问题。在进行损害赔偿救济的计算时，也要区分违反信义义务侵权赔偿计算方式和其他赔偿方式之差异。

---

〔1〕 参见王泽鉴：《侵权行为法》（第1册），中国政法大学出版社2001年版，第65页。

第八章

结论：商事侵权的制度共性

一、商事侵权：制度共性与营业保护

商事侵权为什么和传统的民事侵权存在一些差异性的地方，值得进行一种独立的制度安排？其中一个很重要的原因是，商事领域的侵权制度更多强调的是一种对营业的保护，而营业本身是具有持续盈利、持续经营特质的一系列行为模式。无论是哪一种类型化的商事侵权，都会有营利性保护背景。比如在涉及信息的商事侵权中，有两种典型的类型：一种是欺诈侵权；另一种是过失虚假陈述。前者是行为人故意进行欺诈并造成损害后果的侵权模式，后者是行为人出于过失导致陈述的不准确从而对他人造成损害。这些本质上都属于对营利的一种侵害。因为无论是出于故意还是过失，对信息的扭曲都会增加市场上的交易成本，进而导致市场上的主体在行为选择上的扭曲，而这些扭曲是信息的不准确造成的。

在市场经济的大背景下，世界各主要国家都存在大量的商主体泛化的情况，因此为商事侵权提供了大量具有商主体属性的主体。这些具有商主体属性的主体皆可以作为侵权的当事人。商主体作为行为人，其做出侵权行为时的特质往往具有营利的目的，但我们也知道商事侵权在很大程度上是直接或者间接地对市场的营利以及相关的营利秩序进行保护。这就意味着可能存在两种营利价值的冲突。行为人是基于一种营利的动机进行侵权，而受害方所受到的损害可能也是一种营利性的利益，或者行为人所实施的整个侵权行为侵害的是一种营利性的市场秩序，那么这就会存在一系列的法律问题。

这些法律问题一方面体现在双方营利权益上的冲突，行为人和受害方都

是基于营利而付诸诉讼。典型的例子是在妨害合同侵权当中，极有可能侵权的行为人是为了获得某些商业利益、营业性的利益才做出此种侵权行为，但是受害方同时也可能失去了某种以合同形式固定下来所保护的营业性的法律利益，其营利性的权益受到侵害。实际上这里存在两种营利法益上的冲突，其中一种来自行为人，另一种来自受害方，商事侵权的制度意义就在于产权边界的界定。[1] 法律的竞合也加剧了问题的复杂性，由于商事侵权通常考虑的是一种直接或者间接地对市场营利的保护，而反不正当竞争法相关的一些规定同样也会对市场营利进行保护，此时便会存在法律的竞合。在实践中，一些特定的国家或法域也会有一些具体制度上的差异。例如，以色列关于商事侵权的法律制度实际上是以竞争法的深切考虑为背景的；而在我国澳门特别行政区，相关的商法制度同样也是用竞争法来解决诸如妨害合同这一类的商事侵权行为。

二、商事侵权的主要分类模式

如前所述，商事侵权的理论和营利性密切相关，是对直接或者间接侵害营利性行为在侵权法意义上的法律规制。结合类型化，我们研究发现，商事侵权往往和表 8－1 所示的主题有关：

表 8－1　商事侵权行为模式的主要分类及其特点

分类标准	信息型	侵害营业型	关系义务型
侵权类型化举要	欺诈、虚假陈述	妨害合同、妨害经营	违反信义义务
影响	信息的扭曲	对营业状态的直接侵害	对法定义务关系的破坏
社会成本	交易成本增加	对社会供给的消极影响	组织内部和外部信赖预期的破坏

第一，在商事侵权中关于交易信息的主题，信息的扭曲本身即可能导致商事侵权的发生，典型案件主要集中在商事欺诈侵权以及过失虚假陈述侵权类

〔1〕 侵权的相互性参见 Ronald Coase, The Problem of Social Costs, The Journal of Law and Economics, Vol. 3(1960)。

型化中。扭曲的市场信息可能对市场上特定或者不特定主体的商业判断产生消极影响,因为市场主体的商业性判断源于错误的信息基础。无论行为人的主观状态为故意抑或过失,客观上都会使交易成本上升。结合事故的成本的相关理论〔1〕,信息的扭曲除了带来直接的经济损失,比如受害方的投资损失,也可能带来其他社会成本,其中包括信息扭曲导致市场主体退出交易市场,使大量社会剩余无法实现的情况,如在二手车市场中,很多高质量二手车的市场价格无法与其真实价值相匹配,出现劣币驱逐良币的情况,导致大量市场主体退出市场〔2〕,而信息扭曲导致信息不对称的情况与行为人的欺诈陈述或者出于过失的主观状态的虚假陈述是紧密相连的,从长远来看对营业产生直接或者间接的损害。

第二,关于直接侵害合同或者侵害经营行为本身,在我们的研究中主要集中在妨害合同侵权以及妨害经营侵权类型化中。与信息扭曲的主题不同的地方在于,对合同或者经营行为的侵害为直接性侵害,虽然在某些司法实践中,其表现形式为间接妨害。妨害合同侵权主要体现在侵害以合同为载体的商业利益,侵害行为直接体现为阻碍合同的履行,客观上最终可能影响合同本身的效力。典型例子是行为人引诱合同中的一方不履行合同,或者行为人在明知合同存在的情况下,通过某种方式导致合同一方无法接受另一方的给付。这种商事侵权类型直接体现为侵害以合同形式固定的交易。与之对应的是更为抽象的对营业持续进行妨害的商事侵权,这种侵权类型并不集中或者专注于对某种特定合同的侵害,但不排除在妨害经营过程中包含对单个或者多个合同侵害的可能。〔3〕 商主体处于持续经营状态是妨害经营侵权类型认定的前提,当事人或者作为受害方的商主体持续公开营业的公示状态本身就存在被法律保护的正当性,行为人通过不当行为侵害商主体持续经营的状态,则可能构成妨害经营侵权。妨害经营侵权固然可能同时涉及对一个或者多个合同的妨害,但有时候法律利益也可能尚未通过合同形式固定下来,在此情况下妨害

---

〔1〕 参见[美]盖多·卡拉布雷西:《事故的成本:法律与经济的分析》,毕竞悦、陈敏、宋小维译,北京大学出版社2008年版。

〔2〕 相关理论参见 George A. Akerlof, "The Market for 'Lemons': Quality Uncertainty and the Market Mechanism", *The Quarterly Journal of Economics* 84, 1970, pp. 488–500。

〔3〕 此状态为妨害经营与妨害合同的竞合,但仅仅是具体的侵权类型竞合,并未超越侵权行为法律调整之框架。

经营侵权则可能表现为完全不涉及已成立合同被侵害的形式，其实质特征仍然是商主体公开经营的状态本身受到侵害。

第三，关系义务型的违反信义义务侵权，其中信义义务的来源多样，法定的来源是其中常见的一种。除了义务内容本身，信义义务本质上也是关系性的逻辑结构，比如公司的董事、监事、高管与其公司的关系及其义务；律师、会计师与其委托人的关系及其义务。从这个角度来看，信义义务并不局限于义务本身，应当考虑信义义务中涉及关系部分的内容。正确理解违反信义义务侵权的关键在于，即使存在其他的救济方式，也不能免除有关法律制度的相关规定。比如在律师违反对当事人信义义务的侵权案件中，当事人固然可以通过违约的方式寻求救济，但是即使不存在委托代理合同[1]的情况下，基于律师法等相关法律对律师固有的信义义务的规定，当事人仍然可能具有违反信义义务的请求权。除了违约救济，当事人可以自行选择包括违反信义义务在内的具体救济方式。法院在行使这类案件的释明权时应当高度审慎，不能越俎代庖代替当事人作诉讼类型和方式的决定。在商业组织法里体现得更为明显，普通合伙人对合伙企业的义务，董事、监事、高管对公司的义务未必完全通过合同来规定，但是公司法、合伙企业法等商事主体法内则明确规定了相关主体信义义务的内容，而这些规定则是违反信义义务侵权构成要件的重要参考依据。违反信义义务侵权中保护的客体更多地体现为法律拟制理解的商业运作中存在的特定关系，这种保护不完全通过商事主体法，最终的请求权基础往往基于侵权理论。

综上所述，商事侵权的不同种类的具体构成要件是围绕商事侵权的内涵和制度特质展开的，以适应不同类型商事侵权的个性，进而实现同类案件法律适用结果的一致性。但是，其分类不能脱离商事侵权法律适用注重营利性保护和商业领域普遍存在纯粹经济损失等的制度共性。在我国《民法典》侵权编的立法中，不仅应讨论一般商行为的立法定位问题[2]，还应当把商事侵权为代表的具有商法特质的事实行为进行包括一般理论和类型化在内的法律规定。

---

〔1〕 如尚未订立委托代理关系但付费咨询律师的情况。

〔2〕 参见王建文：《论我国〈民法典〉立法背景下商行为的立法定位》，载《南京大学学报》（哲学·人文科学·社会科学）2016年第1期。

参考文献

一、中文文献

（一）论文

[1]白飞鹏、李红:《私法原则、规则的二元结构与法益的侵权法保护》,载《现代法学》2002 年第 2 期。

[2]白江:《我国应扩大惩罚性赔偿在侵权责任法中的适用范围》,载《清华法学》2015 年第 3 期。

[3]陈洁:《上市公司及相关主体违反公开承诺的民事责任分析——以虚假陈述型违反承诺为中心》,载《法律适用》2013 年第 10 期。

[4]陈林:《违反信义义务所获利益应予返还》,载《人民司法》2009 年第 6 期。

[5]陈磊:《普通法视角的纯粹经济损失》,载《清华法学》2010 年第 5 期。

[6]程礼龙:《汉德公式 B、P、PL 变量的研究》,载《长江大学学报》(社会科学版)2007 年第 2 期。

[7]陈鸣:《董事信义义务转化的法律构造——以美国判例法为研究中心》,载《比较法研究》2017 年第 5 期。

[8]崔世君:《论美国侵权法中的纯粹经济损失》,载《西部法学评论》2010 年第 4 期。

[9]程啸:《侵权法中"违法性"概念的产生原因》,载《法律科学》(西北政法学院学报)2004 年第 1 期。

[10]程啸:《过失相抵与无过错责任》,载《法律科学》(西北政法大学学报)2014 年第 1 期。

[11]邓辉:《言论自由原则在商业领域的拓展——美国商业言论原则评述》,载《中国人民大学学报》2004 年第 4 期。

[12]冯珏:《汉德公式的解读与反思》,载《中外法学》2008 年第 4 期。

[13]房绍坤、王洪平:《公司董事对公司债权人之信义义务与注意义务——加拿大最高法院“Peoples Department Stores Inc.(Trustee of) v. Wise”案述评》,载《环球法律评论》2005 年第 4 期。

[14]范世乾:《信义义务的概念》,载《湖北大学学报》(哲学社会科学版)2012 年第 1 期。

[15]樊涛:《我国营业权制度的评析与重构》,载《甘肃社会科学》2008 年第 4 期。

[16]郭锋:《虚假陈述侵权的认定及赔偿》,载《中国法学》2003 年第 2 期。

[17]郭强:《试论过错相抵》,载《现代法学》1991 年第 2 期。

[18]高文燕:《论商主体概念的界定及对商人的认定标准》,载《商品与质量》2010 年 SC 期。

[19]郭晓霞:《关于商主体几个基本问题的研究》,载《山东社会科学》2007 年第 4 期。

[20]葛云松:《纯粹经济损失的赔偿与一般侵权行为条款》,载《中外法学》2009 年第 5 期。

[21]韩世远:《情事变更若干问题研究》,载《中外法学》2014 年第 3 期。

[22]胡岩:《商事侵权中恶意诉讼行为的法律规制》,载《人民司法》2014 年第 21 期。

[23]蒋尧明:《上市公司会计信息披露的真实性与虚假陈述研究》,载《会计研究》2004 年第 1 期。

[24]李承亮:《侵权行为违法性的判断标准》,载《法学评论》2011 年第 2 期。

[25]刘道远:《商事侵权责任对侵权责任法的挑战及其对策》,载《法商研究》2010 年第 1 期。

[26]李后龙:《关于民商事审判工作发展方向的法理思考——基于商法的特征和原则》,载《法律适用》2004 年第 4 期。

[27]李建伟:《对我国商个人立法的分析与反思》,载《政法论坛》2009 年第 5 期。

[28]李建华、麻锐:《论商事权利理论体系的构建》,载《吉林大学社会科学学报》2014 年第 5 期。

[29]刘凯湘:《在私权保障与新闻自由之间——以媒体侵权的类型为视角》,载《法律适用》2013 年第 9 期。

[30]吕来明:《论商业机会的法律保护》,载《中国法学》2006 年第 5 期。

[31]李萌:《商业侵权行为阐析》,载《辽宁大学学报》(哲学社会科学版)1996 年第 4 期。

[32]李庆民、董明慧:《试论集体诉讼》,载《法律科学》(西北政法学院学报)1995 年第 3 期。

[33]刘茜、张超:《后合同义务基本理论问题探析》,载《前沿》2010 年第 10 期。

[34]刘维:《反不正当竞争法一般条款的适用边界》,载《湖北社会科学》2011 年第 12 期。

[35]刘文杰:《论侵权法上过失认定中的"可预见性"》,载《环球法律评论》2013 年第 3 期。

[36]刘文科:《营业:商法上的特殊客体》,载《政法论坛》2010 年第 5 期。

[37]李锡鹤:《对债权不可侵性和债权物权化的思考——兼论物权与债权之区别》,载《华东政法学院学报》2003 年第 3 期。

[38]刘兴华:《证券虚假陈述的界定》,载《经济问题》2004 年第 9 期。

[39]吕彦:《美国侵权行为法判断因果关系的规则与实践》,载《现代法学》1998 年第 6 期。

[40]刘勇:《缔约过失与欺诈的制度竞合——以欺诈的"故意"要件为中心》,载《法学研究》2015 年第 5 期。

[41]李中原:《论侵权法上因果关系与过错的竞合及其解决路径》,载《法律科学》(西北政法大学学报)2013 年第 6 期。

[42]倪受彬、张艳蓉:《证券投资咨询机构的信义义务研究》,载《社会科学》2014 年第 10 期。

[43]马桦、朱呈义:《侵权责任中违法性的判断》,载《当代法学》2007 年第 3 期。

[44]马强:《附保护第三人作用之合同研究》,载《政治与法律》2005 年第 1 期。

[45]梅夏英、邹启钊:《论债权的相对性与不可侵性的关系》,载《烟台大学学报》(哲学社会科学版)2005 年第 1 期。

[46]潘玮璘:《构建损害赔偿法中统一的可预见性规则》,载《法学家》2017 年第 4 期。

[47]钱宇丹、徐卫东:《论我国中小企业的营业权制度》,载《当代法学》2014 年第 4 期。

[48]钱玉林:《缔约过失责任与诚信原则的适用》,载《法律科学》(西北政法学院学报)1999 年第 4 期。

[49]覃有土、晏宇桥:《论侵权的间接损失认定》,载《现代法学》2004 年第 4 期。

[50]荣振华:《分析与权衡:商事侵权制度的未来》,载《西部法学评论》2012 年第 3 期。

[51]沈琪:《英美刑法中的近因判断及其启示》,载《比较法研究》2014 年第 2 期。

[52]宋旭东:《论竞争关系在审理不正当竞争案件中的地位和作用》,载《知识产权》2011 年第 8 期。

[53]沈弋、徐光华、王正艳:《"言行一致"的企业社会责任信息披露——大数据环境下的演化框架》,载《会计研究》2014 年第 9 期。

[54]童列春:《营业的性质与商法构造》,载《武汉理工大学学报》(社会科学版)2009 年第 1 期。

[55]王春梅:《对债权不可侵性独立地位的理论思考》,载《北方法学》2007 年第 5 期。

[56]王福华:《打开群体诉讼之门——由"三鹿奶粉"事件看群体诉讼优越性的衡量原则》,载《中国法学》2009 年第 5 期。

[57]温宏建:《关于经营概念的演变——兼论全球化条件下的中国管理学的一些问题》,载《首都经济贸易大学学报 》2006 年第 1 期。

[58]王静:《如实告知义务法律适用问题研究——以〈最高人民法院关于适用《中华人民共和国保险法》若干问题的解释(二)〉为核心》,载《法律适用》2014 年第 4 期。

[59]王建文:《论我国〈民法典〉立法背景下商行为的立法定位》,载《南京大学学报》(哲学·人文科学·社会科学)2016 年第 1 期。

[60]武腾:《拍卖人的信息提供义务与担保责任——从居间商的法律地位出发》,载《法律科学》(西北政法大学学报)2017 年第 6 期。

[61]王卫东、程乾平:《德国法上的纯粹经济损失分析》,载《德国研究》2006 年第 3 期。

[62]王旭东、朱军华:《商业欺诈法律给予惩罚性损害赔偿的行为》,载《律师世界》1998 年第 1 期。

[63]王艳萍:《商事侵权责任之内涵论析》,载《湘潭大学学报》(哲学社会科学版)2011 年第 3 期。

[64]吴至诚:《英国法中基于过失的一般侵权责任——多诺霍诉史蒂文森案》,载《苏州大学学报》(法学版)2015 年第 1 期。

[65]许德风:《不动产一物二卖问题研究》,载《法学研究》2012 年第 3 期。

[66]解亘:《论管制规范在侵权行为法上的意义》,载《中国法学》2009 年第 2 期。

[67]肖和保、陈荣鑫:《〈澳门商法典〉概述及其借鉴意义》,载《财经理论与实践》2000 年第 4 期。

[68]谢鸿飞:《违约责任与侵权责任竞合理论的再构成》,载《环球法律评论》2014 年第 6 期。

[69]肖海军:《论营业权入宪——比较宪法视野下的营业权》,载《法律科学》(西北政法学院学报)2005 年第 2 期。

[70]胥家信:《浅析涉外民事法律关系之定性问题——以案例角度分析〈法律适用法〉之第八条》,载《法制与经济》2014 年第 8 期。

[71]徐喜荣:《营业:商法建构之脊梁——域外立法及学说对中国的启示》,载《政治与法律》2012 年第 11 期。

[72]谢晓尧、林良倩:《权利何以通约——华盖公司作品维权的标本意义》,载《学术研究》2012 年第 8 期。

[73]徐银波:《论侵权损害完全赔偿原则之缓和》,载《法商研究》2013 年第 3 期。

[74]徐志军、张传伟:《欺诈的界分》,载《政法论坛》2006 年第 4 期。

[75]杨东:《论金融衍生品消费者保护的统合法规制——高盛"欺诈门"事件的启示》,载《比较法研究》2011 年第 5 期。

[76]于飞:《论德国侵权法中的"框架权"》,载《比较法研究》2012 年第

2 期。

[77]叶金强:《论侵权损害赔偿范围的确定》,载《中外法学》2012 年第 1 期。

[78]叶金强:《私法中理性人标准之构建》,载《法学研究》2015 年第 1 期。

[79]叶林:《论不可抗力制度》,载《北方法学》2007 年第 5 期。

[80]杨立新、蔡颖雯:《论妨害经营侵权行为及其责任》,载《法学论坛》2004 年第 2 期。

[81]叶名怡:《论违法与过错认定——以德美两国法的比较为基础》,载《环球法律评论》2009 年第 5 期。

[82]袁文全:《不可抗力作为侵权免责事由规定的理解与适用——兼释〈中华人民共和国侵权责任法〉第 29 条》,载《法商研究》2015 年第 1 期。

[83]于莹、潘林:《证券虚假陈述侵权责任中信赖推定之证成——欺诈市场理论局限性的克服》,载《法制与社会发展》2011 年第 2 期。

[84]晏宗武:《论民法上的注意义务》,载《法学杂志》2006 年第 4 期。

[85]朱广新:《论纯粹经济上损失的规范模式——我国侵权行为法对纯粹经济上损失的规范样式》,载《当代法学》2006 年第 5 期。

[86]朱虎:《侵权法中的法益区分保护:思想与技术》,载《比较法研究》2015 年第 5 期。

[87]张瀚:《我国两岸侵权法一般条款制度演进比较研究——一种法经济学的视角》,载《大珠三角论坛》2011 年第 2 期。

[88]张瀚:《侵权不确定性与贝叶斯法则——一种法经济学的视角》,载《法学评论》2012 年第 5 期。

[89]张瀚、楚清:《商事侵权与商事审判理念——以〈侵权责任法〉的司法适用为背景》,载《云南大学学报》(社会科学版)2012 年第 4 期。

[90]赵红梅:《美、德新型惩罚性赔偿对我国〈消法〉修订的启示》,载《法律科学》(西北政法大学学报)2011 年第 5 期。

[91]赵金龙:《损害赔偿的限制规则浅探》,载《法商研究》(中南政法学院学报)1997 年第 2 期。

[92]周林彬、文雅靖:《表见代理实务问题分析:商事代理的视角》,载《人民司法》2012 年第 9 期。

[93]周林彬、张瀚:《交通事故经营性车辆停运损失的法经济学分析》,载

《中国审判》2012 年第 5 期。

[94]张庆东:《情事变更与商业风险的法律界定》,载《法学》1994 年第 8 期。

[95]朱如钢:《论侵权行为的因果关系》,载《浙江大学学报》(人文社会科学版)1996 年第 4 期。

[96]张新宝、李倩:《纯粹经济损失赔偿规则:理论、实践及立法选择》,载《法学论坛》2009 年第 1 期。

[97]郑晓剑:《侵权损害完全赔偿原则之检讨》,载《法学》2017 年第 12 期。

[98]张湘兰、朱强:《论纯经济损失的侵权责任——从欧洲比较法展开》,载《时代法学》2004 年第 5 期。

[99]朱圆:《论信义法的基本范畴及其在我国民法典中的引入》,载《环球法律评论》2016 年第 2 期。

[100]曾怡:《关于董事善管义务的立法思考》,载《法学》1998 年第 10 期。

[101]郑友德、杨国云:《现代反不正当竞争法中"竞争关系"之界定》,载《法商研究》2002 年第 6 期。

[102]周友军:《德国民法上的违法性理论研究》,载《现代法学》2007 年第 1 期。

[103]周友军:《我国侵权法上完全赔偿原则的证立与实现》,载《环球法律评论》2015 年第 2 期。

(二)著作

[1]崔建远主编:《合同法》,法律出版社 2010 年版。

[2]重庆市高级人民法院编:《重庆审判案例精选》(第 2 集),法律出版社 2007 年版。

[3]程啸:《侵权责任法》,法律出版社 2015 年版。

[4]董安生等编著:《中国商法总论》,吉林人民出版社 1994 年版。

[5]杜景林、卢谌:《德国民法典全条文注释》,中国政法大学出版社 2015 年版。

[6]杜万华主编、最高人民法院民事审判第二庭编:《最高人民法院公司法司法解释(四)理解与适用》,人民法院出版社 2017 年版。

[7]范健、王建文:《商法的价值、源流及本体》,中国人民大学出版社2004年版。

[8]刘清波:《民法概论》,台北,台湾开明书店1979年版。

[9]《马克思恩格斯选集》(第3卷),人民出版社1995年版。

[10]史尚宽:《债法总论》,中国政法大学出版社2000年版。

[11]王保树:《商法总论》,清华大学出版社2007年版。

[12]王军:《侵权损害赔偿制度比较研究》,法律出版社2011年版。

[13]王家福:《中国民法学·民法债权》,法律出版社1991年版。

[14]王利明:《民法·侵权行为法》,中国人民大学出版社1993年版。

[15]王利明主编:《中国民法典草案建议稿及说明》,中国法制出版社2004年版。

[16]王利明:《民法》,法律出版社2005年版。

[17]王利明、杨立新:《侵权行为法》,法律出版社1996年版。

[18]王泽鉴:《民法学说与判例研究》(第1册),中国政法大学出版社1998年版。

[19]王泽鉴:《侵权行为法》(第1册),中国政法大学出版社2001年版。

[20]王泽鉴:《民法学说与判例研究》(第7册),北京大学出版社2009年版。

[21]王泽鉴:《侵权行为》(第3版),北京大学出版社2016年版。

[22]魏振瀛主编:《民法》,北京大学出版社2000年版。

[23]许传玺、石宏、和育东:《侵权法重述第二版:条文部分》,法律出版社2012年版。

[24]谢怀栻:《外国民商法精要》,法律出版社2002年版。

[25]谢怀栻:《外国民商法精要》(增补版),法律出版社2006年版。

[26]杨立新:《类型侵权行为法研究》,人民法院出版社2006年版。

[27]杨立新:《侵权损害赔偿》,法律出版社2010年版。

[28]张新宝:《侵权责任构成要件研究》,法律出版社2007年版。

[29]最高人民法院民事审判第二庭编:《最高人民法院关于公司法司法解释(一)、(二)理解与适用》,人民法院出版社2015年版。

[30]张开平:《英美公司董事法律制度研究》,法律出版社1998年版。

[31]赵中孚主编:《商法总论》(第4版),中国人民大学出版社2009

年版。

(三)译作

[1][德]迪特尔·梅迪库斯:《德国民法总论》,邵建东译,法律出版社2013年版。

[2][美]盖多·卡拉布雷西:《事故的成本:法律与经济的分析》,毕竟悦、陈敏、宋小维译,北京大学出版社2008年版。

[3][德]克雷斯蒂安·冯·巴尔:《欧洲比较侵权行为法》(上卷),张新宝、焦美华译,法律出版社2004年版。

[4][德]马克西米利安·福克斯:《侵权行为法》,齐晓琨译,法律出版社2006年版。

[5][意]毛罗·布萨尼、[美]弗农·瓦伦丁·帕尔默主编:《欧洲法中的纯粹经济损失》,张小义、钟洪明译,法律出版社2005年版。

[6][德]U. 马格努斯:《侵权法的统一:损害与损害赔偿》,谢鸿飞译,法律出版社2009年版。

[7][日]星野英一:《民法典中的侵权行为法体系展望》,渠涛译,载《法学家》2009年第2期。

二、外文文献

(一)论文

[1] Andrew C. J. McCandless Kidd, "The Perimeters of Liability for Negligent Misrepresentation in Maryland", *Maryland Law Review* 48, 1989.

[2] Bradford Cornell and R. Gregory Morgan. "Using Finance Theory to Measure Damages in Fraud on the Market Cases", *UCLA Law Review* 37, 1990.

[3] C. E. Lombardi, Jr., "Torts: Liability for Misrepresentation Made with Honest Belief in Its Truth", *Michigan Law Review* 49, 1951.

[4] Deborah A. DeMott, "Beyond Metaphor: An Analysis of Fiduciary Obligation", *Duke Law Journal* 1988, 1988.

[5] Frank J. Cavico, "Fraudulent, Negligent, and Innocent Misrepresentation in the Employment Context: The Deceitful, Careless, and Thoughtless Employer",

Campbell Law Review 20,1997.

[6] " Fraud. Promissory Statements. Intention Not to Perform. A Misrepresentation of Fact", *Yale Law Journal* 29,1920.

[7]George A. Akerlof, "The Market for 'Lemons': Quality Uncertainty and the Market Mechanism", *The Quarterly Journal of Economics* 84,1970.

[8] Guido Calabresi and A. Douglas Melamed, "Property Rules, Liability Rules, and Inalienability: One View of the Cathedral", *Harvard Law Review* 85, 1972.

[9] Mark P. Gergen, "Negligent Misrepresentation as Contract", *California Law Review* 101,2013.

[10] Hazel Carty, "The Modern Functions of The Economic Torts: Reviewing The English, Canadian, Australian, and New Zealand Positions", *The Cambridge Law Journal* 74,2015.

[11] John C. Carter, "The Fiduciary Rights of Shareholders", *William & Mary Law Review* 29,1988.

[12] Jef De Mot, "Comparative versus Contributory Negligence: A Comparison of the Litigation Expenditures", *International Review of Law & Economics* 33,2013.

[13] June W, "Negligent Misrepresentation: Fraud or Negligence", *Cleveland State Law Review* 13,1964.

[14] Lennar I. Rotman, "Fiduciary Doctrine: A Concept in Need of Understanding", *Alberta Law Review* 34,1996.

[15] M. C. B, "Torts: Civil Conspiracy: Interference with Business", *California Law Review* 2,1913.

[16] Mayo Moran, "The Reasonable Person: A Conceptual Biography in Comparative Perspective", *Lewis & Clark L. Rev* 14,2010.

[17] Posner A. Richard, "A Theory of Negligence", *The Journal of Legal Studies*1,1972.

[18]Ronald H. Coase, "The Problem of Social Costs", T*he Journal of Law and Economics* 3,1960.

[19] S. C, "Tort Liability for Negligent Misrepresentation", *University of*

Pennsylvania Law Review &American Law Register 81,1933.

(二)著作

[1] American Bar Association, *Business Torts and Unfair Competition Handbook*,2th ed. ,Chicago,American Bar Association,2006.

[2] Angela A. Hung et al. ,*Investor and Industry Perspectives on Investment Advisers and Broker-Dealers*,RAND Corporation,2008.

[3] John D. McCamus,*The Continued Relevance of the Law of Obligations: Back to Basics*,Montreal QC,Les Editions Yvon Blais,2000.

[4] Robert C. Clark,*Corporate Law*,Little Brown and Company,1986.

[5] Tamar Frankel, *Fiduciary Law*, New York, Oxford University Press, 2010.

[6] Tom Campbell and Keith Houghton,eds. ,*Ethics and Auditing*,Canberra, ANU Press,2005.

[7] N. Gregory Mankiw, *Macroeconomics*, 7th ed. , New York, Worth Publishers,2009.

[8] N. Gregory Mankiw, *Principles of Economics*, 6th ed. , Stamford, Cengage Learning,2011.

后　记

拙作最初源于对民法侵权理论传统和商法基础理论的思考，于是诞生了从构成要件的角度去阐释两者关系的尝试。为研究商事侵权这一课题，笔者曾两次公派赴美国加州大学伯克利分校法学院研究和学习，研究中相关内容也曾在哈佛大学、加州大学伯克利分校等高校内举办的学术活动中进行学术演讲，学术同行的反馈让笔者受益匪浅，进一步完善了本专著的研究思路。商事侵权的研究之于世界与中国都有特殊的意义。

本书系广东省哲学社会科学“十二五”规划项目（GD13XFX15）成果，在中国市场经济发展与制度深化改革的背景下，在《民法典》民商合一已成为基本历史进程，而商事审判快速发展的时代，侵权制度如何应对商事营业发展的挑战，其法律适用如何兼顾商主体的特点，如何对商业经营展开直接或间接的保护，如何处理好侵权法与竞争法在具体侵权类型中的法律适用关系，如何在《民法典》大背景下协调民事侵权和商事侵权制度的关系，这些问题既具有民法侵权基础理论和商法理论创新价值，又具有民事司法实践和商事司法实践的现实意义。在笔者撰写本书过程中，发现商事侵权在司法实践中地位十分特殊，其作为民事审判和商事审判的交叉部分，往往依托传统民事侵权理论架构，却同时具有很深的商业实践痕迹。笔者创作过程中，部分章节得到了笔者所指导研究生的细心协助，其中杨睿曦协助第二章和第七章，黎宇乔协助第三章和第四章，叶萍花协助第六章，感谢他们的资料整理和专业精神，另外他们在笔者主持的国家社会科学基金项目、广东省人大立法项目、广东省哲学社会科学项目和广东省教育科学项目中也协助笔者开展科研，体现了扎实的法学理论基础，借此机会祝福他们在理论和实务的道路上能够实现自己的理想，成为更好的人。笔者的创作过程中，得到了国内外专家学者的支持和指导，特别感谢中山大学周林彬教授、谢晓尧教授、张民安教授、于海涌教授、王红一教授，中国人民大学叶林教授，清华大学朱慈蕴教授，加州大学伯克利分校 Patrick Hanlon 教授、Robert Cooter 教授、Mark Gergen 教授、Stephen Sugarman 教授等专家在笔者最初构思、资料收集、正式创作和修改完善过程中的帮助和鼓励，也感谢段芸蕾博士在文字表达方面的宝贵建议。作者署名单位系华南理工大学法学院，感谢华南理工大学中央高校基本科研业务费项目专项资金、双一流建设项目对笔者近年部分研究的支持。感谢法律出版社法治与经济分社沈小英社长、刘晓萌编辑、贾方武编辑等同志在本书出版过程中所做的细致工作，也感谢我的妻子黄梦娜女士的专业建议和悉心协助。

张瀚

2020 年 1 月

图书在版编目(CIP)数据

商事侵权构成要件研究 / 张瀚著. -- 北京 : 法律出版社, 2020
ISBN 978 - 7 - 5197 - 4331 - 4

Ⅰ. ①商… Ⅱ. ①张… Ⅲ. ①侵权行为 - 民法 - 研究
Ⅳ. ①D913.04

中国版本图书馆 CIP 数据核字(2020)第 045193 号

商事侵权构成要件研究
SHANGSHI QINQUAN GOUCHENG YAOJIAN YANJIU

张 瀚 著

策划编辑 陈 妮
责任编辑 贾方武
装帧设计 李 瞻

出版 法律出版社
总发行 中国法律图书有限公司
经销 新华书店
印刷 固安华明印业有限公司
责任校对 王沁陶
责任印制 吕亚莉

编辑统筹 法治与经济出版分社
开本 710 毫米 × 1000 毫米 1/16
印张 13.25
字数 220 千
版本 2020 年 5 月第 1 版
印次 2020 年 5 月第 1 次印刷

法律出版社/北京市丰台区莲花池西里 7 号(100073)
网址/www.lawpress.com.cn
投稿邮箱/info@lawpress.com.cn
举报维权邮箱/jbwq@lawpress.com.cn
销售热线/400 - 660 - 8393
咨询电话/010 - 63939796

中国法律图书有限公司/北京市丰台区莲花池西里 7 号(100073)
全国各地中法图分、子公司销售电话:
统一销售客服/400 - 660 - 8393/6393
第一法律书店/010 - 83938432/8433 西安分公司/029 - 85330678 重庆分公司/023 - 67453036
上海分公司/021 - 62071639/1636 深圳分公司/0755 - 83072995

书号:ISBN 978 - 7 - 5197 - 4331 - 4 **定价**:53.00 元
(如有缺页或倒装,中国法律图书有限公司负责退换)